成本会计实务与案例
（第二版）

主　编　刘相礼　王苹香　朱延琳
副主编　党春蕾　宋　蔚　高　艳　季荣花

内 容 简 介

本书以财政部修订颁布的企业会计准则及其解释和《企业产品成本核算制度（试行）》为依据，以制造业成本会计为主线，系统地介绍了成本会计核算和成本分析的理论及方法，阐述了企业成本会计的基础工作、成本核算的一般程序、生产费用的归集和分配过程，详细阐述了产品成本核算的基本方法和辅助方法，概括介绍了标准成本制度和作业成本法。

图书在版编目（CIP）数据

成本会计实务与案例/刘相礼，王苹香，朱延琳主编. —2版. —北京：北京大学出版社，2016.8
ISBN 978-7-301-27438-5

Ⅰ.①成… Ⅱ.①刘… ②王… ③朱… Ⅲ.①成本会计–会计实务–高等学校–教材 Ⅳ.①F234.2

中国版本图书馆 CIP 数据核字(2016)第 197806 号

书　　　名	成本会计实务与案例（第二版）
著作责任者	刘相礼　王苹香　朱延琳　主编
策划编辑	周　伟
责任编辑	周　伟
标准书号	ISBN 978-7-301-27438-5
出版发行	北京大学出版社
地　　　址	北京市海淀区成府路 205 号　100871
网　　　址	http://www.pup.cn　　新浪微博:@北京大学出版社
电子信箱	zyjy@pup.cn
电　　　话	邮购部 62752015　发行部 62750672　编辑部 62754934
印　刷　者	北京虎彩文化传播有限公司
经　销　者	新华书店
	787 毫米×1092 毫米　16 开本　16.5 印张　529 千字
	2012 年 8 月第 1 版
	2016 年 8 月第 2 版　2022 年 6 月第 3 次印刷
定　　　价	36.00 元

未经许可，不得以任何方式复制或抄袭本书之部分或全部内容。
版权所有，侵权必究
举报电话: 010-62752024　电子信箱: fd@pup.pku.edu.cn
图书如有印装质量问题，请与出版部联系，电话: 010-62756370

前　言

成本会计是财务会计的重要分支,是为满足企业内部管理的需要而产生的一门应用性很强的学科。成本会计是高等院校会计学专业的核心课程之一。

本书在编写修订过程中从高等院校会计类专业教学的需要出发,以财政部最新修订颁布的企业会计准则及其解释和《企业产品成本核算制度(试行)》为依据,汲取了会计实践的最新经验和会计教学、会计研究的大量成果,始终贯彻将必要的理论知识和具体的实务应用相结合的原则,力求做到条理清晰、逻辑严密、案例仿真、通俗易懂、易于操作。

本书以制造业为主线,系统介绍了成本会计核算和成本分析的理论及方法,系统阐述了企业成本会计的基础工作、成本核算的一般程序、生产费用的归集和分配过程,详细阐述了产品成本核算的基本方法和辅助方法,概括介绍了标准成本制度和作业成本法。

考虑到不同行业之间的差别,本书用一章的篇幅介绍了商品流通企业、交通运输企业、建筑安装企业和房地产企业的成本核算,以利于学生对各行业成本会计融会贯通。

书中正文有详细的例题演示,为了使例题简单明了,本书使用了大量的表格,有的例题还涉及多种计量单位。需要说明的是,根据教学实践和教学需要,金额单位大多在表格的右上角注明,少量的非金额单位不在表格中一一注明。另外,每章之后附有大量的可供基本训练的习题。尤其对产品成本核算的品种法、分步法和分批法,在介绍了成本核算程序之后,结合综合性较强的案例,进行了系统阐述,以加深学生对有关成本核算方法的理解,提升其成本核算实践能力。

本书由刘相礼、王苹香、朱延琳担任主编,党春蕾、宋蔚、高艳、季荣花担任副主编。各章内容主要由长期从事会计教学,具有丰富教学经验和会计审计实践经历,具备注册会计师、注册税务师、资产评估师等职业资格的"双师型"教师编写完成。

全书分为十四章。编写修订分工如下:第一章至第四章,刘相礼、朱延琳;第五章至第七章,高艳、崔冉;第八章,党春蕾;第九章,宋蔚、吴翠翠;第十章,刘相礼、党春蕾;第十一章,王苹香;第十二章和第十三章,刘相礼、朱延琳;第十四章,刘相礼、季荣花。

本书适合作为高等院校会计类专业教材,也可供会计专业自学考试、会计职业后续教育之用,或者用作广大会计工作者的业务参考书。

本书在编写修订的过程中,借鉴了大量的文献资料,吸取了同类教材的优点。所引用的主要文献列于书后。对于所引用文献的原作者,编者在此表示衷心的感谢。

由于作者水平有限,错误在所难免,恳请读者批评指正。

编　者
2016 年 5 月

目 录

第一章 总论 …………………………………………………………………… (1)
- 第一节 成本及其作用 ………………………………………………………… (1)
- 第二节 成本会计的对象和职能 ……………………………………………… (3)
- 第三节 成本会计制度 ………………………………………………………… (6)
- 第四节 成本会计工作的组织 ………………………………………………… (8)
- 本章基本训练 ………………………………………………………………… (11)

第二章 成本会计基础工作 …………………………………………………… (13)
- 第一节 原始记录制度 ………………………………………………………… (13)
- 第二节 计量验收及领退盘点制度 …………………………………………… (14)
- 第三节 定额管理制度 ………………………………………………………… (16)
- 第四节 企业内部结算价格制度 ……………………………………………… (17)
- 本章基本训练 ………………………………………………………………… (18)

第三章 制造企业成本核算的要求和一般程序 ……………………………… (20)
- 第一节 成本核算的基本要求 ………………………………………………… (20)
- 第二节 生产费用要素和产品成本项目 ……………………………………… (22)
- 第三节 成本核算的一般程序和主要会计科目 ……………………………… (25)
- 本章基本训练 ………………………………………………………………… (29)

第四章 生产费用在各种产品之间的分配与归集 …………………………… (32)
- 第一节 各种要素费用的分配 ………………………………………………… (32)
- 第二节 辅助生产费用的归集与分配 ………………………………………… (45)
- 第三节 制造费用的归集与分配 ……………………………………………… (51)
- 第四节 废品损失和停工损失的核算 ………………………………………… (54)
- 第五节 期间费用的归集与结转 ……………………………………………… (56)
- 本章基本训练 ………………………………………………………………… (57)

第五章 生产费用在完工产品和在产品之间的分配与归集 ………………… (64)
- 第一节 期末在产品数量的核算 ……………………………………………… (64)
- 第二节 生产费用在完工产品与在产品之间的分配 ………………………… (66)
- 第三节 完工产品与在产品之间费用分配举例 ……………………………… (70)
- 本章基本训练 ………………………………………………………………… (74)

第六章 产品成本核算方法概述 ……………………………………………… (79)
- 第一节 生产类型和管理要求对产品成本核算的影响 ……………………… (79)
- 第二节 产品成本核算方法简介 ……………………………………………… (81)
- 本章基本训练 ………………………………………………………………… (82)

第七章　产品成本核算的品种法 (86)
 第一节　产品成本核算的品种法的特点 (86)
 第二节　品种法应用案例 (87)
 本章基本训练 (95)

第八章　产品成本核算的分步法 (97)
 第一节　产品成本核算的分步法的特点 (97)
 第二节　逐步结转分步法 (98)
 第三节　逐步结转分步法应用案例 (101)
 第四节　平行结转分步法 (109)
 第五节　平行结转分步法应用案例 (112)
 本章基本训练 (117)

第九章　产品成本核算的分批法 (121)
 第一节　产品成本核算的分批法的特点 (121)
 第二节　分批法应用案例 (123)
 本章基本训练 (129)

第十章　产品成本核算的辅助方法 (133)
 第一节　产品成本核算的分类法 (133)
 第二节　联产品、副产品、等级品成本的核算 (139)
 第三节　产品成本核算的定额法 (145)
 本章基本训练 (153)

第十一章　标准成本制度 (158)
 第一节　标准成本制度概述 (158)
 第二节　标准成本的制定 (160)
 第三节　成本差异的计算与分析 (166)
 第四节　标准成本制度的会计处理 (172)
 本章基本训练 (179)

第十二章　作业成本法 (181)
 第一节　作业成本法概述 (181)
 第二节　作业成本法的基本原理和成本核算程序 (183)
 第三节　作业成本法应用案例 (185)
 本章基本训练 (188)

第十三章　其他行业的成本核算 (190)
 第一节　商品流通企业成本核算 (190)
 第二节　交通运输企业成本核算 (200)
 第三节　建筑安装企业成本核算 (208)
 第四节　房地产企业成本核算 (215)
 本章基本训练 (223)

第十四章　制造企业成本报表的编制与分析 (227)
 第一节　成本报表的作用和种类 (227)

第二节	商品产品成本报表的编制	(228)
第三节	产品成本分析方法概述	(232)
第四节	商品产品成本表分析	(235)
第五节	主要产品单位成本分析	(239)
第六节	各种费用报表的编制与分析	(242)

本章基本训练 ………………………………………………………………… (245)

附录 ……………………………………………………………………………… (248)

参考文献 ………………………………………………………………………… (255)

第一章 总论

【本章学习目标】

1. 理解成本的经济实质。
2. 理解成本会计的对象和职能。
3. 明确成本会计制度。
4. 了解成本会计的法规、成本会计机构以及组织形式。

第一节 成本及其作用

一、成本的经济实质

"成本"这一概念,是进入资本主义时期,在商品经济比较发达的条件下形成的。资本主义生产要核算商品生产中所消耗掉的一切,并使自己的收入尽量超过消耗,由此形成了完整的成本概念。美国会计学会在《成本概念与标准委员会报告》中给"成本"下的定义认为"成本是为了实现一定的目的而付出的用货币测定的价值牺牲"。这里的"一定的目的"是指由企业经营目的衍生的目的。日本大藏省在《成本计算标准》中给"成本"下的定义是"在成本计算制度上,成本是指经营者为了生产一定的产品而消耗的物质资料或者劳务价值的货币表现"。成本是以正常经营活动为前提计算出来的价值耗费,在异常情况下的价值消失不能视为成本。

马克思主义的创始人科学地分析了资本主义商品生产,明确指出商品成本由物化劳动和活劳动中的必要劳动的价值组成,从而深刻揭示了成本概念的经济实质。按照马克思的价值学说,成本被定义为:商品生产中消耗的物化劳动和活劳动的货币表现。商品价值与商品成本和利润的关系可以用公式表示为:

$$w = c + v + m$$

商品价值(w)的货币表现称为商品价格;商品价值中的 $c+v$ 部分,马克思称之为成本价格,也就是商品成本;商品价值中的 m 部分,马克思称之为剩余价值,即通常所说的利润。

在社会主义市场经济条件下,仍存在商品生产,社会产品仍然是使用价值和价值的统一。成本作为一个价值范畴,在社会主义市场经济中仍然客观存在。加强成本管理,努力降低成本,无论是对于提高企业微观经济效益,还是对于提高整个国民经济的宏观经济效益,建设节约型社会,保持可持续发展,都是至关重要的。

在社会主义市场经济中,商品价值仍然由三个部分组成:一是产品生产中所消耗的物化劳动,即生产资料的转移价值(c),包括已消耗的原材料、辅助材料、燃料等劳动对象的价值,以及生产厂房、机器设备等劳动资料的磨损价值;二是劳动者的活劳动消耗所创造的价值中,归劳动者个人支配的部分(v),主要是以工资形式支付给劳动者的劳动报酬;三是劳动者的活劳动消耗所创造的价值中,归社会支配的部分(m),包括国家以税金的形式集中支配的部分,以及以利润形式在国家、企业、投资者之间进行分配的部分。商品价值中的前两个部分,即$c+v$是形成商品价值的基础,构成商品的理论成本。

综上所述,我们可以将成本的经济实质概括如下:成本是生产产品所消耗的生产资料的转移价值和劳动者的活劳动所创造的相当于工资部分的价值的货币表现。

二、现实成本的范围

马克思关于商品成本的论述是对成本经济实质的高度概括,是指导我们进行成本会计研究的指针,是实际经济管理工作中制定成本开支范围的理论依据。但是,实际经济管理中所应用的成本概念和理论成本是有一定差别的,现实成本并不完全按照理论成本确定。这是因为:在实际工作中,成本开支范围是由国家通过有关法规、准则、制度加以界定的。现实成本与理论成本是有差别的,这些差别可以分为两类。

一是有些耗费属于理论成本却不计入现实成本。理论成本是企业生产经营过程中所发生的全部社会必要劳动耗费,包括物化劳动耗费和活劳动耗费,是一个"全部成本"概念。企业生产经营中所发生的耗费,是全部予以对象化,全部计入产品成本呢?还是部分予以对象化,部分计入产品成本呢?这取决于企业采用的成本核算制度与方法。我国曾采用过工厂成本法(或者称完全成本法)核算产品的成本,而现行的成本核算方法为制造成本法。除此之外,还有标准成本制度、作业成本法等。按照现行的制造成本法,企业生产经营过程中所发生的全部耗费,分为计入产品成本(生产成本)的费用和期间费用两个部分。其中,计入产品成本的费用包括生产产品耗用的直接材料、直接人工、其他直接费和制造费用;期间费用包括管理费用、销售费用和财务费用,虽然其中的大部分内容属于理论成本,但是按照企业会计准则的规定,期间费用全部由当期的收入补偿,并不计入产品成本。

二是有些不属于理论成本的耗费,按照成本核算制度允许计入现实成本。其中,包括:(1)有些支出性质上属于社会纯收入的分配,是劳动者为社会劳动所创造的价值的分配,如所购买物资的途中保险费、生产部门负担的财产保险费等,允许计入现实成本;(2)有些属于损耗性质的非生产支出,如停工损失、废品损失。这些无效的物资耗费和劳动耗费并不属于社会必要劳动,除技术上必不可少的损耗外,都是不被承认的,但也允许计入现实成本。

三、成本的作用

成本的经济实质决定了这一价值范畴在经济管理工作中具有重要的作用。

(一)成本是生产耗费的补偿尺度

成本是以货币形式对某一经济活动(生产产品或者提供劳务)所发生的劳动耗费的衡量。通过成本可以明确地看出:为某一经济活动耗费了多少资金,这为企业维持起码的简单再生产提供了资金补偿的标准。只有在按照这个标准补偿生产中的资金耗费之后,企业的简单再生产才能维持,并可能在此基础上为了规模扩大的再生产创造条件;否则,企业不仅没有可能进行扩大再生产,就连简单再生产也无法维持。另外,企业在生产经营中通过产品的销售实现产品的价值,取得销售收入。如果企业的销售收入扣除税金并补偿成本后尚有余额,则为利润;反之,如果企业的销售收入扣除税金后不足以补偿成本,则其差额为亏损。在产品市场成熟、物价基本稳定的条件下,企业实现利润与否以及实现利润的多少,主要取决于成本的高低。因此,成本作为生产耗费的补偿尺度,对经济发展具有重要影响。

（二）成本是反映企业工作质量的综合性指标

成本是进行某一经济活动所发生的物化劳动耗费和活劳动耗费的综合反映,是一项综合性很强的经济指标。企业的生产经营管理中各方面工作业绩的优劣,如物资采购成本的高低、原料及主要材料使用的节约或者浪费、固定资产利用程度的高低、产品产量的增减变动、企业劳动生产率的提高与下降等,都可以直接或者间接地在产品或者劳务的成本上反映出来。

（三）成本是制定产品价格的重要依据

产品价格是产品价值的货币表现,产品价格的制定应当体现价值规律的要求,使之尽可能符合产品价值,同时还要遵守国家的价格政策。

当然,制定产品价格应当考虑多方面的因素,包括国家的价格政策、产品的市场供求、消费者的偏好、成本的高低等。产品定价时应当将成本作为价值补偿的基本尺度。

（四）成本是企业生产经营决策的重要依据

在社会主义市场经济条件下,企业是独立经营、自负盈亏、依法纳税的经济实体。企业对生产经营进行决策时,必须以经济效益的高低为选择决策方案的主要标准。进行生产经营决策,需要考虑的因素很多,其中成本是应当考虑的主要因素之一。因为,成本的高低直接影响企业的营利能力和市场竞争能力,是决定企业生存和发展的重要因素。

第二节 成本会计的对象和职能

一、成本会计的对象

成本会计的对象,是指成本会计核算和监督的内容。成本会计按照其核算的行业的不同,可以分为制造企业成本核算、商品流通企业成本核算、采掘业成本核算、建筑业成本核算、交通运输业成本核算、房地产企业成本核算等。各行业的成本会计既有共性,又有个性,分别核算不同的经济内容,并具有各自不同的特点。要详细、具体地了解成本会计的对象,必须结合企业所处行业的生产经营过程和财务会计制度的相关规定加以说明。

（一）制造企业的成本会计对象

制造企业的基本目标有两个:一是生产并销售社会所需要的产品;二是实现利润。为了实现企业的目标,企业必须进行的基本经济活动包括材料物资的供应活动、产品的生产活动以及产品的销售活动。这三种活动具有各自不同的经济内容,需要进行不同经济内容的成本核算,即物资采购成本的核算、产品生产成本的核算以及产品销售成本的核算。

物资采购成本的核算,是指企业计算归集从外部购进材料物资所发生的各项费用支出,以确定所购材料物资的总成本和单位成本。按照现行的会计制度的规定,材料物资的采购成本由买价、采购费用和有关税金几个部分构成。其中,采购费用包括运输费、包装费、途中合理损耗和入库前的挑选整理费等。

产品生产成本的核算,是指企业对产品生产过程中所发生的各项耗费进行归集和分配,以确定产品的总成本和单位成本。产品生产成本的核算是制造企业成本会计的核心内容,其计算程序和计算方法比较复杂,是本书将要重点介绍的内容。

企业的日常经营活动发生各种各样的耗费,包括物化劳动耗费和活劳动耗费,它们可以分为生产耗费和非生产耗费。

企业在生产产品过程中所发生的各种耗费,主要包括:原料及主要材料;辅助材料;燃料及动力;生产部门固定资产的折旧;直接生产人员及生产管理人员的工资和福利费;生产部门发生的其他耗费。所有的这些耗费,构成了企业的全部生产费用;为生产一定种类和一定数量的产品所发生的各种生产费用的总和就构成了产品的生产成本。上述各种生产费用的发生和产品生产成本的形成是制造企业成本会计的主要内容。

企业要将生产的产品销售出去,以满足社会对产品的需要并实现产品的价值。随着产品的销售,企业生产的产品成本全部或者部分转化为销售成本。此外,产品销售过程中还需要发生各种各样的费用,包括:由企业负担的运输费、装卸费、包装费、途中保险费、产品展销费、广告费、销售人员差旅费;为销售本企业产品而专设的销售机构的经费、职工薪酬等。所有这些费用构成了企业的销售费用。产品销售成本的核算和销售费用的发生和归集也是制造企业成本会计的内容。

企业的管理部门为组织和管理整个企业的生产经营活动,也会发生各种各样的费用。如企业管理部门固定资产的折旧费、管理人员的工资及福利费、差旅费及会议费、董事会会费、工会经费、业务招待费、审计费、律师费、无形资产摊销、坏账损失,以及绿化费、排污费等。这些费用可以统称为管理费用。各项管理费用的发生和归集,也是制造企业成本会计核算和监督的内容。

此外,企业采取举债方式筹集资金所发生的利息支出、金融机构手续费、债券印刷费、债券溢(折)价的摊销等,统称为财务费用。财务费用的发生及归集,也属于成本会计的内容。

企业的销售费用、管理费用、财务费用是组织和管理整个企业的生产经营所不可或缺的费用,但它们与产品的生产没有直接的联系,属于非生产费用。按照现行企业会计准则的规定,各期发生的销售费用、管理费用、财务费用统称为期间费用,直接计入当期损益。

综上所述,我们可以把制造企业成本会计的对象概括为:制造企业在采购、生产经营过程中发生的物资采购成本、产品生产和销售成本以及期间费用。

(二)其他行业企业成本会计的对象

商品流通企业、交通运输企业、建筑施工企业、房地产企业等其他行业企业的生产经营过程虽然各有其特点,但从总体上看,它们在生产经营过程中所发生的全部各种费用,同样分为计入生产经营业务成本(或者有关资产成本)的费用和期间费用两大部分,故其成本会计的内容仍然是各该行业企业的生产经营成本和期间费用。

综上所述,我们可以将成本会计的对象概括为:企业生产经营过程中所发生的生产经营业务成本和期间费用。

二、成本会计的职能

成本会计的职能,是指成本会计本身所固有的功能,成本会计作为会计的一个分支,具有核算和监督两大基本职能。但随着生产过程的日趋复杂,生产及经营管理对成本会计不断提出新的要求,成本会计的职能也在不断扩展,其主要职能包括成本预测与决策、成本计划与控制、成本核算、成本分析与考核等几个方面。

(一)成本预测

成本预测是根据与成本有关的各种财务及非财务数据、历史与计划数据、本企业及同行业的数据以及将要采取的各项措施,运用一定的技术方法,对未来成本水平及其变动趋势进行科学估计的过程。通过成本预测,使成本管理工作符合客观经济规律的要求,为成本决策、成本计划、成本控制等提供有价值的信息,提高成本管理工作的科学性和预见性。成本预测的基本内容包括:预测计划期的目标成本;预测计划期中成本计划的完成程度;预测计划期产品成本水平及其变动趋势;预测各项工作的技术经济效果。

(二)成本决策

成本决策是在成本预测的基础上,按照既定或者要求的目标,运用专门的方法,在若干生产经营方案中进行比较,从中选择最优方案,确定目标成本的过程。进行成本决策,确定目标成本,既是制订成本计划的前提,又是控制成本、提高经济效益的重要环节。

(三)成本计划

成本计划是根据成本决策所确定的目标成本,具体规定在计划期内为完成生产经营任务所需要的成本费用,确定各个成本对象的成本水平,以及所应采取的各项措施。成本计划是降低成本、费用的具体目标,也是进行成本控制、成本分析和成本考核的依据。企业的成本计划主要包括:生产费用计划(预算);主要产品单位成本计划;全部商品产品成本计划;可比产品成本降低计划。

(四)成本控制

成本控制,是指在生产经营活动中,根据成本计划或者按照规定的标准调节影响成本的各种因素,以便将企业的各项耗费控制在计划范围之内。成本控制贯穿于成本形成的全过程中。在实际工作中,只有随时按标准监督、控制产品的研发成本、原材料采购成本、材料的领发使用数量、人工成本的耗费、动力的耗费、固定资产的折旧及修理费等才可能实现企业的目标成本。成本控制的程序是:确定成本目标或者标准;将实际耗费与标准进行比较;分析差异并查找发生差异的原因;采取措施予以纠正。

(五)成本核算

成本核算是将一定时期生产经营过程中实际发生的成本、费用,按照一定的对象予以分配和归集,并采用适当的成本核算方法,计算出各该对象的总成本和单位成本的过程。成本核算既是对产品实际生产耗费进行反映的过程,又是对生产费用实际支出进行控制的过程。成本核算的主要内容是:确定成本核算对象;进行生产费用和期间费用的核算;计算产品成本及编制成本报表。成本核算和管理的主要任务是:(1)反映和监督企业生产费用的支出,计算各种产品的总成本和单位成本,检查、分析成本计划的执行情况;(2)促使企业遵守企业会计准则和企业财务通则及有关财务会计制度,正确划分生产费用和非生产费用的界限;(3)挖掘企业降低成本的潜力,加强经济核算,改善经营管理,提高经济效益;(4)反映企业生产动态,加强生产资金管理,保护产品及在产品的安全与完整。

(六)成本分析

成本分析,是指根据成本核算所提供的成本数据和其他有关资料,运用一系列的方法,揭示影响产品成本水平变动的各种因素,以及各种因素的变化对产品成本的影响程度,进而挖掘降低成本潜力的活动。通过成本分析，企业可以全面了解成本变动情况，研究影响成本变动的各种因素及其原因，寻找降低成本的途径，以达到改善经营管理、节约劳动耗费、降低产品成本、提高经济效益的目的。成本分析一般在事后进行，其主要内容包括：(1) 产品成本计划完成情况的分析；(2) 产品成本变动情况的分析；(3) 可比产品成本降低任务完成情况的分析；(4) 主要技术经济指标变动对成本影响的分析；(5) 产品单位成本的分析；(6) 产品单位成本厂际分析等。企业的成本分析，可以根据其生产组织特点和管理的需要，采取多种不同的形式进行。

（七）成本考核

成本考核，是指企业将目标成本进行分解、落实，分别下达给各内部责任单位，明确它们对目标成本所承担的经济责任，并对成本计划指标的完成情况进行定期的评定和考核的活动。成本考核应当与实行部门或者岗位经济责任制相结合，以充分调动企业各部门及职工参与制订成本计划、执行成本计划的积极性。

成本会计的各项职能是一个相互联系、相辅相成的有机整体。在这一有机整体中，成本核算是成本会计的最基本职能和中心环节。成本预测、成本决策和成本计划往往以过去的成本核算资料为基础，成本核算所提供的信息又是成本分析的对象和进行成本控制的依据。

企业应当充分利用现代信息技术，编制、执行企业产品成本预算，对执行情况进行分析、考核，落实成本管理责任制，加强对产品生产事前、事中、事后的全过程控制，加强产品成本核算与管理各项基础工作。

第三节　成本会计制度

成本会计制度是企业管理经济活动的手段，可以针对不同的管理要求提供不同的成本资料。不同的成本资料需要不同的成本会计制度来提供。成本会计制度主要有实际成本制度、标准成本制度、变动成本制度、作业成本制度等几种。

一、实际成本制度

实际成本制度，是根据企业实际发生的各项费用进行成本核算的一种成本制度，通过这种成本会计制度获得的成本资料都是事后成本资料。按照成本计算口径的不同，实际成本制度可以进一步分为实际全部成本制度和实际制造成本制度。

（一）实际全部成本

实际全部成本也称完全产品成本，是指按照产品分别计算的生产上和销售及管理上所消耗的全部生产费用。在这种成本会计制度下，产品成本包括直接材料、直接人工、燃料动力和制造费用，以及销售费用和一般管理费用。实行实际全部成本制度，可以有根据地对产品及在产品进行估价，并为产品的定价决策提供有用的资料。但实行这种成本制度，需要采用各种方法将全部管理费用在产成品、在产品之间进行分配，将全部销售费用在当期销售的各种产品之间进行分配，核算工作量大；并且，管理费用不能或者不能全部从当期损益中扣除，不能及时、准确地反映企业的经营情况。

(二) 实际制造成本

实际制造成本,是指按照企业生产过程中实际消耗的直接材料、直接人工、燃料动力和制造费用所计算的产品成本。按照实际制造成本制度计算出来的产品成本,实际上就是到车间为止发生的成本。企业的管理费用不需要在各种产品之间、各个成本核算期之间进行分配,销售费用也不需要在销售的各种产品之间进行分配,简化了核算过程;同时,也便于反映和考核企业生产车间的成本水平和管理责任,有利于企业进行成本预测和决策。

二、标准成本制度

标准成本制度是根据产品所需各种原材料和劳动的数量与标准价格预先制定出成本尺度,以此为基础来控制日常成本,并将实际成本与之比较,揭示各种成本的差异,以衡量生产效率的高低和寻求降低成本途径的一种成本核算与控制系统。这里的"成本尺度",我们称之为标准成本。

标准成本是一种预计成本,它是根据产品的原材料用量标准、加工的工时标准,以及标准原材料价格、标准工资率和制造费用标准分配率计算的成本。它通常是指在正常生产条件下制造产品的预计成本。

企业实行标准成本制度,其作用:第一是建立一个衡量成本高低的适当尺度,可以随时考核各部门的工作效率;第二是起到控制成本的作用,通过成本控制,提高企业竞争能力;第三是可以随时进行成本差异分析,查明实际成本脱离标准的原因,以便及时采取措施予以纠正;第四是结合奖惩制度,激励员工的成本敏感性,促使他们明确今后努力工作的目标。

三、变动成本制度

变动成本制度起源于20世纪30年代的美国,它是管理会计中经常采用的成本计算与分析方法。在变动成本制度下,成本按照其与业务量之间的关系区分为变动成本和固定成本两大类。产品成本只计算其变动成本,包括变动制造成本、变动管理费用和变动销售费用,其中变动制造成本仅包括直接材料、直接人工、燃料动力和变动制造费用;而固定成本包括固定制造费用、固定管理费用和固定销售费用,被视为期间费用,全部计入当期损益,不计入产品成本。变动成本制度下的成本划分如图1-1所示。变动成本制度主要用于企业短期的经营预测和决策。

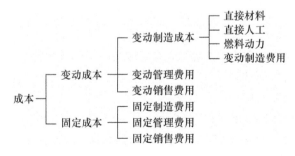

图1-1 变动成本制度下的成本划分

四、作业成本制度

作业成本制度（Activity Based Costing，简称 ABC 法）是 20 世纪 80 年代末期产生的一种先进的成本管理方法，最初是由哈佛商学院的罗伯特·卡普兰教授和宾夕法尼亚大学的罗宾·库珀教授提出来的。这种成本会计制度把企业的经营过程划分为一系列作业，通过对于作业成本的计量间接计算出产品成本。

按照作业成本会计的原理：企业的生产过程被划分成为了满足顾客需要而运行的一系列由材料消耗作业、工时消耗作业和制造费用作业组成的作业链。每完成一项作业就消耗一定量的资源，同时又有一定价值量的产出转移到下一作业，直到最后一个步骤将产品提供给顾客。作业的转移同时伴随着价值的转移，最终产品是全部作业的集合，同时也表现为全部作业的价值的集合。因此，作业链的形成过程，也就是价值链的形成过程。

作业成本核算的基本思路是：产品消耗作业，作业消耗资源；生产导致作业发生，作业导致成本发生。按照这一基本思路，生产费用应根据其产生的原因（成本动因）汇集到作业，计算出作业成本，再按产品生产所消耗的作业，将作业成本计入产品成本。

运用作业成本制度，既可以计算出产品成本以满足损益计算的需要，又可以计算出作业成本以满足作业管理的需要，其计算的产品成本更为准确，对决策更为有用。

作业成本制度尤其适用于高科技领域。在这些领域中，直接材料成本、直接人工成本只占全部成本的小部分，而且它们与间接成本之间缺乏明确的因果关系。这种成本会计制度能够更准确地分配间接成本。

作业成本制度的特点是：拥有众多的间接成本集合，而且它们具有同质性，由同一个成本动因所致；间接成本的分配基础为成本动因。

第四节　成本会计工作的组织

为了充分发挥成本会计的职能作用，必须科学地组织成本会计工作。成本会计工作的组织包括：制定并遵守有关成本核算和控制的法规、制度；设置成本会计机构，并配备成本会计人员；确定成本会计工作的组织形式等。

一、成本会计工作组织的原则

（一）适应性及成本效益原则

企业在组织成本会计工作时，应当综合考虑企业自身规模的大小、组织机构的设置、生产经营业务的特点等各方面的条件，在满足管理需要的前提下，尽可能节约成本会计工作的时间和费用，减少重复工作，提高工作效率。

（二）成本会计工作与技术和管理工作相结合的原则

成本是一项综合性的经济指标，它受多种因素的影响。其中，产品的设计是否先进、加工工艺是否合理、生产设备利用率的高低、工人劳动生产率的高低等，对产品成本都具有重要的影响。为了在保证产品质量的前提下控制产品成本，提高经济效益，应当贯彻成本会计工作与技术和管理工作相结合的原则。不仅产品设计人员、工程技术人员和生产管理人员应当具备一定的成本知识,树立成本意识;而且成本会计人员也应当具备进行成本预测、参与生产经营决策所必需的生产技术和管理方面的知识。

（三）成本会计工作必须与部门（岗位）经济责任制相结合

由于成本会计是一项综合性的价值管理工作,涉及面广,因此,为了控制成本,实行成本管理上的部门或者岗位责任制是一条重要途径。

实行部门或者岗位责任制,必须使各部门和各岗位的职工对自己的生产经营活动和经济效果负相应的经济责任,并且与其经济利益相联系;责任制度的制定,还必须适合企业的生产特点和管理要求。

企业在实行成本分级归口管理的情况下,应当使成本会计工作居于中心地位,由其负责组织成本费用指标的制定、分解落实、成本监督,以及对反馈的成本信息进行分析等工作。为了配合成本分级归口管理工作,企业不仅应当做好厂一级的成本会计工作,而且有条件的企业还应当完善分厂或者生产车间的二级成本会计工作,并指导和监督生产班组的日常成本管理工作,以便使成本会计工作渗透到企业生产经营的各个环节。

（四）成本会计工作必须建立在广泛的群众基础上

要加强成本管理,实现成本控制的目标,不能只靠成本会计专业人员,还必须充分发挥全体职工群众在成本管理方面的积极性、主动性和创造性。因为,企业的各项耗费是在生产经营的各个环节发生的,成本的高低取决于各部门、各车间、各班组发生的耗费,取决于各部门、各车间、各班组职工的工作质量。为此,成本会计人员必须做好成本管理方面的宣传发动工作,经常深入各部门、各车间、各班组,与生产管理人员以及职工群众建立经常性的联系,共同商讨成本控制的措施,使广大职工群众树立起成本意识和参与意识,从而把成本会计工作建立在广泛的群众基础上。

二、成本会计的法规和制度

成本会计的法规和制度是组织和从事成本会计工作应当遵守的规范,是会计法规和制度的重要组成部分。成本会计的法规和制度应当按照统一领导、分级管理的原则制定。全国性的成本会计的法规和制度,由国务院财政部门统一制定;每个企业的成本会计制度或者办法,由企业根据国家的有关规定,结合企业的实际情况,本着既要满足企业成本管理和生产经营管理需要,又要满足国家宏观管理需要的原则制定。

与成本会计有关的法规和制度,可以分为以下五类。

（一）《中华人民共和国会计法》

《中华人民共和国会计法》（以下简称《会计法》）是由全国人民代表大会常务委员会制定和颁布的会计工作基本法。有关会计工作,包括成本会计工作的一切法规、制度、规范,都是依此为根据制定的。如根据《会计法》的规定,各单位必须根据实际发生的经济业务事项进行会计核算,填制会计凭证,登记会计账簿,编制财务会计报告;不得有随意改变费用、成本的确认标准或者计量方法,虚列、多列、不列或者少列费用、成本的行为等。

（二）企业财务通则和企业会计准则

企业财务通则和企业会计准则（以下简称"两则"）是由财政部发布的企业财务和会计工作的基本准则。其制定和实施,旨在规范企业的财务和会计工作,提高企业的财务和会计工作水平,使企业的财务和会计工作适应市场经济的需要,并与国际会计惯例相接轨。

成本和费用管理是企业财务管理的核心内容，它对于加强企业的生产经营管理，提高经济效益，具有重要作用。"两则"对于成本和费用的分类、制造业成本核算的方法，以及成本、费用的开支范围等，都进行了规范。

财政部根据企业会计准则的基本准则，制定了一系列对企业各类经济业务进行会计处理的具体准则，并印发了一系列解释。其中，与成本会计有关的具体准则和解释，也是规范成本会计工作的重要法规。

（三）《小企业会计准则》

财政部为了规范小企业的会计核算，真实、完整地提供会计信息，根据《会计法》以及国家其他法律和法规制定了《小企业会计准则》。各行业小企业的成本会计工作应当执行《小企业会计准则》的有关规定。

（四）企业产品成本核算制度

为了加强企业产品成本核算，保证产品成本信息真实、完整，促进企业和经济社会的可持续发展，2013年8月财政部根据《会计法》、企业会计准则等国家有关法规，制定发布了《企业产品成本核算制度（试行）》，自2014年1月1日起在除金融保险业外的大中型企业范围内施行。这是企业进行成本核算应当遵循的统一的部门规章。

（五）成本会计核算办法

企业应当根据会计法律和法规，以及企业会计制度的规定，并结合企业的实际情况，制定适合本企业的成本会计核算办法。

三、成本会计机构及组织形式

成本会计机构是企业内部负责指导成本管理，并承担大部分成本会计工作的组织。大中型企业一般需要设置专门的机构从事成本会计工作。由于成本会计工作是会计工作的一部分，因而企业的成本会计工作机构一般隶属于会计部门，如可以在企业会计处内部设成本会计科或者成本会计组；或者结合成本的技术管理成立独立的成本管理机构，直接由总会计师领导。随着管理会计的产生和发展，成本会计在企业管理工作中越来越重要。

在成本会计机构内部，可以按照成本会计的职能分工，分别负责成本的预测和决策、成本的计划和控制、成本的核算和分析等；也可以按照成本会计的对象进行分工，分为产品成本组、经营管理费用组、专项成本组等。按照分工建立成本会计岗位责任制，使每一个成本会计人员都有明确的责任，使每一项成本会计工作都有专人负责。

企业的成本会计工作有集中工作方式和分散工作方式两种方式。

集中工作方式，是指成本会计工作中的预测和决策、计划和控制、核算和分析等工作，主要由厂部成本会计机构集中进行；生产车间及其他部门只负责成本基础资料和原始记录的填制和审核，以及初步整理和汇总，为厂部成本会计机构提供资料。在集中工作方式下，生产车间和其他部门只配备专职或者兼职的成本会计人员。

分散工作方式亦称非集中工作方式，是指成本的计划和控制、核算和分析工作由生产车间等基层部门的成本会计机构或者人员分别进行；厂部成本会计机构负责对下级成本会计机构或者人员进行业务指导、监督和考核。成本的预测和决策工作仍由厂部成本会计机构集中进行。

集中工作方式和分散工作方式各有其优点和缺点。企业应当根据自身规模的大小、管理的要求、成本会计人员的数量和素质,从有利于充分发挥成本会计的职能、提高成本会计工作的效率出发,选择采用合适的成本会计工作方式。

本章基本训练

一、单项选择题

1. 成本会计是会计的一个分支,是以(　　)为对象的一种专业会计。
   A. 企业经济活动　　　　　　　B. 企业资金
   C. 费用成本　　　　　　　　　D. 会计主体
2. 成本的经济实质是(　　)。
   A. 生产经营过程中所耗费的生产资料转移价值的货币表现
   B. 劳动者为自己劳动所创造价值的货币表现
   C. 劳动者为社会劳动所创造价值的货币表现
   D. 企业在生产经营过程中所耗费的资金的总和
3. 进行成本决策,确定目标成本是编制(　　)的前提。
   A. 成本预测　　B. 成本计划　　C. 成本控制　　D. 成本考核
4. 成本会计的首要职能是(　　)。
   A. 反映职能　　　　　　　　　B. 监督职能
   C. 反映和监督职能　　　　　　D. 计划和考核职能
5. 成本会计的对象是(　　)。
   A. 各项期间费用的支出和归集过程
   B. 产品生产成本的形成过程
   C. 诸会计要素的增减变动
   D. 企业生产经营过程中发生的产品生产成本和期间费用
6. 成本是产品价值中(　　)的部分。
   A. $c+v+m$　　B. $c+v$　　C. $v+m$　　D. $c+m$

二、多项选择题

1. 从经济实质看,成本是企业商品生产过程中(　　)之和。
   A. 已消耗的生产资料的价值　　B. 劳动者为自己劳动创造的价值
   C. 生产资料价值　　　　　　　D. 劳动者创造的价值
2. 成本会计的内容主要包括(　　)。
   A. 成本预测和成本决策　　　　B. 成本计划和成本控制
   C. 成本核算和成本分析　　　　D. 成本考核和成本检查
3. 下列各项中,属于理论成本内容的是(　　)。
   A. 直接材料　　B. 制造费用　　C. 废品损失　　D. 管理费用
4. 期间费用,是指(　　)。
   A. 销售费用　　B. 制造费用　　C. 财务费用　　D. 管理费用

5. 企业应当根据（　　）来组织成本会计工作。
   A. 本单位生产经营的特点　　　　　B. 对外报告的需要
   C. 本单位生产规模的大小　　　　　D. 本单位成本管理的要求
6. 费用成本的作用主要表现在（　　）。
   A. 是补偿企业耗费的尺度　　　　　B. 是反映企业工作质量的综合指标
   C. 是制定产品价格的重要依据　　　D. 是企业进行决策的重要依据
7. 下列项目中属于成本会计反映和监督的内容有（　　）。
   A. 产品销售收入的实现
   B. 各项生产费用的支出和产品生产成本的形成
   C. 各项期间费用的支出和归集过程
   D. 利润的实现和分配
8. 成本会计的反映只能包括（　　）。
   A. 提供反映成本现状的核算资料的功能
   B. 提供有关预测未来经济活动的成本信息资料的功能
   C. 控制有关经济活动的功能
   D. 考核有关经济活动的功能

第二章　成本会计基础工作

【本章学习目标】

1. 明确成本会计的各项基础工作。
2. 理解原始记录制度对于成本核算的意义。
3. 理解计量验收、领退盘点制度对于成本核算的意义。
4. 掌握永续盘存制和实地盘点制。
5. 理解定额管理制度和内部结算价格制度的作用。

第一节　原始记录制度

一、原始记录制度的意义

成本会计是对有关成本费用信息进行处理的信息系统,其基本职能是成本核算,即对构成产品成本的各项费用进行归集、分配,确定产品的成本。这就需要通过一定的方法取得各项数据,作为成本计算的基础资料。原始记录就是提供数据的主要方式。

原始记录是记录各项业务实际情况的第一手资料,是生产经营活动的最初记载。原始记录是企业编制成本计划、制定各项定额、进行成本核算的主要依据,是成本管理的基础。成本计算是否真实,首先要看原始记录能否反映真实情况。建立健全各项原始记录,对于企业加强经营管理,保护财产的安全完整,正确计算产品成本,具有重要的意义。

（一）健全的原始记录制度是企业进行科学管理的必要条件

企业的生产经营活动是有计划进行的,为了使生产经营活动符合计划的要求,就应当及时取得计划执行情况的数据,掌握计划完成的进度,指挥生产经营活动等。所有这些都离不开原始记录。

（二）健全的原始记录制度是企业开展全面经济核算的基础

全面经济核算是企业实现管理现代化的重要内容,考核整个企业,企业内部各个部门、车间、班组乃至个人的经济效果是实行经济核算的核心。这需要借助于原始记录提供的数据,以此作为经济核算与责任考核的基础。

（三）健全的原始记录制度是及时、准确地计算成本的保证

成本计算是对生产经营过程中发生的各项费用数据进行收集、处理、加工的过程,这些费用数据是由原始记录提供的。原始记录是否健全,直接关系成本计算的准确性和及时性。

二、原始记录的种类与内容

企业的生产经营活动,包括生产准备活动、生产活动和产品销售活动等。成本核算的原始记录大致有以下六个方面。

(一)材料物资方面的原始记录

材料物资方面的原始记录反映材料领取、材料使用、材料退库等情况,包括:收料单;领料单、限额领料单;领料登记表;配料表;下料单(切割单);材料退库单;代用材料单、补料单;材料耗用汇总表;材料盘点报告单等。

(二)人事工资方面的原始记录

人事工资方面的原始记录反映职工录用与解聘、职工人数、职工调动、考勤、工时利用、工资结算等情况,包括:职工录用通知单;职工调动通知单;工时卡;考勤记录表;加班加点记录单;工资结算单;工资结算汇总表等。

(三)设备工具使用方面的原始记录

设备工具使用方面的原始记录反映设备交付使用、设备开动和运转、设备维修、设备事故、设备停用、设备报废清理等情况,包括:设备交付使用单;设备运转记录;设备事故登记表;工具请领单;工具领缴登记簿;固定资产卡片等。

(四)生产管理方面的原始记录

生产管理方面的原始记录反映生产的开工、停工和产品返修等情况,包括:生产通知书(生产指令);停工通知书;劳务委托书;进程单;产品返修记录单;废品通知单等。

(五)其他费用开支方面的原始记录

其他费用开支方面的原始记录反映用水、用电、用气以及办公费、劳务费等开支情况,包括:有关费用的发票;账单;动能耗用记录单等。

(六)产品方面的原始记录

产品方面的原始记录反映产成品、半成品、在产品等反面的情况,包括:半成品转移交接单;在产品盘存单;产成品入库单;产成品报废单;产品盈亏报告单等。

企业应当根据自身生产的特点和管理的要求,建立健全既便于统一组织核算,又便于职工群众参加管理的原始记录制度。

第二节 计量验收及领退盘点制度

成本核算是以价值形式来核算企业生产经营过程中的各项耗费,而价值核算是以数量核算为基础的。要进行准确的价值核算和数量核算,就必须建立和实行计量验收及领退盘点制度。

一、计量制度

计量,是指利用一定的器具,对各种物资按照其特点测定其数量的工作。企业物资的收发,都需要进行计量。计量的先决条件是各种计量器具,如仪器、仪表、量具、容器、衡器等要配备齐全,并要经常校验和维修。计量是否准确,直接影响产品的生产、管理以及生产费用的核算和产品成本的计算。因此,企业应当建立计量制度并严格执行,这是一项十分重要的管理工作。

二、验收制度

验收是对各种物资,如材料、在产品、半成品、产成品等的收发和转移进行数量点验和质量检验的制度。

关于材料的验收,有提货验收和入库验收之分。

企业的运输或者供应部门的提货员,在根据提货单向车站或者码头等运输机构提货时,应当认真进行验收,发现件数短缺、重量不足或者破坏毁损等情况,要查明原因,应当由运输机构负责的,须填制物资破坏毁损清单,并由运输机构签证。

材料运达仓库后,仓库应当根据发票中所列的材料的品种、规格、数量等项目认真办理验收;对于需要进行技术鉴定或者化验的,还要由有关技术人员或者化验部门负责检验,经检验合格后才能点收入库。对数量不符、质量不符、破坏毁损等情况,应当查明原因,分清责任,要求有关方面赔偿或者扣付货款。

在产品、半成品在车间内部或者车间之间的转移,应当根据有关产量凭证,如工票、进程单、产量明细表等进行自检、互检和专业检验,遇有质量不符的,要及时返修或者报废。

完工的产成品,应当由车间按照交库产品的数量、品种、规格等填制产成品交库单,经检验部门检验合格后,送交仓库点收。

三、财产物资的领退制度

财产物资的领退制度,是指企业各部门在领用各种物资时,如领用原材料、辅助材料、包装物、低值易耗品、半成品、产成品等,应当办理领用手续,在领用凭证上列明领用部门、物资用途、品名规格、领用数量等内容,以便计入有关的费用成本项目;结余未用的物资应当及时退回仓库,并办理退库手续以冲减相应的费用成本。财产物资的领退制度,是企业管理的一项重要制度。实行这一制度,有利于保护财产物资的安全完整,有利于落实经济责任制,并可以防止多领少用、以领代耗等错误做法,保证生产费用核算和产品成本计算的准确性。

四、财产物资的盘点制度

盘点(或称盘存),是指通过实际清查来确定月末或者会计年度末等一定时点的资产和负债实存额的手续。"盘存"这一术语原指确定原材料和商品等存货资产列入资产负债表的金额;但现在,除存货外,还意味着通过实际清查来确定全部资产和全部负债的实存额。财产物资的盘点制度有永续盘存制和实地盘点制两种。

(一) 永续盘存制

永续盘存制是旨在随时了解存货的收、付及结存数量的方法。这种方法要求对材料、商品等财产物资分别设置明细分类账,记录它们收付时的收入量和付出量,并随时计算其结存量。因此,该法也叫出入库计算法或者账面盘存法。采用永续盘存制,虽然能够随时从账面上了解到存货的收入量、付出量和结存量,但账面结存量只表示应有的库存量,而不是实际的库存量。因此,即使在采用永续盘存制的场合下,一般也要进行实地盘存,将账面上的库存量调整为实际的库存量。这样,就可知道账面结存量与实际库存量二者的差额,从而有可能把盘亏部分从存货的付出量中分离出来,有助于追查盘亏发生的原因。

（二）实地盘点制

实地盘点制,是指通过实际查点存货的质量和数量来确定期末存货余额,并倒推出当期存货付出数量的程序。实地盘存通常要盘点全部存货;在存货很多的场合,可以抽查其中一部分,再来推断其余部分。实地盘点制与永续盘存制不同,它是一种间接计算存货付出量的方法,这样计算出的存货付出量未必能同实际付出量一致。尽管实地盘存制有这样的缺陷,但有些存货在性质上不可能搞永续盘存制,要了解其付出量,就不得不应用实地盘存制。

企业应当根据存货的性质和特点,采用合理的盘点制度。

第三节 定额管理制度

一、实行定额管理的意义

定额,是指企业在正常生产经营条件下,对人力、物力、财力利用的标准。它是企业决策、计划、预算的基础,是分析、考核、控制的依据,是评价企业经营情况的尺度。因此,加强定额管理工作具有重要的意义。

（一）定额是企业实行生产经营计划管理的依据

企业各项计划或者预算的制订必须建立在科学的基础上,就是指在一定的生产技术和生产组织条件下,采用一定的方法制定合理的定额,以合理的定额为依据来制订计划或者预算。否则计划或者预算本身缺乏科学、合理的依据,也就从根本上否定了企业的计划管理,更谈不上科学管理。

（二）定额是企业开展全面经济核算,加强成本管理的基础

企业开展全面经济核算的核心,是考核经济效果;成本管理的目的之一,就是要按照目标来控制成本,降低成本水平。所有这些都必须以定额为基础。离开了定额基础,企业就无法制定合理的目标成本,无法进行科学的成本管理,也不可能开展全面经济核算。

（三）定额是企业衡量工作数量和质量,进行业绩考核的客观尺度

企业各项定额水平的高低,可以反映企业管理水平的高低。通过定额的制定和执行,可以推动企业各部门、各班组以及职工个人不断改进工作,提高工作效率,节约材料物资以及动力消耗。同时,定额执行的结果,也反映出各部门职工努力的程度以及职工素质的高低,可以作为考核工作业绩的客观尺度。

二、定额的种类和内容

定额按照其内容可以分为以下六类。

(1) 材料物资消耗定额,如单位产品原材料消耗量、材料利用率、材料损耗率、工具消耗定额等。

(2) 劳动定额,如单位产品工时定额、产品产量定额、停工率、缺勤率等。

(3) 动能消耗定额,如单位产品的水、电、气、风消耗定额。

(4) 费用定额,包括各种制造费用定额、管理费用定额、辅助生产费用定额,如办公经费、差旅费、劳动保护费等开支标准,制造费用分配率等。

(5) 质量定额,如产品合格率、一级品率、废品率、返修率等。
(6) 固定资产定额,如各种设备需用量、设备利用率等。

三、定额的制定与修订

企业的材料物资消耗定额、劳动定额、质量定额等各项定额的制定方法虽然不尽一致,但主要有经验估计法、统计分析法和技术分析法等三种方法。

(一) 经验估计法

经验估计法,是指企业管理人员、技术人员和生产人员,主要根据各自的经验,并结合分析有关技术文件资料制定定额的方法。这种方法简便易行,制定定额花费的时间较少;但它对构成定额的各种因素缺乏详细的分析、测定和计算,受估计人员主观因素的影响较大。

(二) 统计分析法

统计分析法,是指企业主要根据过去的统计资料,并在分析当前生产经营条件和技术水平变化的基础上制定定额的方法。这种方法简便易行,但它同样对构成定额的各种因素缺乏详细的分析、测定和计算,受企业过去的统计资料的影响较大。

(三) 技术分析法

技术分析法,是指企业在充分研究其当前的生产经营条件和技术水平的基础上,通过大量的技术测定、详细的经济分析和精确的计算来制定定额的方法。利用这种方法制定的定额比较准确,但运用起来比较复杂。技术分析法适合于大量大批、稳定生产的产品各项定额的制定。

以上三种方法各有其优点和缺点,企业应当从实际出发,根据需要与可能的条件来选用。通常,将三种方法结合运用是比较适宜的。

企业制定的定额要具有全面性、可行性、稳定性、适时性。全面性,就是凡能制定定额的经济活动都要有定额。可行性,是指定额要切合实际,符合企业所处的生产经营条件和技术水平以及管理水平。稳定性,是指定额不能经常变动,应当在一定时期内保持不变。适时性,是指企业的各项定额应当随着生产技术条件的变化和管理水平的提高,适时地加以修订,以保持定额的先进性。

第四节 企业内部结算价格制度

一、实行内部结算价格制度的意义

在管理基础较好的企业,为了分清企业内部各单位、各部门、各车间(以下统称内部各单位)的经济责任,分析其生产经营情况,考核其经营业绩,应当对原材料、半成品、内部各单位相互提供的劳务制定内部结算价格,以此作为企业内部结算和考核的依据。尤其是在内部各单位实行独立核算的情况下,为了企业的整体利益,制定合理的内部结算价格更为必要。

实行内部结算价格制度,有利于开展全面经济核算,有利于内部各单位经济责任制的贯彻落实和经营业绩的考核。如果内部结算价格制定的合理,才可能正确地测定内部各单位的业绩,了解各单位对整个企业的贡献。

实行内部结算价格制度,有利于企业各项成本管理工作的进行。企业的成本计划、费用预算、成本核算、成本分析、成本控制以及成本考核等工作,都必须以内部价格为基础。

实行内部结算价格制度,制定合理的内部价格,有利于维护企业整体的经济利益。在内部各单位实行独立核算的企业,如果没有合理的内部价格,内部各单位可能会宁愿选择将其生产的产品或者劳务向外部销售,或者从外部购买其所需的材料物资或者劳务,而不愿选择进行企业内部交易。这样做的结果可能是企业内部各单位的经营业绩增加,而企业整体的经济利益却受到损害。因此,企业内部结算价格必须合理。

二、内部结算价格的制定

企业内部结算价格基本上按照下列两个基准制定出来:(1) 成本基准;(2) 市价基准。各企业通常将它们加以不同程度的修改,制定出各种各样的内部结算价格。

(一) 成本基准

1. 全部成本法

全部成本法,是指按照提供产品或者劳务的内部各单位生产上所需要的全部成本制定结算价格的方法。然而,它并非只是使用实际成本,在很多场合也使用预定成本或者标准成本。

2. 成本加利润法

用成本加利润法制定内部结算价格时,要在内部供应单位生产产品或者劳务所需要的成本之上加一定数额的必要利润。它又可以进一步分为两种方式:一种方式是内部供应单位产品或者劳务的实际成本加上利润;另一种是内部供应单位产品或者劳务的标准成本加上利润。

3. 变动成本法

变动成本法也称边际成本法,要求以内部供应单位所提供产品或者劳务的变动成本为基础来制定内部结算价格的方法。之所以采用变动成本作为基础,是为了防止因生产能量利用率的变动而使内部结算价格随着单位产品所分摊固定费用的增减而变化。

(二) 市价基准

1. 单纯市价法

单纯市价法就是以相同产品或者劳务的市场价格制定企业内部结算价格的方法。在各单位对外销售产品或者劳务的情况下,将会发生广告费、交际费等推销费用;而在企业内部各单位之间供应产品或者劳务的情况下,没有必要发生此类费用,因此,在制定内部结算价格时可将其剔除出去。

2. 协商价格方式

协商价格方式,就是由企业内部各单位中的供应和需求双方以市场价格为基础,通过直接洽谈和反复协商,最终确定双方满意的价格的方法。

除以上所述的几种方法外,内部结算还有其他的方法。各种方法均有其优点和缺点,企业应当根据管理的需要,采用一定的方法,合理确定内部结算价格,并保持相对稳定。

本章基本训练

一、单项选择题

1. ( )是编制成本计划、分析和考核成本水平的依据,也是审核和控制耗费的标准。

A. 厂内计划价格　　　　　　　　　　　B. 产品的消耗定额
　　C. 成本核算方法　　　　　　　　　　　D. 材料成本的计量验收
2. 下列各项属于生产费用要素的有(　　)。
　　A. 直接材料　　　B. 燃料和动力　　　C. 职工薪酬　　　D. 制造费用
3. 下列各项中属于产品成本项目的有(　　)。
　　A. 折旧费用　　　　　　　　　　　　　B. 外购燃料和动力
　　C. 直接人工费　　　　　　　　　　　　D. 期间费用
4. 应计入产品成本而不能分清应由哪种产品负担的直接材料、人工等费用,应当(　　)。
　　A. 计入制造费用　　　　　　　　　　　B. 按一定的分配标准计入产品成本
　　C. 直接计入产品成本　　　　　　　　　D. 直接冲减本期损益
5. 下列不应计入产品成本的费用是(　　)。
　　A. 直接用于产品生产构成产品实体的原材料
　　B. 生产过程中发生的废品损失
　　C. 生产车间固定资产的折旧费和修理费
　　D. 专设销售机构人员的工资及福利
6. 不属于"生产成本"账户核算的内容是(　　)。
　　A. 生产经营期间发生的汇兑损失
　　B. 生产工人的工资及福利
　　C. 直接用于产品生产的燃料和动力费用
　　D. 企业生产单位(分厂、车间)发生的管理费用

二、多项选择题

1. 下列各项工作中,属于成本核算基础工作的有(　　)。
　　A. 定额的制定和修订　　　　　　　　　B. 材料物资的计量、收发、领退和盘点
　　C. 费用的分配和归集　　　　　　　　　D. 厂内计划价格的制定和修订
2. 制定企业内部成本会计制度或办法,应当(　　)。
　　A. 符合《会计法》的要求　　　　　　　B. 符合国家统一的会计制度的要求
　　C. 适应企业生产经营活动的特点　　　　D. 满足企业成本管理的要求
3. 成本会计的基础工作主要是指建立健全(　　)。
　　A. 原始记录制度　　　　　　　　　　　B. 定额管理制度
　　C. 计量验收制度　　　　　　　　　　　D. 内部结算价格制度
4. 在下列有关成本会计的规范中,应当由企业制定有(　　)。
　　A. 企业会计准则　　　　　　　　　　　B. 企业成本会计制度
　　C. 分行业会计制度　　　　　　　　　　D. 企业的成本会计核算办法
5. 决定产品成本核算方法的主要因素是(　　)。
　　A. 生产技术水平　　　　　　　　　　　B. 生产组织方式
　　C. 生产工艺过程　　　　　　　　　　　D. 管理要求
6. 企业通常采用的内部结算价格确定方法有(　　)。
　　A. 全部成本法　　B. 成本加利润法　　C. 变动成本法　　D. 单纯市价法

第三章 制造企业成本核算的要求和一般程序

【本章学习目标】

1. 掌握制造企业成本核算的基本要求。
2. 掌握制造企业各项费用界限的划分,尤其是生产费用按照经济内容和经济用途的分类。
3. 掌握制造企业成本核算的一般程序和设置的主要账户。

第一节 成本核算的基本要求

成本核算就是按照国家统一的会计制度的要求,对产品生产经营过程中实际发生的生产费用和期间费用进行归集和分配,计算产品成本,提供真实有用的成本、费用信息的过程。它是成本管理的基础,也是企业经营管理的重要组成部分。

为了充分发挥成本核算的作用,正确核算产品成本,在成本核算工作中,应当遵循以下各项基本要求。

一、算管结合,算为管用

所谓算管结合,算为管用,就是成本核算应当与加强企业经营管理相结合,所提供的成本信息应当满足企业经营管理和决策的需要。为此,成本核算不仅要提供事后的成本信息,而且必须以国家法律、行政法规、国家统一的会计制度、企业成本计划和相应的消耗定额为依据,加强对各项生产费用的事前、事中的审核和控制。

二、严格执行国家规定的成本开支范围和费用开支标准

严格执行成本开支范围和费用开支标准,准确地核算成本费用支出。凡不得在成本中支付的费用,都不得从成本中列支。各单位的各项费用的开支标准,要按照国家有关规定执行。

三、正确划分各种费用的界限

(一) 正确划分生产经营费用和非生产经营费用的界限

企业应确定哪些费用属于生产经营费用,应当由产品成本负担或者计入期间费用;哪些费用不属于生产经营费用,不应当由产品成本负担或者不应当计入期间费用。目前,按照国

家有关规定,不得列入成本费用的支出项目如下。

（1）企业为购置和建造固定资产、无形资产和其他资产的支出。这是资本性支出,不能混同于收益性支出,不得作为费用一次性列入成本费用。

（2）对外投资的支出。这是资本性支出,不得作为成本费用开支。

（3）资本的利息。投资者投入企业的资本金,不论是自有资本还是使用的借款,都不能由企业付给利息,不能计入企业的成本费用。

（4）分配给投资者的利润,包括支付的优先股股利和普通股股利,不计入成本费用,而作为利润分配处理。

（5）被没收的财物、支付的滞纳金、罚款、违约金、赔偿金,以及企业捐赠、赞助支出,不能列入成本费用,只能列入营业外支出或者从税后利润中支付。

（6）国家法律规定以外的各种付费,以及国家规定不得列入成本费用的其他支出。

如果将不应计入成本费用的支出计入成本费用中,或者反而行之,就会造成产品成本或者期间费用的虚增、虚减,影响产品成本、当期损益的正确性。

（二）正确划分应计入产品成本的费用与期间费用的界限

企业的经营活动是多方面的,分为主营业务活动和其他业务活动。费用也是多种多样的,不同用途的费用有不同的归属。用于产品生产的费用,应由生产成本负担;用于产品销售的费用,应由销售费用开支;用于企业、厂部的各种管理费用,应由管理费用负担;而借款利息、手续费、外币兑换差额等,均由财务费用列支。任意扩大成本开支范围,乱挤成本,会增加产品成本,影响会计信息的真实性。因此,每个企业都必须划清应计入产品成本的费用和期间费用界限。

（三）正确划分各个会计期间的费用界限

按照权责发生制原则,企业在本期发生的生产经营费用,无论是否已经支付,均应计入本期的生产成本或者期间费用。对于以前期间支付而应由本期负担的费用,采用计提折旧或者摊销的方式计入本期;对于应由本期负担而尚未支付的费用,在计入本期的生产成本或者期间费用的同时,确认为负债或者预计负债。企业应当从时间上正确划分各个期间的费用界限,保证各个期间成本费用的正确性,防止乱摊乱提或者重计、漏计成本费用等情况的发生。

（四）正确划分各种产品之间的费用界限

为了正确计算各种不同产品的成本,分析各种产品的成本完成情况,必须将发生的应由本期产品负担的生产费用,在各种产品之间进行分配。凡能分清应由哪种产品负担的费用,应当直接计入该种产品的成本中去;凡是由几种产品共同耗用、无法直接分清的费用,要采用适当、合理、简便的分配方法,分配计入各种产品的成本。应当防止在盈利产品与亏损产品之间、可比产品与不可比产品之间任意转移生产费用的错误做法。

（五）正确划分完工产品和在产品之间的费用界限

月末,如果某种产品已全部完工,那么产品的各项生产费用之和就是这种产品的完工产品成本;如果某种产品均未完工,那么产品的各项生产费用之和就是这种产品的月末在产品成本;如果某种产品既有完工产品,又有在产品,则应当将这种产品的各项生产费用采用适当的分配方法在完工产品与在产品之间进行分配。应当防止任意提高或者降低月末在产品成本,人为调节完工产品成本的错误做法。

四、正确确定财产物资的计价和价值结转的方法

根据《企业会计准则——基本准则》的规定,各种财产物资应当按取得时的实际成本计价。物价变动时,除国家另有规定者外,不得调整其账面价值。会计处理方法前后各期应当一致,不得随意变更。企业各项财产物资在按其取得的实际成本计价的同时,还要确定前后各期一致的价值转移方法。具体内容包括:固定资产原始价值的计算方法、折旧率种类的确定、折旧的计提方法;材料按实际成本进行日常核算时发出材料单位成本的计算方法;材料按计划成本进行日常核算时材料成本差异率种类的选择;固定资产与低值易耗品的划分标准;低值易耗品与包装物的摊销方法等。对于企业的财产物资,只有选择科学、合理、简便易行的计价和价值转移方法,才能保证产品成本计算的正确性。

五、做好各项基础工作

为了保证成本会计制度的顺利贯彻执行,提高企业成本核算的质量,企业应该做好成本会计的基础工作。成本会计的基础工作包括:制定先进可行的消耗定额;建立健全原始记录制度;建立健全财产物资的收发盘点制度;制定企业内部结算价格等。详细内容参见本书第二章"成本会计基础工作"相关内容。

六、适应生产特点和管理要求,采用适当的成本核算方法

企业应当根据不同的生产特点和管理要求,选择适当的成本核算方法,正确计算产品成本,主要的方法有品种法、分批法、分步法,详细的计算过程我们将在以后的章节进行阐述。

第二节 生产费用要素和产品成本项目

成本核算过程,是对生产经营过程中各种耗费进行归类反映的过程,也是为了满足企业管理要求进行信息反馈的过程,还是对成本计划的实施进行检验和控制的过程。因此,为了科学地进行企业的成本管理和成本核算,必须对企业的各种费用进行分类。

一、对费用进行合理的分类

(一)按照费用的经济内容分类

工业企业所发生的费用,按照其经济内容,可以分为劳动对象方面的费用、劳动手段方面的费用和活劳动方面的费用三大类。所谓费用要素,是指制造企业费用按其经济内容分类,分为外购材料、外购燃料、外购动力、职工薪酬、折旧费用、利息支出、税金和其他支出。

1. 外购材料

外购材料,是指企业为了进行生产而耗费的一切从外部购进的原材料、半成品、辅助材料、包装物、修理用备件和低值易耗品等。

2. 外购燃料

外购燃料,是指企业为了进行生产而耗用的一切从外部购进的各种燃料。

3. 外购动力

外购动力,是指企业为了进行生产而耗用的一切从外部购进的各种动力。

4. 职工薪酬

职工薪酬,是指企业职工的工资以及其他薪酬。

5. 折旧费用

折旧费用,是指企业所拥有或者控制的固定资产计提的折旧费用。

6. 利息支出

利息支出,是指企业为了筹集生产经营资金而发生的利息支出减去利息收入后的净额。

7. 税金

税金,是指企业应计入费用的各种税金,如房产税、车船使用税、土地使用税等。

8. 其他支出

其他支出,是指不属于以上各费用要素的费用支出,如邮电费、差旅费、租赁费、保险费等。

按照上列费用要素反映的费用称为要素费用。制造企业按照要素费用分类:优点是可以反映费用的具体内容;缺点在于没有反映各种费用的经济用途,不便于对费用的支出情况进行分析。因此,制造企业的费用还必须按照其经济用途进行分类。

(二) 按照费用的经济用途分类

1. 研究与开发成本

研究与开发成本,是指为了创造新产品、新服务和新的生产过程而发生的成本。

2. 设计成本

设计成本,是指为了产品、服务和生产过程的详细规划、设计而发生的成本。

3. 生产成本

生产成本,是指为了生产产品或者提供服务而发生的成本。

4. 营销成本

营销成本,是指为了让人们了解、评估和购买产品或者服务而发生的成本。

5. 配送成本

配送成本,是指为了将产品或者服务递交给顾客而发生的成本。

6. 客户服务成本

客户服务成本,是指为了向客户提供售后服务而发生的成本。

7. 行政管理成本

行政管理成本,是指企业为了组织和管理生产经营活动而发生的成本。

在实务中,制造企业费用按照其经济用途,可以分为计入产品成本的生产费用和期间费用。计入产品成本的生产费用按照其用途不同,还可以进一步划分为若干个产品成本项目。成本费用的内容具体可分为直接材料、直接人工、燃料和动力、制造费用等。

1. 生产费用

生产费用,是指企业为了生产一定种类和数量的产品所发生的费用,即直接材料、直接人工、燃料和动力以及制造费用的总和。

(1) 直接材料

直接材料,是指企业在生产产品和提供劳务过程中所消耗的直接用于产品生产并构成产品实体的原料、主要材料、外购半成品以及有助于产品形成的辅助材料。

(2) 直接人工

直接人工,是指企业在生产产品和提供劳务过程中,直接参加产品生产的工人工资以及按生产工人工资总额和规定的比例计算提取的职工福利费。

(3) 燃料和动力

燃料和动力,是指企业在生产产品和提供劳务过程中所消耗的直接用于产品生产的燃料和动力。

(4) 制造费用

制造费用,是指企业的生产部门或者生产车间为了生产产品和提供劳务而发生的各种间接费用,包括工资和福利费、折旧费、办公费、水电费、机物料消耗、劳动保护费、季节性和修理期间的停工损失等。

需要说明的是:为了适应生产的特点和管理的要求,企业可以对上述成本项目进行增减,根据需要设置成本项目。对于管理上需要单独反映、控制和考核的费用,以及在产品成本中所占比重较大的费用,应当专设成本项目;反之,为了简化成本核算,可以合并设置成本项目。例如,废品损失较多的企业可以单设"废品损失"项目;生产耗用的燃料和动力不多的企业,可以将耗用的燃料并入"直接材料"项目,将耗用的动力并入"制造费用"项目。

2. 期间费用

期间费用,是指不计入产品生产成本、直接计入当期损益的费用。企业一定期间所发生的不能直接归属于某个特定产品的生产成本的费用,则归属于期间费用,在发生时直接计入当期损益。期间费用主要包括管理费用、财务费用和销售费用。

(1) 管理费用

管理费用,是指企业为了组织和管理企业生产经营所发生的各种费用,包括企业董事会和行政管理部门在企业的经营管理中发生的,或者应由企业统一负担的公司经费、工会经费、职工教育经费、劳动保险费、待业保险费、董事会费、聘请中介机构费、咨询费、诉讼费、排污费、绿化费、税金、土地使用费(海域使用费)、矿产资源补偿费、技术转让费、技术开发费、无形资产摊销、开办费摊销、业务招待费、坏账损失、存货跌价准备、存货盘亏、毁损和报废(减盘盈)以及其他管理费用。

(2) 财务费用

财务费用,是指企业为了筹集生产经营所需资金而发生的费用,包括企业生产经营期间发生的利息净支出(减利息收入)、汇兑净损失以及相关机构的手续费。

(3) 销售费用

销售费用,是指企业在销售商品、产品和提供劳务过程中发生的各项费用以及专设销售机构(含销售网点、售后服务网点等)的各项经费,包括一般销售费用、广告费、展览费、租赁费、专设销售机构经费。

对企业发生的费用进行正确的核算,是加强企业经营管理、降低消耗、提高企业经济效益的有效途径。

（三）成本按照其转为费用的方式分类

费用，是指应当从营业收入中扣除的已耗成本。企业发生的成本转为费用的方式，即费用与收入配比的方式可以分为以下三类。

1. 按照"因果关系原则"确认为费用的成本

可计入存货的成本即属于此类。生产耗用的材料成本、人工成本和制造费用，经过归集、分配计入产品成本，产品未出售之前作为存货资产列示在资产负债表中；产品出售时，由于本期销售成本与本期营业收入存在因果关系，因此，所出售产品的成本一次转为费用，从营业收入中补偿。

2. 按照"合理地和系统地分配原则"确认为费用的成本

已经资本化的、长期资产的成本转化为费用即采取这种方式。例如，为了购建固定资产发生的各项支出，于固定资产达到可使用状态时，先在资产负债表中列为固定资产，在固定资产预计使用年限内采用合理的方法分期提取折旧，陆续转为各期费用。

长期资产成本是按照"合理地和系统地分配原则"确认为费用的。长期资产成本与本期收入没有直接的因果关系，但它能使企业在多个会计期间受益。因此，我们可以合理假定它和收入之间的关系，然后按照一定的程序，系统地将其价值分配至各会计期间。

3. 在发生当期立即确认为费用的成本

即在发生时就予以费用化。例如，企业管理人员的工资费用和企业支付的广告费。企业管理人员当期的工资费用，其效用只在本期，应当从本期收入中扣除；企业支付的广告费，虽然可能为企业带来长期的效益，但很难确定各会计期间受益的多少，因此从简处理，发生时确认为当期费用。

二、生产费用要素与产品成本项目的联系和区别

生产费用要素只能用来反映企业在生产中发生了哪些费用，而成本项目则用来反映生产中发生的这些费用到底用在哪里。

生产费用要素与产品成本项目的联系和区别具体表现如下。

第一，从反映的内容看，生产费用要素反映的内容包括企业发生的全部生产费用，如外购材料，不论是用于产品生产的直接材料或者间接材料，还是用于固定资产修理或者专项工程等，都包括在内。又如，工资费用，既包括用于产品生产的工资费用，又包括不是用于产品生产的工资费用。而成本项目中的直接材料仅指构成产品实体（或者主要成分）的原材料费用，工资费用仅指直接生产工人的工资。

第二，从涵盖的范围看，生产费用要素反映的是某一时期（月、季、年）内企业实际发生的生产费用，而按成本项目反映的产品成本是指某一时期某种产品所应负担的费用，是对象化了的生产费用。

第三节 成本核算的一般程序和主要会计科目

一、产品成本核算的一般程序

产品成本核算的一般程序，是指根据成本核算的基本要求，对生产费用进行分类核算，

并按成本项目进行归类,直到计算出完工产品成本的基本工作过程。工业企业的产品成本核算是一项比较复杂的工作,所涉及的内容和运用的方法很多,但都共同遵循着一个基本程序,即确定成本核算对象,确定成本项目,确定成本核算期,生产费用的审核和控制,生产费用的归集和分配,开设并登记产品成本计算单,计算完工产品成本和月末在产品成本。

(一)确定成本核算对象

成本核算对象是生产费用的承担者,即归集和分配生产费用的对象。确定成本核算对象是计算产品成本的前提。成本核算对象主要取决于生产类型特点,企业应当根据自身的生产特点和管理要求,选择合适的成本核算对象。对制造企业而言,产品成本核算的对象包括产品品种、产品批别和产品的生产步骤三种。

(二)确定成本项目

成本项目,是指生产费用要素按照经济用途划分成的若干项目。通过成本项目,可以反映成本的经济构成以及产品生产过程中不同的资金耗费情况。为了满足成本管理的需要,制造企业一般设置直接材料、直接人工、燃料动力和制造费用等成本项目,并可以根据管理需要进行必要的调整。

(三)确定成本核算期

成本核算期,是指成本计算的间隔期,即多长时间计算一次成本。产品成本核算期的确定,主要取决于企业生产组织的特点。制造企业产成品和在产品的成本核算,除季节性生产企业等外,应当以月为成本核算期。

(四)生产费用的审核和控制

对生产费用进行审核,主要是确定各项费用是否应该开支,开支的费用是否应该计入产品成本。

(五)生产费用的归集和分配

生产费用的归集和分配就是将应计入本月产品成本的各种要素费用在各有关产品之间,按照成本项目进行归集和分配。归集和分配的原则为:为产品生产直接发生的费用作为产品成本的构成内容,直接计入该产品成本;发生的间接生产费用,可以先按发生部门和用途进行归集汇总,然后分配计入各受益产品。产品成本核算的过程也就是生产费用的分配和汇总过程。

(六)开设并登记产品成本计算单

企业应当按照成本核算对象开设并登记产品成本计算单(即有关产品生产成本明细账),并按成本项目分设专栏,登记各该产品的月初在产品成本、本月生产费用,以及本月的完工产品成本和月末在产品成本。

(七)计算完工产品成本和月末在产品成本

对既有完工产品又有月末在产品的产品,应当将该产品的月初在产品成本与本月生产费用之和,在完工产品和月末在产品之间采用适当的方法进行分配,计算出完工产品成本和月末在产品的成本。

产品成本核算的一般程序如图 3-1 所示。

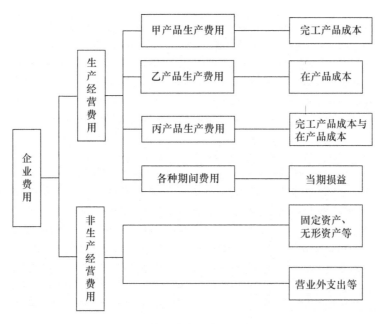

图 3-1 产品成本核算的一般程序

二、成本核算的主要账户

为了归集企业产品生产经营过程中发生的各种耗费,控制各项费用的支出,计算产品成本,应设置必要的费用账户,进行费用的总分类账和明细分类核算。企业通常应设立"生产成本"账户和"制造费用"账户。发生废品较多,需要单独核算废品损失的企业,还应设置"废品损失"账户。

为了便于分别核算基本生产成本和辅助生产成本,企业可以根据自身生产特点和管理要求,将"生产成本"账户分为"基本生产成本"和"辅助生产成本"两个明细账户;也可以直接将"基本生产成本"和"辅助生产成本"提升为一级账户,以减少账户级次。本书直接将"基本生产成本"和"辅助生产成本"提升为一级账户使用。

(一)"基本生产成本"账户

基本生产,是指为了完成企业主要生产目的而进行的商品产品或者劳务的生产活动。"基本生产成本"账户用来归集基本生产所发生的生产费用,包括生产各种产成品、自制半成品、提供劳务等所发生的各项费用,计算基本生产成本的账户。该账户的借方反映企业发生的各项直接材料、直接人工、燃料动力和制造费用;贷方反映结转的完工入库的商品产品、自制半成品以及提供工业性劳务的成本;期末余额一般在借方,表示期末尚未加工完成的在产品制造成本。

(二)"辅助生产成本"账户

辅助生产,是指主要为基本生产提供辅助产品和辅助劳务的生产活动。辅助生产的产品和劳务,有的也对外销售,或者为本企业的管理部门、基建部门等耗用,但这不是主要目的。

"辅助生产成本"账户核算企业主要为基本生产服务而进行的产品生产和劳务供应所发生的费用,计算辅助生产产品和劳务成本的账户。该账户的借方反映企业为进行辅助生产而发生的各项材料、人工、动力和制造费用;贷方反映结转的完工入库的辅助产品成本,或者分配转出的劳务成本;期末余额一般在借方,表示期末辅助生产的在产品成本。

（三）"制造费用"账户

"制造费用"账户是用来核算企业为生产产品和提供劳务而发生的各项间接费用,包括生产车间管理人员工资和福利费、折旧费、修理费、办公费、水电费、机物料消耗、劳动保护费、租赁费、保险费、季节性修理期间的停工损失等。该账户的借方反映企业发生的各项制造费用;贷方反映期末按一定的分配方法和分配标准将制造费用在各成本核算对象间的分配结转;期末结转后本账户一般无余额。

（四）"废品损失"账户

对于发生废品较多,需要单独核算废品损失的企业,还应设置"废品损失"账户。该账户的借方反映发生的不可修复废品的生产成本和可修复废品的修复费用;贷方反映回收的废品残料价值、应收的责任赔款以及结转的废品净损失。

对于发生废品较少,无须单独核算废品损失的企业,发生的废品损失通过"制造费用"账户进行核算。

（五）其他有关账户

在企业的成本核算中,还涉及"管理费用""销售费用""财务费用"等账户。

成本核算的账务处理程序如图 3-2 所示。

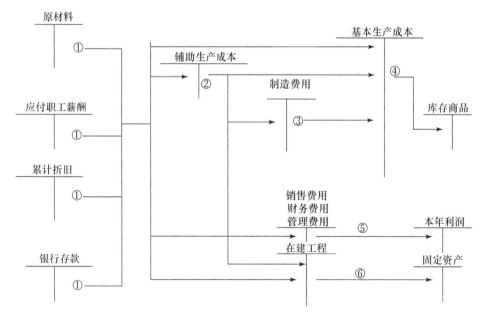

图 3-2　成本核算的账务处理程序

本章基本训练

一、单项选择题

1. 下列关于"算管结合,算为管用"的说法中正确的是(　　)。
   A. 这是成本核算的基本要求
   B. 指成本核算应当与加强企业的经营管理相结合
   C. 所提供的成本信息应当满足经营管理和决策的需要
   D. 以上均正确

2. 企业可以根据自身生产特点和管理要求,将生产成本账户分为(　　)两个明细账户。
   A. "基本生产成本"和"辅助生产成本"　　B. "基本生产成本"和"制造费用"
   C. "制造费用"和"期间费用"　　D. "管理费用"和"制造费用"

3. 下列项目中,不属于"制造费用"的是(　　)。
   A. 生产车间管理人员的工资　　B. 生产车间设备折旧费、车间办公费
   C. 辅助车间的劳动保护费　　D. 辅助生产车间生产工人的工资

4. 下列费用,应由辅助生产成本负担的有(　　)。
   A. 辅助车间生产工人的工资　　B. 基本生产车间管理人员的工资
   C. 辅助车间管理人员的工资　　D. 辅助车间的劳动保护费

5. 下列费用中,不应计入期间费用的有(　　)。
   A. 管理部门的差旅费　　B. 销售人员的工资
   C. 外币汇兑损益　　D. 生产车间管理人员的工资

6. 下列关于成本核算对象的说法中,错误的是(　　)。
   A. 成本核算对象是生产费用的承担者
   B. 成本核算对象即归集和分配生产费用的对象
   C. 成本核算对象包括直接材料、直接人工、燃料动力和制造费用
   D. 成本核算对象主要取决于生产类型特点

二、多项选择题

1. 按照费用的经济内容分类,制造企业费用可以分为(　　)。
   A. 职工薪酬　　B. 外购材料、外购燃料、外购动力
   C. 折旧费用　　D. 利息支出、税金和其他支出

2. 下列费用中,不应计入生产费用、期间费用的有(　　)。
   A. 购建固定资产的支出　　B. 管理人员的工资
   C. 销售部门的广告费　　D. 购买原材料的支出
   E. 销售产品缴纳的消费税　　F. 企业赞助捐赠支出

3. 为了加强成本审核、控制,企业应当做好的基础工作包括(　　)。
   A. 定额的制定和修订

B. 建立和健全材料物资的计量、收发、领退和盘点制度
C. 建立和健全原始记录工作
D. 做好厂内计划价格的制定和修订工作

4. 按照费用的经济用途分类，可以分为（   ）。
   A. 直接材料   B. 直接人工   C. 制造费用   D. 期间费用
   E. 燃料动力

5. 下列属于制造费用的有（   ）。
   A. 车间生产工人的工资   B. 车间管理人员的工资
   C. 销售人员的差旅费   D. 生产部门季节性的停工损失

6. 下列属于期间费用的有（   ）。
   A. 企业管理人员的工资   B. 短期借款利息
   C. 生产某种产品耗费的材料   D. 销售人员的工资

7. 产品成本核算对象可以分为（   ）。
   A. 产品品种   B. 产品批别
   C. 产品的生产步骤   D. 直接材料

8. 生产费用要素与产品成本项目的区别是（   ）。
   A. 生产费用要素只能用来反映企业在生产中发生了哪些费用
   B. 成本项目是用来反映生产中发生的这些费用用在哪里
   C. 生产费用要素反映的内容包括企业发生的全部生产费用
   D. 成本项目反映的产品成本，是指某一时期某种产品所应负担的费用

9. 以下关于"生产成本"账户的说法中，正确的是（   ）。
   A. 该账户的借方反映企业发生的各项直接材料、直接人工、燃料动力和制造费用
   B. 期末余额一般在借方，表示期末尚未加工完成的在产品制造成本
   C. 期末余额在贷方，表示已经预提，但尚未支付的费用
   D. 该账户是用来核算企业为了生产产品和提供劳务而发生的各项间接费用

10. 下列属于资本性支出的有（   ）。
    A. 企业购置无形资产的支出   B. 对外投资的支出
    C. 支付的滞纳金   D. 分配给投资者的利润

11. 下列项目列入营业外支出的有（   ）。
    A. 被没收的财物   B. 支付的罚款
    C. 资本的利息   D. 支付的普通股股利

12. 下列支出不得列入成本费用的有（   ）。
    A. 企业管理人员的工资   B. 销售人员的差旅费
    C. 资本的利息   D. 支付的赔偿金

三、名词解释

1. 产品成本项目
2. 生产费用要素
3. 制造费用

4. 期间费用
5. 成本核算对象
6. 成本核算期

四、简答题

1. 在成本核算工作中,应当遵循哪些基本要求?
2. 进行成本核算应当正确划分哪些费用的界限?
3. 如何对费用进行合理的分类?
4. 简述产品成本核算的一般程序。
5. 成本核算的主要账户有哪些?

第四章 生产费用在各种产品之间的分配与归集

【本章学习目标】

1. 明确要素费用分配的原则。
2. 掌握各项要素费用分配的方法。
3. 掌握辅助生产费用的各种分配方法。
4. 掌握制造费用的各种分配方法。
5. 掌握废品损失和停工损失的核算。

第一节 各种要素费用的分配

前面已经阐述了生产费用的分类。制造企业的费用按其经济内容进行分类,可以分为以下费用要素:(1)外购材料;(2)外购燃料;(3)外购动力;(4)职工薪酬;(5)折旧费用;(6)利息支出;(7)税金;(8)其他支出。企业应当分别设置"原材料""燃料""周转材料""应付职工薪酬"等账户对上述各项费用进行核算。

这些费用要素,有的直接用于产品生产而且在产品成本计算单中专设成本项目;有的直接用于产品生产,没有专设成本项目;有的用于经营管理;有的属于非生产经营费用。它们的核算程序不同,应当分别进行分配和归集,通过不同的账户进行核算。

一、要素费用分配的原则

企业对于要素费用分配,应当遵循"谁受益谁负担"和"既满足需要又简便合理"的原则进行。

直接用于基本产品或者劳务的生产且专设成本项目的各项要素费用(如材料费用等),应当计入"基本生产成本"总账。如果是为某一种产品发生的费用,还应直接计入该产品成本计算明细账的相应成本项目;如果是为某几种产品共同发生的费用,则应采用适当的方法分配计入各该产品成本计算明细账的相应成本项目。

用于基本产品或者劳务的生产但未专设成本项目的各项要素费用(如车间的折旧费等),应当通过"制造费用"账户先行归集,然后采用一定的方法分配转入"基本生产成本"总账及有关明细账。

直接用于辅助生产的各项要素费用,应计入"辅助生产成本"总账及所属明细账的有关成本项目。辅助生产车间的制造费用可以单独核算,也可以不单独核算而直接计入"辅助生产成本"账户。

企业管理部门和产品销售过程中发生的各项费用,以及为筹集资金等发生的各项费用,属于期间费用,不计入产品成本,而分别计入"管理费用""销售费用"和"财务费用"等账户。

购建固定资产的费用以及购置无形资产的费用等资本性支出,分别计入"在建工程""固定资产"或者"无形资产"等账户。

各项要素费用的分配,需要根据编制的各项要素费用分配表进行会计处理。

二、材料费用的归集和分配

（一）原材料费用的归集与分配

企业在生产过程中耗用的材料,主要包括原料及主要材料、辅助材料、修理用备件、外购半成品等。为了明确各单位的经济责任,便于材料费用分配,在领料时应当办理必要的手续,填制领料单、限额领料单和领料登记表等领料原始凭证。月末,根据发出材料的有关凭证,按领料部门及用途编制发料凭证汇总表。

生产车间所领用的材料月末如有剩余,应当编制退料单,将其退回仓库,并冲减生产成本。对于生产车间本月已领未用、下月仍继续使用的材料,为了简化领退料手续,可以采用"假退料"办法。即首先填制一份本月的退料单,表示该项余料本月已经退库,冲减本月的生产成本;然后填制一份下月的领料单,表示该项余料又作为下月的领料出库,计入下月的生产成本;而材料实物仍留在车间,无须实际退回。

企业对于材料收发的日常核算,可以按照材料的实际成本计价进行,也可以按照计划成本计价进行。

在企业材料按实际成本计价的情况下,对于发出材料的实际成本,可以采用先进先出法、加权平均法、移动加权平均法、个别计价法等方法计算确定。对于不同的材料,可以采用不同的计价方法。但材料计价方法一经确定,便不得随意变动。

在企业材料采用计划成本计价的情况下,对于发出的材料,需要计算发出材料的计划成本和应负担的材料成本差异,把发出材料的计划成本调整为实际成本。

材料费用在分配时,应当按照在生产中的不同用途分别计入不同的成本、费用账户。其中,基本生产车间为生产产品或者劳务消耗的材料,应当计入"基本生产成本"账户;辅助生产车间为提供产品或者劳务消耗的材料,应当计入"辅助生产成本"账户;基本生产车间、分厂、总厂生产管理和服务部门一般消耗的材料,应当计入"制造费用"账户;厂部行政管理部门消耗的材料,应当计入"管理费用"账户;独立销售机构消耗的材料,应当计入"销售费用"账户。

用来制造产品的各种材料,一般在产品中都占有较大比重。如果可以直接认定是某种产品单独耗用的材料费用,可以直接计入该种产品成本的"直接材料"项目;而对于几种产品共同耗用的材料,则应当采用适当标准,在各种产品之间进行分配,再计入各种产品成本的"直接材料"项目。分配多种产品共同耗用材料所采用的标准有多种,企业应当本着既分配合理又计算简便的原则来选择分配标准。常用的分配方法有以下四种。

1. 重量比例法

重量比例法是以产品的重量为分配标准,将共同耗用的材料费用在各种产品之间进行分配的一种方法。这种方法适用于产品耗用材料的多少与产品重量关系比较密切的情况。其计算公式如下：

$$直接材料费用分配率 = \frac{各种产品共同耗用的材料费用}{各种产品的重量之和}$$

某种产品应负担材料费用＝直接材料费用分配率×该种产品实际总重量

【例 4-1】 某企业生产甲、乙两种产品，共耗用生铁 16 000 元。甲产品的实际重量为 18 000 千克，乙产品的实际重量为 14 000 千克。材料费用分配如下：

材料费用分配率＝16 000÷(18 000＋14 000)＝0.5

甲产品应分配材料费用＝18 000×0.5＝9 000(元)

乙产品应分配材料费用＝14 000×0.5＝7 000(元)

2. 定额耗用量比例法

定额耗用量比例法是以各种产品的材料消耗定额为标准，将材料费用在各种产品之间分配的一种方法。这里的材料消耗定额，可以是材料定额消耗量，也可以是定额成本。其计算公式如下：

$$材料耗用量分配率 = \frac{共同耗用材料数量}{各种产品材料定额耗用量之和}$$

某种产品应分配的材料数量＝该种产品材料定额耗用量×材料耗用量分配率

某种产品应分配的材料费用＝该产品分配的材料数量×材料单价

【例 4-2】 某企业生产 A、B 两种产品，共同耗用材料 27 600 千克，每千克 2 元，共计 55 200 元。其中，生产 A 产品 2 000 件，每件产品材料消耗定额为 8 千克；生产 B 产品 1 000 件，每件产品材料消耗定额为 7 千克。材料费用分配如下：

(1) A 产品材料定额耗用量＝2 000×8＝16 000(千克)

　　B 产品材料定额耗用量＝1 000×7＝7 000(千克)

(2) 材料耗用量分配率＝27 600÷(16 000＋7 000)＝1.2

(3) A 产品应分配材料数量＝16 000×1.2＝19 200(千克)

　　B 产品应分配材料数量＝7 000×1.2＝8 400(千克)

(4) A 产品应分配材料费用＝19 200×2＝38 400(元)

　　B 产品应分配材料费用＝8 400×2＝16 800(元)

采用上述先分配材料实际消耗量，再乘以材料单价的计算方法分配材料费用，可以考核材料消耗定额的执行情况，有利于加强成本管理。为了简化核算工作，也可以采用按定额消耗量的比例直接分配材料费用的方法。仍以例 4-2 的资料为例，分配结果如下：

(1) 材料费用分配率＝(27 600×2)÷(16 000＋7 000)＝2.4

(2) A 产品应分配材料费用＝16 000×2.4＝38 400(元)

　　B 产品应分配材料费用＝7 000×2.4＝16 800(元)

以上两种分配方法的计算结果相同，但后一种分配方法不能提供原材料实际消耗量资料。因此，不便于考核材料消耗定额的执行情况。

3. 产量比例法

产量比例法是按照产品产量比例为标准来分配费用的一种方法。在企业不具备材料消耗定额或者材料定额成本的情况下，如果材料费用与产品产量的关系比较密切，可以采用这种方法分配材料费用。其计算公式如下：

$$材料费用分配率=\frac{共同耗用的材料费用}{各种产品产量之和}$$

某种产品应分配的材料费用＝该种产品的产量×材料费用分配率

4. 标准产量比例法(系数分配法)

标准产量比例法(系数分配法)是将各种产品的实际产量按预定的折合系数折算为标准产量,以标准总产量或者总系数为分配标准来分配直接材料费用的方法。

有些企业生产几种主要产品,需要几种相同的原材料或者半成品,可以根据各种产品的某一指标,选用一种产品作为标准产品,规定系数为1,其他产品均按确定的指标与标准产品的该项指标相比,求出其他各产品的系数,然后计算各种产品的标准产量并进行分配。其计算公式如下:

$$某产品标准产量＝某产品系数×该产品投产量$$

$$材料费用分配率=\frac{共同耗用的材料费用}{各种产品标准产量之和}$$

各产品应分配的材料费用＝该产品标准产量×材料费用分配率

【例4-3】 某企业2015年8月生产甲、乙、丙三种产品,共同耗用某种材料11 520元,相关资料参见表4-1。

表4-1 产品产量及定额资料

2015年8月

产品名称	甲产品	乙产品	丙产品
投产量/件	1 500	1 800	1 200
材料消耗定额/千克	2	3	5

假定甲产品为标准产品,系数为1,按材料消耗定额指标确定乙、丙两种产品的系数。
(1) 确定系数
甲产品系数：1
乙产品系数＝3÷2＝1.5
丙产品系数＝5÷2＝2.5
(2) 确定标准产量
甲产品标准产量＝1 500×1＝1 500(件)
乙产品标准产量＝1 800×1.5＝2 700(件)
丙产品标准产量＝1 200×2.5＝3 000(件)
(3) 计算材料费用分配率
材料费用分配率＝11 520÷(1 500＋2 700＋3 000)＝1.6
(4) 分配各种产品费用
甲产品应分配材料费用＝1 500×1.6＝2 400(元)
乙产品应分配材料费用＝2 700×1.6＝4 320(元)
丙产品应分配材料费用＝3 000×1.6＝4 800(元)
合计＝2 400＋4 320＋4 800＝11 520(元)

【例4-4】 某企业的材料按实际成本计价核算。2015年10月基本生产车间生产甲、乙两种主要产品,其共同耗用的材料按定额消耗量比例进行分配。本月编制的材料费用分配表参见表 4-2。

表 4-2 材料费用分配表

2015 年 10 月　　　　　　　　　　　　　　　　　　　　金额单位:元

应借科目		直接计入	分配计入			材料费用
			定额消耗量/千克	分配率	分配金额	
基本生产成本	甲产品	1 020	3 000	1.25	3 750	4 770
	乙产品	580	1 500		1 875	2 455
	小计	1 600	4 500	1.25	5 625	7 225
辅助生产成本	供电车间	850				850
	供水车间	600				600
	小计	1 450				1 450
制造费用	基本车间	680				680
管理费用		200				200
合计		3 930			5 625	9 555

根据表 4-2,分配材料费用的会计分录如下:

借:基本生产成本——甲产品　　　　　　　　　　　　　　　　　　4 770
　　　　　　　　——乙产品　　　　　　　　　　　　　　　　　　2 455
　　辅助生产成本——供电　　　　　　　　　　　　　　　　　　　850
　　　　　　　　——供水　　　　　　　　　　　　　　　　　　　600
　　制造费用　　　　　　　　　　　　　　　　　　　　　　　　　680
　　管理费用　　　　　　　　　　　　　　　　　　　　　　　　　200
　贷:原材料　　　　　　　　　　　　　　　　　　　　　　　　　9 555

【例 4-5】 某企业的材料按计划成本计价核算。2015 年 12 月基本生产车间生产甲、乙两种主要产品,其共同耗用的材料按定额消耗量比例进行分配。本月材料成本差异率为 -5%,材料费用分配情况参见表 4-3。

表 4-3 材料费用分配表

2015 年 12 月　　　　　　　　　　　　　　　　　　　　金额单位:元

应借科目		直接计入	分配计入			计划成本	差异额(-5%)
			定额消耗量/千克	分配率	分配金额		
基本生产成本	甲产品	1 020	3 000	1.25	3 750	4 770	-238.5
	乙产品	580	1 500		1 875	2 455	-122.75
	小计	1 600	4 500	1.25	5 625	7 225	-361.25
辅助生产成本	供电车间	850				850	-42.5
	供水车间	600				600	-30
	小计	1 450				1 450	-72.5
制造费用	基本车间	680				680	-34
管理费用		200				200	-10
合计		3 930				9 555	-477.75

根据表4-3,编制会计分录如下:
(1) 借:基本生产成本—甲产品　　　　　　　　　　　　　　　　　4 770
　　　　　　　　—乙产品　　　　　　　　　　　　　　　　　2 455
　　　辅助生产成本—供电　　　　　　　　　　　　　　　　　　850
　　　　　　　　—供水　　　　　　　　　　　　　　　　　　600
　　　制造费用　　　　　　　　　　　　　　　　　　　　　　　680
　　　管理费用　　　　　　　　　　　　　　　　　　　　　　　200
　　　贷:原材料　　　　　　　　　　　　　　　　　　　　　　　　9 555
(2) 借:基本生产成本—甲产品　(238.5)
　　　　　　　　—乙产品　(122.75)
　　　辅助生产成本—供电　　(42.5)
　　　　　　　　—供水　　(30)
　　　制造费用　　　　　　(34)
　　　管理费用　　　　　　(10)
　　　贷:材料成本差异　　　　(477.75)　〔注:(　)表示负数或者红字〕

(二)周转材料的分配与摊销

周转材料,是指能够多次使用仍保持其原有的实物形态,但企业不确认为固定资产的材料,如包装物和低值易耗品。企业应当采用一次摊销法和五五摊销法对包装物和低值易耗品的价值进行摊销。

对于周转材料,企业可以设置"周转材料"账户,并分别对包装物和低值易耗品设置明细账进行核算;也可以直接设置"包装物"账户和"低值易耗品"账户等一级账户。本书采用后者。

1. 包装物发出和摊销的核算

包装物,是指为了包装本企业产品而储备的各种包装容器,如桶、箱、坛、袋等。包装物包括:(1)生产过程中作为产品组成部分的包装物;(2)随同产品出售不单独计价的包装物;(3)随同产品出售单独计价的包装物;(4)出租或者出借给购买单位使用的包装物。

为了核算企业库存、出租或者出借的各种包装物的增减变动情况,应设置"包装物"总账账户。与原材料的核算相同,包装物的日常收发核算可以按实际成本计价,也可以按计划成本计价,但期末必须将包装物的计划成本调整为实际成本。

在出租、出借包装物频繁、数量多、金额大的企业,除设置"包装物"总账账户外,还必须设置"库存未用包装物""库存已用包装物""出租包装物""出借包装物""包装物摊销"等明细账户。账户的期末余额,为期末库存未用包装物的计划成本或者实际成本和出租、出借以及库存已用的包装物的摊余价值。

发出包装物时,如果是生产领用作为产品组成部分的包装物应借记"基本生产成本"账户;随同产品出售但不单独计价的包装物,应借记"销售费用"账户;随同产品出售并单独记价的包装物,应借记"其他业务成本"账户。通常于月份终了,根据编制的发出材料汇总表,结转生产领用和出售的包装物的成本。

对于包装物日常收发核算按计划成本计价的企业,月末还应分配已领用包装物应负担的材料成本差异,将包装物的计划成本调整为实际成本。

综上所述,生产领用作为产品组成部分的包装物和随同产品出售的包装物,其核算方法与原材料发出核算相同。

对于出租、出借包装物的摊销额,应采取一定的方法将其价值在使用期间内进行摊销。包装物的摊销方法,主要有一次摊销法和五五摊销法。

(1) 一次摊销法

一次摊销法即在领用包装物时,将其价值一次全部摊销。

这种摊销方法在核算上比较简便,但缺点是包装物的实物一经领出,会计部门就无法从账面上进行监督,所以应加强包装物的实物管理,并做好备查记录。

(2) 五五摊销法

五五摊销法即在领用包装物时先摊销其成本的一半;包装物报废时,再摊销其成本的另一半(减去收回的残值)。

对于包装物日常收发核算按计划成本计价的企业,月末还应分配出租、出借包装物应负担的材料成本差异,将包装物的计划成本调整为实际成本。

企业不论采用哪种摊销方法,一经确定,不得随意变更。

2. 低值易耗品的摊销

低值易耗品,是指达不到固定资产标准的各种劳动资料,如工具、管理用具、玻璃器皿,以及在经营过程中周转使用的包装容器等。

低值易耗品在使用的过程中,其价值是逐步转移的。根据"谁收益谁负担"的原则,对于基本生产车间使用的低值易耗品应计入"制造费用"账户;对于辅助生产车间使用的低值易耗品应计入"辅助生产成本"账户;对于销售部门使用的低值易耗品应计入"销售费用"账户;对于企业管理部门使用的低值易耗品应计入"管理费用"账户。

低值易耗品的摊销方法和包装物的摊销方法类似,主要有一次摊销法和五五摊销法。

(1) 一次摊销法,是指在低值易耗品领用时,将其价值一次全部地计入有关费用项目。

(2) 五五摊销法,是指在领用低值易耗品时,先摊销其成本的一半;在报废时再摊销其成本的另一半(减去收回的残值)。

为了核算企业低值易耗品的增、减变动情况和结存情况,应设置"低值易耗品"总账账户。企业采用五五摊销法时,还应设置"在库低值易耗品""在用低值易耗品""低值易耗品摊销"三个明细账户。

【例 4-6】 某企业基本生产车间由仓库领取工具一批,其实际成本 2 000 元,该企业采用一次摊销法进行核算,其会计分录如下:

借:制造费用　　　　　　　　　　　　　　　　　　　　　　　　　　2 000
　　贷:低值易耗品　　　　　　　　　　　　　　　　　　　　　　　　　　2 000

【例 4-7】 某企业基本生产车间 4 月份领用生产工具一批,其实际成本 3 000 元。4 月 30 日,报废生产工具一批,其实际成本 1 800 元,回收残料作价 150 元。企业的生产工具采用五五摊销法进行核算。

(1) 领用工具时,摊销其实际成本的 50%,其会计分录如下:

借:低值易耗品—在用低值易耗品　　　　　　　　　　　　　　　　　3 000
　　贷:低值易耗品—在库低值易耗品　　　　　　　　　　　　　　　　　　3 000

同时,摊销其实际成本的50%。
借:制造费用　　　　　　　　　　　　　　　　　　　　　　　　1 500
　　贷:低值易耗品——低值易耗品摊销　　　　　　　　　　　　　　　1 500
(2)报废工具时,首先扣除回收残料的价值,其会计分录如下:
借:原材料　　　　　　　　　　　　　　　　　　　　　　　　　150
　　贷:低值易耗品——在用低值易耗品　　　　　　　　　　　　　　　150
同时,再摊销报废工具原实际成本的50%扣除残料价值后的差额。
借:制造费用　　　　　　　　　　　　　　　　　　　　　　　　750
　　贷:低值易耗品——低值易耗品摊销　　　　　　　　　　　　　　　750
最后,注销报废工具的实际成本(扣除残料价值),其会计分录为:
借:低值易耗品——低值易耗品摊销　　　　　　　　　　　　　　1 650
　　贷:低值易耗品——在用低值易耗品　　　　　　　　　　　　　　　1 650

三、燃料费用分配的核算

燃料费用的分配方法和账务处理与原材料相同。在制造企业,如果燃料费用所占比重较大,并专设"燃料及动力"成本项目,可以增设"燃料"账户,将燃料费用单独进行分配。

对于直接用于产品生产的燃料,可以分为两种情况。第一种情况,燃料分产品领用,则可以根据领退料凭证直接计入各产品成本的"燃料及动力"项目。第二种情况,燃料不能分产品领用,则应采用适当的分配方法,分配计入各有关产品成本的"燃料及动力"项目。分配的标准一般有产品的重量、体积、燃料的定额消耗量或者定额费用等。

【例4-8】 某公司生产甲、乙两种产品,其所耗燃料和动力较多,因此在成本项目中专设"燃料及动力"项目。2015年4月直接用于甲、乙两种产品的燃料费用共计3 600元,按照燃料的定额费用比例进行分配。根据耗用燃料的产品数量和单位产品的燃料费用定额计算出的燃料定额费用为:甲产品1 980元;乙产品1 020元。燃料费用计算分配如下:

燃料费用分配率＝3 600÷(1 980＋1 020)＝1.2
甲产品应分配燃料费用＝1 980×1.2＝2 376(元)
乙产品应分配燃料费用＝1 020×1.2＝1 224(元)

根据燃料的领退料凭证和上述燃料费用的分配计算,编制燃料费用分配表参见表4-4。

表4-4　燃料费用分配表

2015年4月　　　　　　　　　　　　　　　　　　　　　　　金额单位:元

应借账户	成本项目	直接计入	分配计入			合 计
			定额费用	分配率	分配金额	
基本生产成本	燃料及动力	甲产品	1 980	1.2	2 376	2 376
	燃料及动力	乙产品	1 020	1.2	1 224	1 224
	小计		3 000		3 600	3 600
辅助生产成本	燃料及动力	1 750				1 750
合计		1 750			3 600	5 350

根据表4-4,编制会计分录如下:

借：基本生产成本——甲产品　　　　　　　　　　　　　　　　　　　　2 376
　　　　　　　　——乙产品　　　　　　　　　　　　　　　　　　　　1 224
　　　辅助生产成本　　　　　　　　　　　　　　　　　　　　　　　　1 750
　　贷：燃料　　　　　　　　　　　　　　　　　　　　　　　　　　　　　　5 350

如果燃料费用属于车间一般耗用或者用于产品销售，以及用于组织和管理企业生产经营活动，则应借记"制造费用""销售费用"或者"管理费用"账户。

四、外购动力费用的分配

外购动力费，是指企业从外单位购入的电力、蒸汽等动力费用。外购动力费有的直接用于产品生产，有的用于车间、厂部照明、取暖等，其中除直接用于生产某种产品的可以根据仪器所示的耗用数量计算列入该种产品的成本外，几种产品共同耗用的动力费用就需要按一定的标准分配计入各种产品的成本。分配方法一般有两种：一种是按实耗数量比例分配，另一种是按定额消耗量比例分配（此种方法可以参照材料费用分配）。各车间、厂部耗用的外购动力费分别计入"制造费用"和"管理费用"账户。

对外购动力费用的分配，在实际工作中，一般是通过编制《动力费用分配表》进行的。现以实耗数量比例分配法为例编制分配表。某企业动力费用分配表参见表4-5。

表4-5　动力费用分配表

2015年5月　　　　　　　　　　　　　　　　　　　　金额单位：元

总账账户	明细账户	实耗度数/度	分配金额（分配率 0.15）
基本生产成本	甲产品	55 000	8 250
	乙产品	32 000	4 800
	小计		
辅助生产成本	机修车间	4 500	675
制造费用	基本车间	2 500	375
管理费用		3 000	450
合计		97 000	14 550

根据表4-5编制会计分录，据以登记有关成本费用账户，其会计分录如下：

借：基本生产成本——甲产品　　　　　　　　　　　　　　　　　　　　8 250
　　　　　　　　——乙产品　　　　　　　　　　　　　　　　　　　　4 800
　　　辅助生产成本　　　　　　　　　　　　　　　　　　　　　　　　675
　　　制造费用　　　　　　　　　　　　　　　　　　　　　　　　　　375
　　　管理费用　　　　　　　　　　　　　　　　　　　　　　　　　　450
　　贷：银行存款（或者应付账款）　　　　　　　　　　　　　　　　　　　14 550

五、职工薪酬

（一）职工薪酬的核算

职工薪酬，是指企业为了获得职工提供的服务或解除劳动关系而给予的各种形式的报酬或补偿。职工薪酬包括短期薪酬、离职后福利、辞退福利和其他长期职工福利。企业提供给职工配偶、子女、受赡养人、已故员工遗属及其他受益人等的福利,也属于职工薪酬。

短期薪酬具体包括职工工资、奖金、津贴和补贴,职工福利费,医疗保险费、工伤保险费和生育保险费等社会保险费,住房公积金,工会经费和职工教育经费,短期带薪缺勤,短期利润分享计划,非货币性福利以及其他短期薪酬。

企业的职工薪酬应当根据有关规定按照其用途予以列支。其中,与企业生产活动有关人员的工资报酬应当计入生产成本。

1. 工资费用的原始记录

进行工资费用核算,必须有相应的原始记录为依据。不同的工资制度所使用的原始记录不同。基本的工资制度是计时工资制和计件工资制,使用的原始记录主要有考勤记录和产量记录。

考勤记录是登记职工出勤和缺勤情况的记录,是计算职工计时工资的依据,包括考勤簿、工时卡等。

产量记录是登记职工个人或者生产小组在出勤时间内完成产品数量、质量和生产产品所耗工时的原始记录,它既是计算计件工资的原始依据,同时又是进行产量统计和工时统计的原始依据,如产量通知单。

2. 工资的计算

基本的工资制度是计时工资制和计件工资制。

(1) 计时工资的计算

计时工资是根据职工的考勤记录登记的出勤或者缺勤日数,按照规定的工资标准计算的工资。计时工资有按月结算工资的月薪制、按周结算工资的周薪制、按日结算工资的日薪制和钟点工资制。我国的企业一般采用月薪制。下面着重介绍月薪制。

① 原劳动和社会保障部〔2008〕3号文件的规定

年工作日 = 365 − 104(休息日) − 11(法定节假日) = 250(天)

$$季工作日 = \frac{250 \text{ 天}}{4 \text{ 个季度}} = 62.5 \text{ 天/季}$$

$$月工作日 = \frac{250 \text{ 天}}{12 \text{ 个月}} = 20.83 \text{ 天/月}$$

② 工作小时数的计算

以月、季、年的工作日乘以每日8小时。

③ 日工资、小时工资的折算

按照《中华人民共和国劳动法》第51条的规定,法定节假日用人单位应当依法支付工资,即折算日工资、小时工资时不剔除国家规定的11天法定节假日。据此,日工资、小时工资的折算为:

$$日工资 = \frac{月工资收入}{月计薪天数}$$

$$小时工资 = \frac{月工资收入}{月计薪天数 \times 8 \text{ 小时}}$$

$$月计薪天数 = \frac{365 \text{ 天} - 104 \text{ 天}}{12 \text{ 个月}} = 21.75 (\text{天})$$

【例4-9】 企业某职工月标准工资为1890元。5月份,事假4天,病假2天,公休10

天,出勤15天。根据该职工工龄,其病假工资按工资标准的90%计算。该职工缺勤期间无节假日。试计算该职工5月份的应发工资。

按21.75天计算日工资,日工资＝1890÷21.75＝86.90(元/天)

按照出勤天数计算工资,本月应付工资＝86.90×15＋86.90×2×90%＝1459.92(元)

(2) 计件工资的计算

计件工资分为个人计件工资和集体计件工资。个人计件工资的计算方法如下。

[方法一]

$$应付计件工资 = \sum(某工人本月每种产品产量 \times 该产品计件单价)$$

其中,

$$产品产量 = 合格品数量 + 料废品数量$$

$$产品计件单价 = 产品工时定额 \times 工人小时工资率$$

料废品是由于材料不合格的原因而非工人操作原因造成的废品,应当计算并支付工资;工废品是由于工人操作原因造成的废品,不计算、不支付工资。

[方法二]

$$应付计件工资 = 某职工本月生产各种产品定额工时之和 \times 该工人小时工资率$$

【例4-10】 某工人本月生产甲产品500件、乙产品400件。甲产品工时定额30分钟,乙产品工时定额45分钟。该工人小时工资率2元。请计算该工人本月计件工资。

甲产品计件单价＝30÷60×2＝1(元)

乙产品计件单价＝45÷60×2＝1.50(元)

应付计件工资＝500×1＋400×1.5＝1100(元)

或者,

应付计件工资＝(500×30÷60×2＋400×45÷60×2)＝1100(元)

集体计件工资或称为小组计件工资,其计算与个人计件工资的计算方法基本相同。只是计算的集体计件工资还需要在小组内部各位工人之间进行分配。

(二) 工资费用的分配

工资费用的分配,是指将企业职工的工资及计提的福利费,按照其用途分配计入本期各种产品成本和本期损益。

(1) 直接从事产品生产的生产工人工资及计提的福利费(包括采用计件形式支付的标准工资和只生产一种产品的生产工人工资),应当单独地分配计入各种产品成本。

(2) 车间管理人员的工资及计提的福利费,应当计入制造费用,然后与其他间接费用一起分配计入各种产品成本。

(3) 企业行政管理部门人员、其他非生产人员,以及长期病假人员的工资及计提的福利费,应当计入管理费用。

(4) 基建工程人员的工资及福利费计入工程成本。

生产工人的工资费用应当按其发生的地点和用途进行分配,其分配标准通常是按各种产品生产的实际工时(或者定额工时)比例进行分配。其计算公式如下:

$$工资分配率 = \frac{应分配的工资总额}{各种产品的实际工时(定额工时)之和}$$

某种产品应分配的工资＝该产品实际工时×工资分配率

工资费用的分配,一般应编制"工资费用分配表",其中生产人员工资按车间分别进行分配。按工资总额提取的一定比例的应付福利费,可以单独编制"职工福利费分配表",也可以与工资费用的分配合编一张分配表,福利费一般按工资总额的14%提取。某企业工资及福利费分配表参见表4-6。

表 4-6　工资及福利费分配表

2015 年 5 月　　　　　　　　　　　　　　　　　　　　　　　金额单位：元

应借科目		生产工时/小时	分配率	分配金额	工 资	福利费	合 计
基本生产成本	甲产品	12 000	1.5	18 000	18 000	2 520	20 520
	乙产品	8 000		12 000	12 000	1 680	13 680
	小计	20 000	1.5	30 000	30 000	4 200	34 200
辅助生产成本	供电车间				1 000	140	1 140
	供水车间				800	112	912
	小计				1 800	252	2 052
制造费用	基本车间				1 200	168	1 368
管理费用					1 600	224	1 824
销售费用					800	112	912
合计					35 400	4 956	40 356

根据表 4-6 中的数据计算如下：

生产人员工资分配率＝30 000÷(12 000＋8 000)＝1.5

甲产品生产人员工资＝12 000×1.5＝18 000(元)

乙产品生产人员工资＝8 000×1.5＝12 000(元)

根据表 4-6 编制会计分录,据以登记有关总账及明细账有关成本费用账户,其会计分录如下：

借：基本生产成本——甲产品　　　　　　　　　　　　　　　　　　　18 000
　　　　　　　　——乙产品　　　　　　　　　　　　　　　　　　　12 000
　　辅助生产成本——供电　　　　　　　　　　　　　　　　　　　　1 000
　　　　　　　　——供水　　　　　　　　　　　　　　　　　　　　800
　　制造费用　　　　　　　　　　　　　　　　　　　　　　　　　　1 200
　　管理费用　　　　　　　　　　　　　　　　　　　　　　　　　　1 600
　　销售费用　　　　　　　　　　　　　　　　　　　　　　　　　　800
　　贷：应付职工薪酬——工资　　　　　　　　　　　　　　　　　　35 400
借：基本生产成本——甲产品　　　　　　　　　　　　　　　　　　　2 520
　　　　　　　　——乙产品　　　　　　　　　　　　　　　　　　　1 680
　　辅助生产成本——供电　　　　　　　　　　　　　　　　　　　　140
　　　　　　　　——供水　　　　　　　　　　　　　　　　　　　　112
　　制造费用　　　　　　　　　　　　　　　　　　　　　　　　　　168
　　管理费用　　　　　　　　　　　　　　　　　　　　　　　　　　224
　　销售费用　　　　　　　　　　　　　　　　　　　　　　　　　　112
　　贷：应付职工薪酬——福利费　　　　　　　　　　　　　　　　　4 956

六、折旧费用的分配

固定资产折旧费也是产品成本的组成部分,但它不单设成本项目,而是按照固定资产的使用部门归集,然后再与车间、部门的其他费用一起分配计入产品成本及期间费用,即计入"制造费用""管理费用""销售费用"等账户。通过编制折旧费用分配表,并据以登记有关总账和明细账。某企业折旧费用分配表参见表 4-7。

表 4-7 折旧费用分配表

2015 年 5 月   金额单位:元

项目	基本生产车间	辅助生产车间		行政管理部门	销售部门	合计
		供电	供水			
折旧费	1 200	200	100	300	120	1 920

根据表 4-7,编制会计分录如下:

借:制造费用　　　　　　　　　　　　　　　　　　　　　　1 200
　　辅助生产成本—供电　　　　　　　　　　　　　　　　　　200
　　　　　　　　—供水　　　　　　　　　　　　　　　　　　100
　　管理费用　　　　　　　　　　　　　　　　　　　　　　　300
　　销售费用　　　　　　　　　　　　　　　　　　　　　　　120
　　贷:累计折旧　　　　　　　　　　　　　　　　　　　　　1 920

七、利息支出

要素费用中的利息费用不是产品成本的组成部分,而是期间费用中的财务费用。利息费用,是指企业使用的短期借款和长期借款等应付利息。按照权责发生制原则,计算本期负担的利息时,借记"财务费用"账户,贷记"应付利息"或者"长期借款"账户;实际支付利息时,借记"应付利息"或者"长期借款"账户,贷记"银行存款"等账户。

【例 4-11】 某企业从 2015 年 1 月起每月按约定利率计算的短期借款利息 1 600 元,3 月末接到银行通知结算全季利息 4 800 元,则有关账务处理如下:

(1) 1 月份、2 月份每月计算利息时

借:财务费用　　　　　　　　　　　　　　　　　　　　　　1 600
　　贷:应付利息　　　　　　　　　　　　　　　　　　　　1 600

(2) 3 月份实际支付该季度利息时

借:财务费用　　　　　　　　　　　　　　　　　　　　　　1 600
　　应付利息　　　　　　　　　　　　　　　　　　　　　　3 200
　　贷:银行存款　　　　　　　　　　　　　　　　　　　　4 800

八、税金支出

要素费用中的税金,是特指应计入管理费用中的各项税金,属于管理费用的一个费用项目,不构成产品成本。税金支出具体包括:房产税;车船使用税;土地使用税;印花税等。税金计入管理费用主要包括以下两种情况。

（一）预先计算应交金额而后交纳的税金

这类税金包括房产税、车船使用税、土地使用税等。根据计算的应交金额，借记"管理费用"账户，贷记"应交税费"账户；实际交纳税金时，借记"应交税费"账户，贷记"银行存款"等账户。

【例 4-12】 企业本月计算应交房产税 3 300 元，土地使用税 6 400 元，车船使用税 1 500 元，共计 11 200 元，相关会计分录如下：

（1）计算应交税金入账时，其会计分录如下

借：管理费用	11 200
贷：应交税费——应交房产税	3 300
应交税费——应交土地税	6 400
应交税费——应交车船使用税	1 500

（2）实际交纳税金时，其会计分录如下

借：应交税费——应交房产税	3 300
应交税费——应交土地税	6 400
应交税费——应交车船使用税	1 500
贷：银行存款	11 200

（二）不需要预先计算而直接交纳的税金

印花税即属于无须预先计算而直接交纳的税金。印花税在交纳时直接计入"管理费用"账户。

【例 4-13】 企业于 2015 年 12 月转账支付印花税 3 000 元，其会计分录如下：

借：管理费用	3 000
贷：银行存款	3 000

如果印花税是一次支付且数额较大，也可以作分期待摊处理。

九、其他支出

其他支出，是指上述各项费用以外的费用支出，包括差旅费、邮电费、保险费、劳动保护费、运输费、办公费、技术转让费、业务招待费等。费用发生时，应当根据有关的付款凭证或者付款凭证汇总表，按照费用发生的用途进行归集，借记"制造费用""辅助生产成本""管理费用""销售费用"等账户，贷记"银行存款"等账户。

第二节　辅助生产费用的归集与分配

一、辅助生产费用的归集

辅助生产费用的归集和分配，是通过"辅助生产成本"账户进行的。该账户应按车间和产品品种设置明细账，进行明细核算。辅助生产发生的直接材料、直接人工费用，分别根据"材料费用分配表""工资及福利费用分配汇总表"和有关凭证，计入该账户的借方。

辅助生产发生的间接费用，即辅助车间的制造费用可以单独核算，也可以不单独核算而

直接计入"辅助生产成本"账户。若单独核算,应先在"制造费用"账户的借方归集,然后再从该科目的贷方直接转入或者分配转入"辅助生产成本"账户。辅助生产车间完工的产品或者劳务成本,应从"辅助生产成本"账户及其明细账的贷方转出。"辅助生产成本"账户的借方余额表示辅助生产的在产品成本。

二、辅助生产费用的分配

归集在"辅助生产成本"账户及其明细账借方的辅助生产费用,由于所生产的产品和提供的劳务不同,其所发生的费用分配转出的程序方法也不一样。

制造工具、模型、备件等产品所发生的费用,应当计入完工工具、模型、备件等产品的成本。完工时,作为自制工具或者材料入库,从"辅助生产成本"账户及其明细账的贷方转入"低值易耗品"或者"原材料"账户的借方;领用时,按其用途和使用部门,一次或者分期摊入成本。

提供水、电、气和运输、修理等劳务所发生的辅助生产费用,按受益单位耗用的劳务数量在各单位之间进行分配,分配时,借记"制造费用"或者"管理费用"等账户,贷记"辅助生产成本"账户。在结算辅助生产明细账之前,还应当将各辅助车间的制造费用分配转入各辅助生产明细账,归集辅助生产成本。

辅助生产部门提供的产品和劳务,主要是为基本生产车间和管理部门使用和服务的。但在某些辅助生产部门之间也有相互提供产品和劳务的情况。制造企业辅助生产部门为生产部门提供劳务和产品而发生的费用,应当参照生产成本项目归集,并按照合理的分配标准分配计入各成本核算对象的生产成本。辅助生产部门之间互相提供的劳务、作业成本,应当采用合理的方法,进行交互分配。互相提供劳务、作业不多的,可以不进行交互分配,直接分配给辅助生产部门以外的受益单位。辅助生产费用的分配通常有直接分配法、交互分配法、代数分配法、计划成本分配法。

(一) 直接分配法

直接分配法是将辅助生产车间发生的费用,直接在辅助生产车间以外的各受益部门进行分配,不考虑各辅助生产车间之间相互提供产品或者劳务的情况。其分配的计算公式为:

$$分配率 = \frac{待分配辅助生产费用}{辅助生产劳务总量 - 内部辅助生产劳务耗用}$$

【例 4-14】 某企业设有供电和机修两个辅助车间,主要为本企业基本生产车间和行政管理部门服务。供电车间本月发生生产费用 4 800 元,机修车间本月发生费用 3 200 元。有关的受益单位和受益数量参见表 4-8。

表 4-8 某企业供电、机修的受益单位和受益数量

各受益单位		耗电/度	机修/小时
基本生产车间		12 400	5 000
辅助生产车间	供电车间		1 600
	机修车间	8 000	
行政管理部门		3 600	1 400
合计		24 000	8 000

采用直接分配法的辅助生产费用分配表参见表 4-9。

表 4-9　辅助生产费用分配表(直接分配法)

金额单位:元

辅助生产车间	待分配费用	供应辅助生产以外单位的劳务数量	分配率	基本生产车间 耗用量	基本生产车间 分配金额	行政管理部门 耗用量	行政管理部门 分配金额	合计
供电车间	4 800	16 000	0.3	12 400	3 720	3 600	1 080	4 800
机修车间	3 200	6 400	0.5	5 000	2 500	1 400	700	3 200
合计	8 000				6 220		1 780	8 000

根据表 4-9 中的数据计算如下：

电的单位成本(分配率) = 4 800 ÷ (24 000 − 8 000) = 0.30(元/度)

机修的单位成本(分配率) = 3 200 ÷ (8 000 − 1 600) = 0.50(元/小时)

根据表 4-9 编制会计分录：

借：制造费用—基本生产车间　　　　　　　　　　　　　　6 220
　　管理费用　　　　　　　　　　　　　　　　　　　　　1 780
　贷：辅助生产成本—供电　　　　　　　　　　　　　　　4 800
　　　　　　　　　—机修　　　　　　　　　　　　　　　3 200

采用直接分配法,计算工作比较简便。但当辅助生产车间相互提供产品或者劳务量数额较大时,分配结果不够准确,因此,这种方法只适用于辅助生产车间相互提供产品或者劳务不多、不进行交互分配对辅助生产成本和产品制造成本影响不大的情况。

(二)交互分配法

交互分配法,是指辅助生产车间的费用分两次进行分配。第一次,根据交互分配前各辅助生产车间的费用和提供的劳务总量计算分配率,在辅助生产车间之间进行交互分配。第二次,将各辅助生产车间交互分配后的实际费用和对外提供的劳务总量计算分配率,对外分配。其有关的计算公式如下：

1. 交互分配计算公式

$$交互分配前某项劳务单位成本 = \frac{某辅助生产车间交互分配前的费用总额}{该辅助生产车间提供的劳务数量总和}$$

某辅助生产车间应分配劳务费用 = 该辅助生产车间耗用的劳务数量 × 交互分配前该项劳务单位成本

2. 对外分配的计算公式

$$交互分配后劳务单位成本 = \frac{某辅助生产车间交互分配后的费用总额}{辅助生产车间以外的各受益单位耗用劳务数量总和}$$

辅助车间以外的受益单位应分配劳务费用 = 该车间耗用劳务的数量 × 交互分配后该项劳务单位成本

其中,

某辅助生产车间交互分配后的费用总额 = 某辅助车间交互分配前的费用总额 + 交互分配后转入的费用 − 交互分配后转出的费用

【例 4-15】 仍沿用例 4-14，按交互分配法，编制辅助生产费用分配表参见表 4-10。

表 4-10 辅助生产费用分配表（交互分配法）

金额单位：元

项目		待分配费用	供应劳务量	分配率	供电车间 耗用量	供电车间 分配金额	机修车间 耗用量	机修车间 分配金额	基本生产车间 耗用量	基本生产车间 分配金额	行政管理部门 耗用量	行政管理部门 分配金额	合计
交互分配	供电	4 800	24 000	0.2			8 000	1 600					1 600
	机修	3 200	8 000	0.4	1 600	640							640
	合计	8 000				640		1 600					2 240
对外分配	供电	3 840	16 000	0.24					12 400	2 976	3 600	864	3 840
	机修	4 160	6 400	0.65					5 000	3 250	1 400	910	4 160
	合计	8 000								6 226		1 774	8 000

根据表 4-10 中的数据计算如下：

(1) 交互分配前的单位成本（即分配率）

供电：4 800÷24 000=0.2

机修：3 200÷8 000=0.4

(2) 交互分配

供电分配机修费=1 600×0.4=640（元）

机修分配电费=8 000×0.2=1 600（元）

(3) 交互分配后的实际费用

供电：4 800+640－1 600=3 840（元）

机修：3 200+1 600－640=4 160（元）

(4) 交互分配后的单位成本（即分配率）

供电：3 840÷16 000=0.24

机修：4 160÷6 400=0.65

(5) 对外分配

基本生产车间（电费）=12 400×0.24=2 976（元）

（机修费）=5 000×0.65=3 250（元）

行政管理部门（电费）=3 600×0.24=864（元）

（机修费）=1 400×0.65=910（元）

根据表 4-10，编制会计分录如下：

(1) 交互分配

借：辅助生产成本—供电车间　　　　　　　　　　　　　　　　　　640

　　　　　　—机修车间　　　　　　　　　　　　　　　　　　1 600

　　贷：辅助生产成本—供电车间　　　　　　　　　　　　　　　　　　1 600

　　　　　　　　—机修车间　　　　　　　　　　　　　　　　　　640

(2) 对外分配

借：制造费用—基本生产车间　　　　　　　　　　　　　　　　　　6 226

　　管理费用　　　　　　　　　　　　　　　　　　　　　　　　1 774

贷：辅助生产成本——供电车间　　　　　　　　　　　　　　　　　3 840
　　　　　　　——机修车间　　　　　　　　　　　　　　　　　　4 160

采用交互分配法，对辅助生产费用需要进行两次分配，计算两次分配率，因此核算工作量较大，这种方法由于对辅助生产车间相互提供劳务进行了交互分配，因此提高了分配结果的准确性。这种分配方法一般适用于各辅助生产车间相互提供劳务较多的企业。

（三）代数分配法

代数分配法是利用代数中解多元一次方程的原理。首先，根据各辅助生产车间相互提供产品和劳务的数量，求解联立方程式，计算出辅助生产产品或者劳务的单位成本；然后，根据各受益单位（包括辅助生产车间和外部各受益部门）耗用产品或者劳务的数量和单位成本，计算应承担的辅助生产费用。

【例 4-16】 仍沿用例 4-14，假设 $x=$ 每度电的成本，$y=$ 每工时机修费的成本。列方程组如下：

$$\begin{cases} 4\,800+1\,600y=24\,000x \\ 3\,200+8\,000x=8\,000y \end{cases}$$

解得 $x\approx 0.242\,9, y\approx 0.642\,9$。

根据上述计算结果，编制辅助生产费用分配表参见表 4-11。

表 4-11　辅助生产费用分配表（代数分配法）

金额单位：元

辅助生产车间		供电车间	机修车间	合　计
待分配费用		4 800	3 200	8 000
供应劳务量		24 000	8 000	
实际单位成本		0.242 9	0.642 9	
供电车间	耗用数量		1 600	
	分配金额		1 028.64	1 028.64
机修车间	耗用数量	8 000		
	分配金额	1 943.2		1 943.2
基本生产车间	耗用数量	12 400	5 000	
	分配金额	3 011.96	3 214.5	6 226.46
行政管理部门	耗用数量	3 600	1 400	
	分配金额	873.48	900.06	1 773.7
合计		5 828.64	5 143.2	10 972

注：由于单位成本为小数，计算有误差，为了简化核算，管理部门所分配的费用采用倒挤法。

根据表 4-11，编制会计分录如下：

（1）分配电费

借：辅助生产成本——机修　　　　　　　　　　　　　　　　　　1 943.2
　　制造费用——基本生产车间　　　　　　　　　　　　　　　　3 011.96
　　管理费用　　　　　　　　　　　　　　　　　　　　　　　　873.64
　　贷：辅助生产成本——供电　　　　　　　　　　　　　　　　5 828.8

(2) 分配机修费

借：辅助生产成本——供电　　　　　　　　　　　　　　　　1 028.64
　　　制造费用——基本生产车间　　　　　　　　　　　　　　3 214.5
　　　管理费用　　　　　　　　　　　　　　　　　　　　　　900.06
　　贷：辅助生产成本——机修　　　　　　　　　　　　　　　　　5 143.2

代数分配法是最为准确的一种分配方法，但如果辅助生产车间多，未知数也较多，方程组的求解工作就会变得十分复杂。因此，这种方法只适用于实现会计电算化的企业或者辅助生产车间不多的企业。

（四）计划成本分配法

计划成本分配法，是指将辅助生产车间生产的产品或者劳务，按照计划单位成本计算、分配辅助生产费用的方法。在这种方法下，需对按计划成本计算的分配额与"实际"成本（原待分配费用加上按计划成本分配的费用）之间的差额（即辅助生产成本差异）进行调整分配。为了简便核算，可以将差异全部调整计入管理费用。其计算公式为：

受益单位应负担的劳务成本＝耗用劳务的数量×该劳务计划单位成本

某辅助生产车间成本差异＝该辅助生产车间"实际"成本－该辅助生产车间计划成本

【例 4-17】 仍沿用例 4-14，假设机修费的计划单价为 0.60 元/工时，电的计划单价为 0.25 元/度，辅助生产费用分配表参见表 4-12。

表 4-12　辅助生产费用分配表（计划成本分配法）

金额单位：元

分配项目	受益车间	供电车间 数量/度	供电车间 金额	机修车间 数量/工时	机修车间 金额	合计
待分配费用			4 800		3 200	8 000
供应劳务总量		24 000		8 000		
计划单位成本			0.25		0.6	
费用分配	供电车间			1 600	960	960
	机修车间	8 000	2 000			2 000
	基本生产车间	12 400	3 100	5 000	3 000	6 100
	行政管理部门	3 600	900	1 400	840	1 740
	合计	24 000	6 000	8 000	4 800	10 800
辅助生产"实际"成本			5 760		5 200	10 960
辅助生产成本差异			－240		400	160

表 4-12 中，供电车间和机修车间的"实际"成本分别计算如下：

(1) 供电车间"实际"成本＝4 800＋960＝5 760（元）

(2) 机修车间"实际"成本＝3 200＋2 000＝5 200（元）

根据表 4-12，编制会计分录如下：

(1) 按计划成本分配

借：辅助生产成本——供电　　　　　　　　　　　　　　　　960
　　　　　　　　　——机修　　　　　　　　　　　　　　　　2 000

```
            制造费用—基本生产车间                          6 100
            管理费用                                      1 740
              贷：辅助生产成本—供电                        6 000
                           —机修                          4 800
    （2）调整辅助生产成本差异
        借：管理费用                    160
          贷：辅助生产成本—供电        （240）[注：（  ）表示金额为负数或者红字]
                         —机修         400
```

采用计划成本分配法，由于是按照事先确定的计划单位成本进行分配的，不必单独计算分配率，而且各辅助生产费用只分配一次，所以核算工作较简便。采用这种方法，不仅能反映和考核辅助生产成本计划的执行情况，而且便于分析和考核各受益单位的成本，便于分清企业内部各单位的经济责任。采用这种方法，要注意制定的计划成本与"实际"成本不能相差太大，否则会影响分配结果的准确性，所以这种方法一般适用于计划成本资料比较完备的企业使用。

第三节 制造费用的归集与分配

一、制造费用的归集

制造费用，是指企业生产单位为了生产产品和提供劳务而发生的各项间接费用，主要包括生产车间管理人员工资和福利费、折旧费、修理费、办公费、水电费、机物料消耗、劳动保护费、租赁费、保险费、设计制图费、试验检验费、劳动保护费等。

制造费用的归集是通过设置"制造费用"账户进行的。根据管理的需要，"制造费用"科目可以按生产车间开设明细账，账内按照费用项目开设专栏，进行明细核算。该账户的借方归集月份内发生的制造费用，期末按照一定的标准进行分配时，从该账户的贷方转出，除季节性生产企业外，月末一般无余额。该账户一般按不同的车间部门设置明细账，账目按费用项目设置专栏。表4-13是以某企业的资料为例，根据各种分配表登记的制造费用明细账。

表4-13 制造费用明细账

车间名称：A车间   金额单位：元

| 年 | | 凭证字号 | 摘要 | 机物料消耗 | 外购动力 | 工资及福利费 | 折旧费 | 办公费 | 修理费 | 合计 |
月	日									
11	15		材料费用分配表	680						680
	16		支付办公费					560		560
	20		支付取暖费		375					375
	25		工资及福利费分配表			1 368				1 368
	25		折旧费用分配表				1 200			1 200
	25		支付修理费用						600	600
	30		合计	680	375	1 368	1 200	560	600	4 783
			月末转出	680	375	1 368	1 200	560	600	4 783

二、制造费用的分配

在生产一种产品的车间中，制造费用可以直接计入其产品成本。在生产多种产品的车间中，就要采用既合理又简便的分配方法，将制造费用分配计入各种产品成本。常用的分配方法有：生产工时比例法；机器工时比例法；直接工资比例法；按年度计划分配率分配法等。

在选择制造费用分配方法时应当遵循的原则包括：分配的标准与被分配的费用存在因果关系；计算简便；标准相对稳定。

（一）生产工时比例法

生产工时比例法，是指按照各种产品所耗用生产工人工时的比例分配制造费用的一种方法。其工时可以是各种产品耗用的实际工时，也可以是定额工时。其计算公式如下：

$$分配率 = \frac{制造费用总额}{各种产品生产工时总数}$$

$$某种产品应负担的制造费用 = 该产品的生产工时数 \times 分配率$$

【例 4-18】 某企业基本生产车间生产甲、乙两种产品，2015 年 8 月该车间制造费用总额为 28 000 元，已知甲产品的生产工时为 6 000 小时，乙产品的生产工时为 8 000 小时，按生产工时比例法编制费用分配表参见表 4-14。

表 4-14　制造费用分配表

基本生产车间　　　　　　　　　　2015 年 8 月　　　　　　　　　　金额单位：元

总账账户	明细账户	生产工时/小时	分配率	分配金额
基本生产成本	甲产品	6 000	2	12 000
	乙产品	8 000		16 000
合计		14 000	2	28 000

制造费用分配率 = 28 000 ÷ (6 000 + 8 000) = 2(元/小时)

根据表 4-14，编制会计分录如下：

借：基本生产成本—甲产品　　　　　　　　　　　　　　　　　　　12 000
　　　　　　　　—乙产品　　　　　　　　　　　　　　　　　　　16 000
　　贷：制造费用—基本生产车间　　　　　　　　　　　　　　　　28 000

制造费用与产品工时数有一定的内在联系，采用这一方法使劳动生产率与产品负担的费用水平联系起来，合理地反映了劳动生产率与产品成本的关系。但是，机器设备的折旧费和维修费在制造费用中占有较大比重，如果车间各种产品生产的机械化程度不同，用生产工时分配制造费用，会使机械化程度较低的产品负担较多的设备折旧费和维修费用，所以在采用这种方法时，各种产品生产的机械化程度不能相差悬殊，否则就会显得不合理。

（二）机器工时比例法

机器工时比例法，是指以各种产品的机器工时为标准分配制造费用的一种方法。其计算公式如下：

$$分配率 = \frac{制造费用总额}{各种产品机器工时总数}$$

某种产品应负担的制造费用＝该产品的生产耗用机械工时数×分配率

采用这种方法的前提条件是制造费用与机器操作时间的关系密切。也就是说,发生的制造费用多少与机器运转工作时间的长短有一定的比例关系。所以,这种方法适用于机械化、自动化程度高的制造费用的分配。

(三) 直接工资比例法

直接工资比例法,是指以直接计入各种产品成本的生产工人工资作为标准进行分配的一种方法。其计算公式如下:

$$分配率 = \frac{制造费用总额}{各种产品生产工人工资总额}$$

某种产品应负担的制造费用＝该产品的生产工资额×分配率

采用这种方法的前提条件是制造费用与人工成本的关系密切,因此它与产品生产工时比例法相似,适用于各产品的机械化水平相当、生产工人的熟练程度相当的情况。

(四) 按年度计划分配率分配法

按年度计划分配率分配法,是指不管各月实际发生的制造费用多少,各月各种产品成本中的制造费用都按年度计划确定的计划分配率分配的一种方法。其计算公式如下:

$$年度计划分配率 = \frac{年度制造费用计划总额}{年度各产品计划产量的定额工时之和}$$

某月某种产品应负担的制造费用＝该月该种产品实际产量的定额工时数×年度计划分配率

【例4-19】 某车间全年计划制造费用为26 000元;全年计划产量为:甲产品1 200件,乙产品800件;单件产品工时定额为:甲产品3小时,乙产品2小时。假设1月份甲产品的产量为120件,乙产品的产量为80件,该月实际发生制造费用2 450元。相关计算及会计分录如下:

制造费用年度计划分配率＝26 000÷(1 200×3＋800×2)＝5
1月份甲产品分配的制造费用＝120×3×5＝1 800(元)
1月份乙产品分配的制造费用＝80×2×5＝800(元)
根据上述分配结果,编制会计分录如下:
借:基本生产成本——甲产品　　　　　　　　　　　　　　1 800
　　　　　　　　——乙产品　　　　　　　　　　　　　　　800
　　贷:制造费用　　　　　　　　　　　　　　　　　　　　　　2 600

由于该月实际发生制造费用2 450元,按年度计划分配率分配转出费用2 600元,"制造费用"账户尚有贷方余额150元。

年度内如果发现全年制造费用的实际数与计划分配率计算的分配数之间出现差额,到年终时将其分配计入年末的各种产品成本中,调增或者调减当年产品的成本。若是节约差异,应编制红字分录;若是超支差异,应编制蓝字分录。年末调整以后,"制造费用"应无余额。

按年度计划分配率分配法特别适用于季节性生产的企业,因为在这种企业中,旺季、淡季的生产数量相差悬殊,而各月制造费用的发生额却变化不大,如果按实际费用进行分配,必然会使产品成本忽高忽低,影响成本资料的可比性,不利于成本分析与考核。

第四节　废品损失和停工损失的核算

一、废品损失的归集和分配

（一）废品损失的含义

生产中的废品，是指不符合规定的技术标准，不能按照原定用途使用，或者需要返工修理后才能使用的在产品、半成品和产成品，包括在生产过程中发现的废品和入库后发现由于生产上的原因造成的废品。

废品分为可修复废品和不可修复废品两种。可修复废品，是指技术上、工艺上可以修复，而且所支付的修复费用在经济上合算的废品。不可修复废品，是指技术上、工艺上不可能修复，或者虽可修复，但所支付的修复费用在经济上不合算的废品。

废品损失，是指生产中废品的报废损失和修复费用。废品的报废损失，是指不可修复废品的生产成本扣除回收的残料价值及应收的赔偿款后的净损失。修复费用，是指可修复废品在返修过程中所发生的修理费用，包括在返修过程中补领的原材料、零配件价值和支付的工资等。以下原因造成的废品损失不列入废品损失的核算范围：

(1) 应由过失人赔偿的损失；

(2) 可以降价出售的不合格品（次级品）；

(3) 产品入库后，由于保管不善而造成的损失；

(4) 实行"三包"的企业，产品出售后发现的废品所发生的一切损失。

废品损失的核算可以通过专门设置的"废品损失"账户，也可以在"生产成本"账户下设置"废品损失"明细账进行核算。该账户的借方登记废品损失和修复费用，贷方登记回收残料价值、应收的赔偿款以及应由本月完工产品成本负担的废品净损失，该账户月末无余额。"废品损失"账户应按车间设置明细账，账内按产品品种和成本项目进行登记。

（二）可修复废品损失的核算

可修复废品在修复后仍可当作合格品入库待售。因此，其原来的生产成本仍应留在该产品的各成本项目中，不需转入"废品损失"项目，只需将修复费用计入"废品损失"项目。

【例 4-20】　某企业 6 月份为修复废品甲产品领用材料 1 000 元，应分配修复人员工资 800 元，制造费用 1 000 元。根据有关凭证和费用分配表分别编制会计分录如下：

(1) 领用材料时

借：废品损失—甲产品	1 000
贷：原材料	1 000

(2) 核算应分配工资及制造费用时

借：废品损失—甲产品	1 800
贷：应付职工薪酬	800
制造费用	1 000

（三）不可修复废品损失的核算

不可修复废品只能当作废料处理，因此，其原来的生产成本应从有关产品生产成本明细账中转出,转入该产品"废品损失"项目。如有残余废料可以回收的,入库的残料价值冲减废品损失。不可修复废品的生产成本,应从合格品成本中分离出来,这就存在合格产品和不可修复废品之间的费用分配问题。在实际工作中,为了简化核算工作,一般是按定额或者计划成本计算出废品的成本进行核算的。

【例 4-21】 某企业发现不可修复废品乙产品 6 件,每件定额成本 400 元,其中直接材料 260 元,直接人工 100 元,燃料动力 16 元,制造费用 24 元;残料共计 130 元验收入库。根据以上业务编制会计分录如下:

(1) 发现不可修复废品乙产品时
借:废品损失—乙产品　　　　　　　　　　　　　　　　　　　　2 400
　　贷:基本生产成本—乙产品　　　　　　　　　　　　　　　　　　2 400
(2) 残料验收入库时
借:原材料　　　　　　　　　　　　　　　　　　　　　　　　　　130
　　贷:废品损失—乙产品　　　　　　　　　　　　　　　　　　　　130

(四) 计算废品净损失

将上述发生的业务通过登记废品损失明细账,可以计算出废品净损失并转入有关产品生产成本明细账(参见表 4-15)。

表 4-15　废品损失明细账

金额单位:元

年		凭证号码	摘　要	废品品种		
月	日			甲产品	乙产品	合　计
6	1	3006	修复废品领用材料	1 000		1 000
	5	3008	分配工资费用	800		800
	8	3012	分配制造费用	1 000		1 000
	10	3020	结转不可修复废品成本		2 400	2 400
	10	3021	残料入库		−130	−130
	30		合计	2 800	2 270	5 070
			结转废品净损失	−2 800	−2 270	−5 070

结转废品净损失,重新计入有关产品生产成本明细账,其会计分录如下:
借:基本生产成本—甲产品　　　　　　　　　　　　　　　　　　2 800
　　　　　　　　　　—乙产品　　　　　　　　　　　　　　　　2 270
　　贷:废品损失—甲产品　　　　　　　　　　　　　　　　　　　2 800
　　　　　　　　—乙产品　　　　　　　　　　　　　　　　　　2 270

二、停工损失的核算

停工损失,是指生产车间或者车间内某个班组在停工期间发生的各项费用。停工损失包括:停工期间所支付的生产工人工资和提取的福利费;所耗用的材料和动力费;应负担的制造费用。由于过失单位或者过失人造成停工而应负担的赔偿应从停工损失中扣除。

发生停工的原因很多,如电力供应中断、原材料供应不足、设备出现故障需要修理等。为了简化核算工作,一般停工不满一个工作日的,可以不计算停工损失。企业是否需要单独核算停工损失以及计算停工损失的时间界限,由企业自行确定。停工时,车间应当填制停工报告单,注明停工范围、时间、原因和过失单位,并在考勤记录中进行登记,作为停工损失核算的依据。

为了核算停工损失,应当设置"停工损失"账户进行核算。该账户的借方归集本月发生的停工损失,贷方分配结转停工损失,月末一般无余额。

一般来说,凡是由自然灾害造成停工的非常损失以及非季节性、非修理期间的停工损失应列入营业外支出。季节性、修理期间的停工损失,应计入制造费用。

为了简化核算,辅助生产车间的停工损失,一般不单独核算,有关的会计处理如下:

(1) 发生停工损失时,其会计分录为:

借:停工损失　　　　　　　　　　　　　　　　　×××
　　贷:应付职工薪酬/制造费用等　　　　　　　　　　×××

(2) 应向过失单位或者保险公司索赔的款项,其会计分录为:

借:其他应收款　　　　　　　　　　　　　　　　×××
　　贷:停工损失　　　　　　　　　　　　　　　　　×××

(3) 对于自然灾害等引起的非正常停工损失,其会计分录为:

借:营业外支出　　　　　　　　　　　　　　　　×××
　　贷:停工损失　　　　　　　　　　　　　　　　　×××

(4) 季节性、机器设备修理期间的停工损失,其会计分录为:

借:制造费用　　　　　　　　　　　　　　　　　×××
　　贷:停工损失　　　　　　　　　　　　　　　　　×××

第五节　期间费用的归集与结转

期间费用,是指不计入产品生产成本、直接计入当期损益的费用。

根据现行企业会计准则的规定,企业行政管理部门为组织和管理生产经营活动而发生的管理费用和财务费用,为销售和提供劳务而发生的销售费用都应作为期间费用,直接计入当期损益。因此,企业的期间费用主要包括管理费用、财务费用和销售费用。

一、管理费用

管理费用,是指企业为组织和管理企业生产经营所发生的各种费用,包括企业董事会和行政管理部门在企业的经营管理中发生的,或者应由企业统一负担的公司经费、工会经费、职工教育经费、劳动保险费、待业保险费、董事会费、聘请中介机构费、咨询费、诉讼费、排污费、绿化费、税金、土地使用费(海域使用费)、矿产资源补偿费、技术转让费、技术开发费、无形资产摊销、开办费摊销、业务招待费、坏账损失、存货跌价准备、存货盘亏、毁损和报废(减盘盈)以及其他管理费用。

管理费用的归集与结转,是通过"管理费用"账户及所属明细分类账户进行的。该账户属于损益类费用账户,借方登记支付的各项费用,贷方登记结转的各项费用,期末结转后无余额。

企业财务部门除对管理费用进行总分类账核算外,还应当按照规定的费用项目,进行明细分类核算,归集管理费用。企业根据明细项目开设明细账,进行明细分类核算。

二、财务费用

财务费用,是指企业为筹集生产经营所需资金而发生的费用,包括企业生产经营期间发生的利息净支出(减利息收入)、汇兑净损失以及相关机构的手续费。

企业发生的财务费用在"财务费用"账户进行核算,并按照费用项目进行明细核算。企业发生的财务费用,借记"财务费用"账户,贷记有关账户。期末,应当将"财务费用"账户的余额转入"本年利润"账户,结转后"财务费用"账户应无余额。

三、销售费用

销售费用,是指企业在销售商品、产品和提供劳务过程中发生的各项费用以及专设销售机构(含销售网点、售后服务网点等)的各项经费,包括一般销售费用、广告费、展览费、租赁费、专设销售机构经费。

企业发生的销售费用在"销售费用"账户进行核算,并按照费用项目进行明细核算。企业发生销售费用时,借记"销售费用"账户,贷记有关账户。期末,应将"销售费用"账户的余额转入"本年利润"账户,结转后"销售费用"账户应无余额。

本章基本训练

一、单项选择题

1. 基本生产车间为生产产品或者劳务消耗的材料,应计入(　　)账户。
   A. 基本生产成本　　　　　　　　B. 制造费用
   C. 管理费用　　　　　　　　　　D. 营业外支出
2. 辅助生产车间为提供产品或者劳务消耗的材料,应计入(　　)账户。
   A. 基本生产成本　　　　　　　　B. 制造费用
   C. 管理费用　　　　　　　　　　D. 辅助生产成本
3. 基本生产车间一般消耗的材料,应计入(　　)账户。
   A. 基本生产成本　　　　　　　　B. 制造费用
   C. 管理费用　　　　　　　　　　D. 辅助生产成本
4. 厂部行政管理部门消耗的材料,应计入(　　)账户。
   A. 基本生产成本　　　　　　　　B. 制造费用
   C. 管理费用　　　　　　　　　　D. 营业外支出
5. 假定某企业生产甲、乙两种产品分别为100件、400件,共同耗用某原材料4 800千克,该原材料的单位实际成本为8元/千克,该材料单位消耗定额甲、乙产品分别为8千克/件和6千克/件。按照定额耗用量比例法,甲、乙两种产品应分配的费用分别为(　　)。

A. 9 600元,28 800元 B. 8 000元,30 400元
C. 10 400元,28 000元 D. 12 000元,26 400元

6. 应在本月计算折旧费用的固定资产是（　　）。
   A. 以经营租赁方式租入的房屋 B. 本月内购进的机器设备
   C. 提足折旧继续使用的设备 D. 本月减少的设备

7. 某企业采用使用年限法计提折旧。某项目固定资产原价为80 000元,预计净残值率为5%,预计使用年限为10年。固定资产1986年10月购入并开始使用,1997年8月报废,报废时已提折旧为（　　）。
   A. 78 200元 B. 76 800元 C. 80 000元 D. 76 000元

8. 生产车间领用的直接用于产品生产、有助于产品形成的辅助材料,应借记的账户为（　　）。
   A. 辅助生产成本 B. 制造费用
   C. 基本生产成本 D. 原材料

9. 在企业的产品成本计算单中未设置"燃料及动力"项目的情况下,生产车间发生的直接用于产品生产的动力费用,应借记的账户为（　　）。
   A. 管理费用 B. 基本生产成本
   C. 生产费用 D. 制造费用

10. 在企业生产产品成本中,"直接人工"项目不包括（　　）。
    A. 直接参加生产的工人的工资 B. 按生产工人工资计提的福利费
    C. 直接参加生产的工人的计件工资 D. 企业行政管理人员工资

11. 下列关于低值易耗品的一次摊销说法中,错误的是（　　）。
    A. 生产部门使用的低值易耗品摊销额应计入生产成本
    B. 领用时,将其价值一次全部地计入有关费用项目
    C. 如果采用计划成本,需要分摊材料成本差异
    D. 该分配方法会形成账外资产

12. 在各种辅助生产费用的分配方法中,分配结果最为准确的是（　　）。
    A. 计划成本法 B. 代数分配法
    C. 交互分配法 D. 直接分配法

13. 分配制造费用时,机器工时比例法适用于（　　）。
    A. 机械化程度较高的车间
    B. 季节性生产的企业
    C. 机械化程度较低的车间
    D. 计划成本与实际成本相差较大的车间

14. 专门销售机构消耗的材料,应计入（　　）账户。
    A. 基本生产成本 B. 辅助生产成本
    C. 制造费用 D. 销售费用

15. 企业生活福利部门人员的工资,应计入（　　）账户。
    A. 管理费用 B. 制造费用
    C. 辅助生产成本 D. 营业外支出

16. 下列费用应该计入"管理费用"账户的有（　　）。
    A. 生产工人的工资　　　　　　　　B. 车间管理人员的工资
    C. 基建工程人员的工资　　　　　　D. 企业管理人员的工资

17. 下列关于代数分配法的说法中，错误的是（　　）。
    A. 是最为准确的一种辅助费用分配方法
    B. 利用代数中解多元一次方程的原理
    C. 适用于实现会计电算化的企业或者辅助车间不多的企业
    D. 需要进行辅助生产成本差异分配

18. 下列属于"废品损失"账户核算内容的项目是（　　）。
    A. 生产过程中发生的可修复废品的生产成本
    B. 生产过程中发生的可修复废品的修复费用
    C. 产品出售后的修理费用
    D. 出售不合格品的降价损失

19. 企业由于计划减产，或者停电、待料、机器设备故障而停工，在停工期间所发生的一切费用属于（　　）。
    A. 修复费用　　　B. 生产成本　　　C. 废品损失　　　D. 停工损失

二、多项选择题

1. 下列费用中，属于制造费用的是（　　）。
   A. 生产管理人员的工资　　　　　　B. 车间的低值易耗品摊销
   C. 辅助车间的保险费、劳动保护费　D. 生产车间的办公费

2. 分配材料费用时，如果采用计划成本核算，下列说法正确的是（　　）。
   A. 需要分配发出材料的成本差异
   B. 实际与计划的差异均从材料成本差异的贷方转出
   C. 节约差异从材料成本差异的贷方转出，并用红字表示
   D. 超支差异从材料成本差异的借方转出

3. 提取的职工福利费主要用于（　　）方面。
   A. 支付职工医药费　　　　　　　　B. 职工医务部门、福利部门的工资
   C. 支付生产工人的加班工资　　　　D. 职工生活困难补助

4. 下列税金中，计入管理费用的有（　　）。
   A. 房产税　　　　　　　　　　　　B. 土地使用税
   C. 车船使用税　　　　　　　　　　D. 印花税

5. 制造费用的分配方法有（　　）。
   A. 生产工时比例法　　　　　　　　B. 生产工人工资比例法
   C. 机器工时比例法　　　　　　　　D. 按年度计划分配率分配法

6. 下列选项中，不得列入废品损失的有（　　）。
   A. 可以降价出售的不合格品的降价损失
   B. 产品入库后由于保管不善发生的损失
   C. 实行"三包"的企业产品出售以后发现的废品的损失

D. 可修复废品的修复费用
7. 下列关于"废品损失"账户的说法,错误的是(　　)。
   A. 是为了归集和分配废品损失而设立的
   B. 贷方登记可修复废品的修复费用
   C. 借方登记废品残料的回收价值
   D. 月末没有余额
8. 下列关于"停工损失"账户的说法中,错误的是(　　)。
   A. 是为了归集和分配停工损失而设立的
   B. 月末一般没有余额
   C. 贷方归集本月发生的停工损失
   D. 借方分配结转停工损失
9. 下列费用中,属于销售费用的有(　　)。
   A. 广告费
   B. 汇兑净损失
   C. 销售网点的租赁费
   D. 存货跌价准备
10. 企业在生产过程中耗用的材料,主要包括(　　)。
    A. 原料及主要材料
    B. 修理用备件
    C. 低值易耗品
    D. 外购半成品
11. 下列关于包装物的描述中,正确的有(　　)。
    A. 账户期末余额表示库存、出租、出借包装物的实有数额
    B. 随同产品出售但不单独计价的包装物,应借记"销售费用"账户
    C. 生产领用构成产品实体的包装物,应借记"基本生产成本"账户
    D. 包装物收取的租金,应在"营业外收入"账户核算
12. 在选择制造费用分配方法时,应遵循的原则有(　　)。
    A. 分配的标准与被分配的费用存在因果关系
    B. 计算简便
    C. 适合企业的生产特点
    D. 标准相对稳定

三、名词解释

1. 五五摊销法
2. 直接分配法
3. 交互分配法
4. 可修复废品
5. 废品损失
6. 停工损失

四、简答题

1. 材料费用的分配方法有哪些?
2. 简述辅助生产费用的分配方法,其各有什么优点和缺点?
3. 制造费用的分配方法有哪些?分别适用于什么情况?

五、实务题

（一）练习材料费用的分配

某工厂 5 月份领用材料费用汇总如下：

领用部门	用 途	计划成本/元
基本生产车间	制造甲产品的原材料	899 125
	制造乙产品的原材料	320 500
	甲、乙两种产品共同耗用	928 125
	机物料消耗	10 000
	修理用材料	20 000
	劳动保护用材料	7 000
企业管理部门	用于修理固定资产	2 000
供气车间	生产耗用	24 000
供电车间	生产耗用	18 000
合计		2 228 750

该厂材料成本差异率 -5%；甲、乙两种产品共同耗用的原材料按定额耗用量比例法分配：甲产品产量 1 275 件，原材料单位耗用定额 16 千克；乙产品产量 500 件，原材料单位耗用定额 24 千克（分配率保留 4 位小数）。

要求：(1) 根据以上资料，编制原材料费用分配表；(2) 根据原材料费用分配表编制相应的会计分录。

（二）练习材料费用、人工费用的分配

假定某工厂设有一个基本生产车间，生产甲、乙两种产品，另设机修、运输两个辅助车间，该厂 2016 年 5 月有关资料如下。

1. 该月发生的费用

(1) 材料费用

据本月领退料凭证汇总，发出原材料的计划成本为 59 100 元。其中，甲、乙两种产品直接计入的材料费分别为 25 000 元、16 000 元，甲、乙两种共同耗用辅助材料 8 200 元；基本生产车间、机修车间、运输车间一般耗用辅助材料分别为 3 600 元、900 元、800 元；机修车间、运输车间提供劳务分别耗用辅助材料 2 100 元、2 500 元。甲、乙两种产品共同耗用的材料按耗用直接材料的比例进行分配。本月材料成本差异率 -5%。

(2) 人工费

据工资结算汇总表，本月应付工资总额为 40 300 元。其中，基本生产车间生产工人工资为 21 600 元，车间管理人员工资为 2 000 元；机修车间生产工人工资为 8 100 元，车间管理人员工资为 1 200 元；运输车间生产工人工资为 6 400 元，车间管理人员工资为 1 000 元。基本生产工人的工资按甲、乙两种产品的生产工时的比例分配，同时按 14% 计提工资福利费。

2. 其他有关资料

本月甲、乙产品的生产工时分别为 4 100 小时和 3 100 小时。

要求：编制材料费用分配表、人工费用分配表，并编制相关会计分录。

（三）练习外购动力费用的分配

本月某生产车间共耗用电 27 500 度，单价 0.30 元，共计 8 250 元。其中，生产用电 27 000 度，车间管理用电 500 度。另外，厂部行政管理部门用电 6 000 度，专设销售机构用电 800 度。本车间生产甲、乙两种产品，甲产品定额消耗量 13 000 生产工时，乙产品定额消耗量 17 000 生产工时。

要求：对外购动力费用进行分配，编制动力费用分配表，并编制相关会计分录。

（四）练习辅助生产费用的分配

某企业有机修和供电两个辅助生产车间，主要为本企业基本生产车间和行政管理部门服务。机修车间本月发生费用 3 000 元，供电车间本月发生费用 5 000 元。机修计划单位成本为 5.60 元/小时，供电计划单位成本为 0.25 元/度。各辅助生产车间提供产品或者劳务数量见下表（分配率保留 4 位小数）。

受益单位		提供产品或者劳务量	
		机修/小时	供电/度
基本生产车间	甲产品	300	10 000
	乙产品	200	6 000
	车间一般耗用	70	800
辅助生产车间	机修车间		5 000
	供电车间	80	
行政管理部门		40	2 500
专设销售机构		30	700
合计		720	25 000

要求：(1) 采用直接分配法，编制辅助生产费用分配表并编制相关会计分录；(2) 采用交互分配法，编制辅助生产费用分配表并编制相关会计分录；(3) 采用代数分配法，编制辅助生产费用分配表并编制相关会计分录；(4) 采用计划成本法，编制辅助生产费用分配表并编制相关会计分录。

（五）练习辅助生产费用交互分配法

某企业有机修和供电两个辅助生产车间。机修车间本月发生费用 3 000 元，供电车间本月发生费用 2 000 元。各辅助生产车间提供产品或者劳务数量见下表。

辅助车间名称		机修车间	供电车间
待分配费用/元		3 000	2 000
供应劳务总量		600/小时	5 000/度
受益数量	机修车间		3 000/度
	供电车间	200/小时	
	甲产品	300/小时	1 000/度
	基本生产车间	40/小时	400/度
	行政管理部门	60/小时	600/度

要求：采用交互分配法进行计算分配，编制辅助生产费用分配表，并编制相关会计

分录。

（六）制造费用年度计划分配率法

某生产车间在 2015 年全年计划制造费用为 360 000 元，各种产品全年定额工时为 400 000 小时。12 月份甲产品实际产量的定额工时为 26 000 小时，乙产品实际产量的定额工时为 11 000 小时，年末核算时该车间全年共发生制造费用 378 000 元。前 11 个月按计划分配率分配的制造费用甲产品为 244 800 元、乙产品为 107 100 元。

要求：(1) 计算制造费用年度计划分配率；(2) 计算 12 月份甲、乙两种产品应分配的制造费用；(3) 计算全年按计划分配率分配的制造费用；(4) 计算制造费用实际发生数和计算分配数之间的差异；(5) 编制分配结转 12 月份和年末调整差异的会计分录。

（七）练习废品损失的核算

新兴企业一车间 2015 年 5 月生产甲产品 1 500 件，经检查，合格品为 1 000 件，不可修复废品为 500 件。生产甲产品共发生生产工时 4 800 小时，其中废品生产工时 800 小时。甲产品生产成本明细所列的全部生产费用为：直接材料 150 000 元；直接人工 24 000 元；燃料动力 4 400 元；制造费用 6 600 元。废品残值回收为 1 000 元，无赔偿款。原材料是在生产开始时一次投入的。

要求：根据上述资料，按废品所耗实际费用计算不可修复废品成本及废品净损失，将其计算结果填入下表。

甲产品不可修复废品成本计算表

车间：一车间　　　　　　　　　　2015 年 5 月　　　　　　　　　　金额单位：元

项　目	产量/件	直接材料	生产工时	直接人工	燃料动力	制造费用	合　计
费用总额							
费用分配率							
废品已耗成本							
废品残值							
废品净损失							

第五章 生产费用在完工产品和在产品之间的分配与归集

【本章学习目标】

1. 明确企业在产品核算与完工产品成本计算的关系。
2. 了解生产费用在完工产品与在产品之间分配的各种方法。
3. 掌握生产费用分配的约当产量法、定额成本法和定额比例法。
4. 掌握完工产品成本的结转。

第一节 期末在产品数量的核算

生产费用在完工产品和在产品之间的分配有多种方法,无论采用哪种方法,都必须首先确定在产品的数量。取得在产品收、发和结存的数量资料,是正确计算完工产品成本的前提条件。

一、在产品的含义

在产品又称在制品,通常有广义和狭义之分。广义的在产品是就整个企业来说,是指还没有完成全部生产过程、不能作为商品销售的产品,包括:正在车间加工的在产品;已完成一个或者几个生产步骤,但还需要继续加工的半成品;已经加工完成尚未验收入库的产成品;以及等待返修的废品等。狭义的在产品是就某一车间或者某一生产步骤而言的,仅指正在某车间或者某生产步骤加工的那部分在产品。

二、在产品数量的核算

在产品数量的核算,必须同时具备账面核算资料和实际盘点资料,以便从账面上随时掌握在产品的动态,同时又可以清查在产品的实存数量。

在产品成本的计算,应当根据在产品的实际盘存数量进行。但由于在产品品种多、数量大,企业每月都要组织实地盘点比较困难,可以根据在产品业务核算资料的期末结存量来计算在产品成本。车间在产品收发结存的日常核算,通常是通过"在产品收发结存账"进行的,该账以各生产车间按照产品品种和在产品的名称设置,提供车间各种在产品收发结存动态的业务核算资料。它是根据领料凭证、在产品内部转移凭证、产品检验凭证和产品验收入库凭证及时登记在产品台账,最后由车间核算人员审核并汇总。在产品台账举例参见表5-1。

表 5-1 在产品台账

生产车间：一车间　　　　　　　　在产品名称：A-580 主机　　　　　　　　单位：件

月	日	摘要	收入		转出			结存		备注
			凭证号	数量	凭证号	合格品	废品	完工	未完工	
7	1	结存						10	50	
	10	收入	3006	100	3010				150	
	15	发出				120			30	
	31	合计		500		400	50	50	50	

三、在产品的清查

为了使在产品账实相符,还必须做好在产品的清查工作。在产品的清查一般于月末结账前进行,采用实地盘点法。根据清查的结果应编制在产品盘点表,列明在产品的账面数、实有数、盘盈盘亏数以及盘盈盘亏的原因和处理意见等。对于报废和毁损的在产品还要登记其残值。成本核算人员应对在产品盘点表进行认真审核,并报有关部门审批,同时对在产品盘盈、盘亏进行会计处理。

（一）盘盈的会计处理

盘盈的在产品,按定额成本或者计划成本计入"基本生产成本"账户的借方,计入"待处理财产损溢"账户的贷方;批准核销时,则借记"待处理财产损溢",贷记"制造费用"等账户,冲减制造费用。

1. 发生盘盈时

借：基本生产成本—××产品　　　　　　　　　　　　　　　　　×××
　　贷：待处理财产损溢—待处理流动资产损溢　　　　　　　　　×××

2. 批准后转销时

借：待处理财产损溢—待处理流动资产损溢　　　　　　　　　　×××
　　贷：制造费用等　　　　　　　　　　　　　　　　　　　　　×××

（二）盘亏和毁损的会计处理

盘亏和毁损的在产品的实际成本,按规定计入"待处理财产损溢"账户的借方,计入"基本生产成本"账户的贷方,冲减在产品。毁损的在产品残值计入"原材料""银行存款"等账户的借方,计入"待处理财产损溢"账户的贷方,冲减损失。经批准核销时,应根据不同情况分别将损失从"待处理财产损溢"账户的贷方转入有关账户的借方：其中,由企业负担的损失,转入"制造费用"等账户的借方;由于自然灾害造成的非常损失,收到保险公司的保险赔款部分,计入"银行存款"账户的借方,其余部分的损失计入"营业外支出"账户的借方;应由过失单位和过失人赔偿的计入"其他应收款"账户的借方,等待赔偿。为了正确地归集和分配制造费用,应在制造费用结账之前做好在产品盘盈盘亏的账务处理。

1. 发生盘亏及毁损时

借：待处理财产损溢—待处理流动资产损溢　　　　　　　　　　×××
　　贷：基本生产成本—××产品　　　　　　　　　　　　　　　×××
　　　　应交税费—应交增值税（进项税额转出）　　　　　　　　×××

2. 残值处理
借：原材料/银行存款　　　　　　　　　　　　　　　　　×××
　　贷：待处理财产损溢——待处理流动资产损溢　　　　　　　　×××
3. 批准后处理
借：制造费用/营业外支出/其他应收款等　　　　　　　　　×××
　　贷：待处理财产损溢——待处理流动资产损溢　　　　　　　　×××

第二节　生产费用在完工产品与在产品之间的分配

企业在生产过程中发生的生产费用，经过在各种产品之间进行分配和归集以后，对于应计入本月各种产品的生产费用，都已计入"基本生产成本"账户及其所属的各种产品的明细账中。企业的生产费用在完工产品和在产品之间的分配，要依产品的不同生产类型和情况而定。

如何既合理又简便地在完工产品和在产品之间分配费用，是成本核算工作中一项重要而复杂的问题。期末，如果产品全部完工，没有期末在产品，则"基本生产成本"账户归集的各产品生产费用就是完工产品成本；如果产品全部未完工，期末全部是在产品，则"基本生产成本"账户归集的各产品生产费用全部是在产品成本；如果月末产品部分完工、部分未完工，即期末既有完工产品，又有在产品，则本月归集的生产费用加上月初在产品费用就要在本月完工产品和期末在产品之间进行分配。

月初在产品费用、本月生产费用、本月完工产品成本、月末在产品成本存在以下关系：

$$月初在产品费用＋本月生产费用＝本月完工产品成本＋月末在产品成本$$

上述公式中前两项是已知数，后两项是未知数，因此，将本月产品的全部生产费用在完工产品和在产品之间分配的方法有两种：一种是先确定月末在产品成本，再计算完工产品成本；另一种是将本月产品的全部生产费用采用一定的标准进行分配，同时计算完工产品和在产品的成本。

企业应根据月末在产品数量的多少、各月在产品数量变化的大小、各项费用比重的大小以及定额管理基础的好坏等具体条件，选择合理而又简便的方法。

一、不计算在产品成本

如果企业每月月末在产品数量不多，单位价值又很低，算不算在产品成本对完工产品成本的影响不大，为了简化核算工作，可以不计算在产品成本，即某种产品某月归集的生产费用全部由完工产品负担。用计算公式表示为：

$$本月完工产品成本＝本月发生生产费用$$

二、在产品成本按年初数固定计算

这种方法适用于每月末在产品数量较大，但各月之间变化不大的产品。各月在产品数量较大，必须计算在产品成本，但其各月变化又不大，月初、月末的在产品成本的差额较小，为了简化核算工作，可以用年初在产品成本作为每月月末的在产品成本，但年终的在产品成本必须根据实际盘点数重新计算。这样既可以简化核算工作,又能正确反映在产品资金占用,保证产品成本计算的正确性。

【例 5-1】 某企业甲产品每月月末在产品数量较大,但各月数量变化不大,在产品按年初固定成本计价。2015 年年初在产品 100 件,成本为:直接材料 3 600 元,直接人工 1 400 元,燃料动力 640 元,制造费用 960 元。11 月份生产费用为:直接材料 7 600 元,直接人工 3 800 元,燃料动力 800 元,制造费用 1 200 元。本月完工产品 200 件,月末在产品 100 件。12 月份发生直接材料 8 000 元,直接人工 4 000 元,燃料动力 800 元,制造费用 1 200 元。12 月完工甲产品 110 件,在产品 90 件,在产品视同完工产品分配费用。

11 月份的在产品成本和完工产品成本计算如下:
月末在产品成本＝3 600＋1 400＋640＋960＝6 600(元)
完工产品成本＝7 600＋3 800＋800＋1 200＝13 400(元)
12 月末应根据实际盘点的在产品数量重新确定计算在产品成本:
直接材料分配率＝(3 600＋8 000)÷(110＋90)＝58
直接人工分配率＝(1 400＋4 000)÷(110＋90)＝27
燃料动力分配率＝(640＋800)÷(110＋90)＝7.2
制造费用分配率＝(960＋1 200)÷(110＋90)＝10.8
月末在产品成本＝(58＋27＋7.2＋10.8)×90＝9 270(元)
完工产品成本＝(58＋27＋7.2＋10.8)×110＝11 330(元)

三、将在产品视同完工产品计算成本

如果月末在产品已接近完工,或者已经完工,只是尚未包装或者尚未验收入库,在这种情况下,在产品的成本已经非常接近甚至等于完工产品的成本。为了简化成本核算工作,这时可以将在产品视同完工产品,按二者的数量比例分配原材料费用和各项加工费用。

四、在产品成本按所耗原材料费用计价

如果月末在产品数量较大并且原材料费用在产品成本中占有较大的比重,为了简化核算,在产品成本可以只计算原材料费,工资费用、燃料动力、制造费用等加工费用全部由完工产品负担。

【例 5-2】 某产品原材料费用在产品成本中占有较大的比重。期初在产品直接材料为 4 800 元。本月发生直接材料 9 800 元,直接人工 1 200 元,燃料动力 512 元,制造费用 768 元。本月完工 700 件,在产品 300 件,原材料在生产开始时一次投入。

直接材料分配率＝(4 800＋9 800)÷(700＋300)＝14.6
月末在产品直接材料＝300×14.6＝4 380(元)
完工产品直接材料＝700×14.6＝10 220(元)
完工产品总成本＝10 220＋1 200＋512＋768＝12 700(元)

五、约当产量法

约当产量是根据月末在产品的投料程度和完工程度(又称加工程度、完工率),将在产

数量折合为相当于完工产品的数量。约当产量法就是将月初在产品成本和本月发生的生产费用之和按照完工产品产量和期末在产品约当产量的比例分配生产费用,据以计算完工产品成本和期末在产品成本的一种方法。这种方法是生产费用在完工产品和在产品之间进行分配的主要方法,它适用于月末在产品数量较大、各月月末在产品数量变化也较大、产品成本中原材料费用和人工及制造费用的比重相差不大的产品。其计算公式如下:

$$在产品约当产量 = 在产品数量 \times 完工程度$$

$$某项费用分配率 = \frac{某项费用总额}{完工产品数量 + 在产品约当产量}$$

$$完工产品负担的该项费用 = 完工产品数量 \times 该项费用分配率$$

$$在产品负担的该项费用 = 在产品约当产量 \times 该项费用分配率$$

计算在产品约当产量的关键是在产品投料程度和完工程度的确定,而在产品的投料程度又和原材料的投料方式具有密切的关系。至于直接人工、制造费用等项目,一般是随生产进度逐步投入的,月末均需按在产品的加工程度计算约当产量。以下将分项目加以说明。

1. 投料程度的确定及约当产量的计算

产品的投料程度,是指在产品已投材料占完工产品应投材料的百分比。分配原材料费用应根据原材料投入程度来确定。在生产过程中,材料投入方式通常有三种,即在生产开始时一次投入、在每道工序开始前一次投入和随生产过程陆续投入。

(1) 如果原材料在生产开始时一次投入,则单位在产品的原材料费用和单位完工产品一样,在产品的投料程度可以视为100%,在计算原材料分配率时,期末在产品约当产量就是它的实际结存量。原材料费用只需按完工产品和在产品数量的比例分配即可。

(2) 如果原材料在每道工序开始前一次投入,则在产品投料程度按该工序在产品的累计原材料费用(或者消耗)定额,除以完工产品原材料费用定额计算来确定。其计算公式为:

$$某工序在产品投料程度 = \frac{前道工序累计原材料费用定额 + 本道工序原材料费用定额}{完工产品原材料费用定额}$$

【例 5-3】 某产品经过两道工序加工完成,原材料在每道工序开始时一次投入。第一道工序为70千克,第二道工序为30千克,共计100千克。第一道工序在产品为100件,第二道工序在产品为120件,则各工序在产品投料程度和约当产量计算如下:

第一道工序在产品投料程度 = 70÷100×100% = 70%

第二道工序在产品投料程度 = (70+30)÷100×100% = 100%

在产品约当产量 = 100×70% + 120×100% = 190(件)

(3) 如果原材料随生产过程陆续投入,并且原材料的投料程度和产品加工程度一致,则分配原材料费用的在产品约当产量与分配加工费用的在产品约当产量相同,按在产品的加工程度折算(按加工程度计算在产品约当产量的问题将在后面讲述)。

(4) 如果原材料随生产过程陆续投入,并且原材料的投料程度和产品加工程度不一致,则应根据在产品在各个工序或者阶段的累计原材料费用定额,除以完工产品原材料费用定额来确定投料程度。但需要注意的是,由于原材料是随生产过程陆续投入的,在各工序中各件在产品的投料程度并不相同,为了简化这部分在产品投料程度的核算工作,都按平均投料程度的50%计算。其计算公式为:

$$某道工序在产品投料程度=\frac{前道工序累计原材料费用定额+本道工序原材料费用定额\times50\%}{完工产品原材料费用定额}$$

【例 5-4】 仍沿用例 5-3,原材料随生产过程陆续投入,则各工序在产品投料程度和约当产量计算如下:

第一道工序在产品投料程度 = 70×50%÷100×100% = 35%
第二道工序在产品投料程度 = (70+30×50%)÷100×100% = 85%
在产品约当产量 = 100×35%+120×85% = 137(件)

由此可见,在不同的投料方式下计算出的约当产量是不相同的,因此企业必须注意原材料费用分配中的这一特殊情况,按正确的方法计算在产品的约当产量,从而保证原材料费用分配准确。

2. 完工程度的确定及约当产量的计算

对于直接材料以外的直接人工、燃料和动力、制造费用等加工费用项目在产品约当产量的计算,通常按完工程度进行。

(1) 如果分布在各工序上的在产品数量比较均衡,且各工序上生产定额工时也相差不大,则全部在产品的完工程度可以都按 50% 计算。因为在这种情况下,后面各工序在产品多加工的程度可以抵补前面在产品少加工的程度。

(2) 如果在产品在各工序的加工程度不一致,且数量、定额工时也相差很多,则在产品约当产量应按各工序加工程度分别折算,然后加总作为期末在产品的约当产量。加工程度一般根据单位产品定额工时计算,其计算公式为:

$$某道工序上在产品的加工程度=\frac{前面各道工序的累计工时定额+本道工序工时定额\times50\%}{完工产品工时定额}\times100\%$$

【例 5-5】 某企业生产甲产品,其单件工时定额为 20 小时,经两道工序制成。其中,第一道工序的工时定额为 8 小时,第二道工序的工时定额为 12 小时。第一道工序在产品数量为 150 件,第二道工序在产品数量为 100 件,则:

第一道工序在产品的加工程度 = 8×50%÷20×100% = 20%
第二道工序在产品的加工程度 = (8+12×50%)÷20×100% = 70%
在产品约当产量 = 150×20%+100×70% = 100(件)

以上分别按投料程度和加工程度讲述了在产品约当产量的计算原理和方法,本章第三节将举例说明采用约当产量法分配生产费用的计算过程。

六、在产品成本按定额成本计算

在产品成品按定额成本计算是按照预先制定的定额成本计算月末在产品成本,即月末在产品成本按其数量和单位定额成本计算。确定月末在产品成本后,可以按下列公式计算完工产品成本:

完工产品成本 = 月初在产品成本 + 本月发生费用 − 月末在产品定额成本

采用这种方法,月末在产品实际成本与定额成本的差异全部由完工产品成本负担。它适用于各项消耗定额或者费用定额比较准确、稳定,而且各月末在产品数量变化不大的产品,否则会影响产品成本计算的正确性。

七、定额比例法

定额比例法是将产品的生产费用按照完工产品和月末在产品的定额消耗量或者定额费用的比例,分配计算完工产品成本和月末在产品成本的方法。其中,直接材料费用按原材料定额消耗量或者原材料定额成本比例分配;直接人工、制造费用等各项加工费,可以按定额工时比例分配。这种方法适用于管理基础较好,各项消耗定额或者费用定额比较准确、稳定,各月末在产品数量变动较大的产品。其计算公式如下:

$$直接材料分配率 = \frac{月初在产品直接材料费用 + 本月发生的直接材料费用}{完工产品定额原材料费用 + 月末在产品定额原材料费用}$$

完工产品直接材料费用 = 完工产品定额原材料费用 × 直接材料分配率

月末在产品直接材料费用 = 月末在产品定额原材料费用 × 直接材料分配率

或者:

月末在产品直接材料费用 = 月初在产品直接材料 + 本月发生的直接材料费用 − 完工产品直接材料

$$加工费用分配率 = \frac{月初在产品加工费用 + 本月发生的加工费用}{完工产品定额工时 + 月末在产品定额工时}$$

完工产品加工费用(直接人工、制造费用等) = 完工产品定额工时 × 加工费用分配率

在产品加工费用(直接人工、制造费用等) = 在产品定额工时 × 加工费用分配率

或者:

在产品加工费用(直接人工、制造费用等) = 月初在产品加工费用 + 本月发生的加工费用 − 完工产品加工费用

这种方法减少了大量的期末在产品成本核算工作,加速了成本计算,但由于每月通过倒挤法计算期末在产品成本,可能出现期末在产品成本账实不符的情况。因此,企业应加强对在产品日常管理,并定期进行在产品的盘点工作,发现账实不符情况,应及时进行调整。

第三节 完工产品与在产品之间费用分配举例

一、约当产量法应用举例

【例 5-6】 某企业生产 A 产品要经过两道工序加工完成,2015 年 12 月完工产品产量为 500 件,月末在产品 500 件,其中第一道工序 200 件,第二道工序 300 件,第一道工序工时定额 60 小时,第二道工序工时定额 40 小时。A 产品期初直接材料 9 000 元,直接人工 4 000 元,燃料动力 3 200 元,制造费用 4 800 元;本月发生直接材料 80 000 元,直接人工 20 000 元,燃料动力 16 000 元,制造费用 24 000 元。

要求:根据上述资料,分三种情况采用约当产量法分配生产费用并归集完工产品成本和在产品生产成本。

(1) 原材料在生产开始时一次性投入

① 原材料的投料程度 = 100%

月末在产品的约当产量＝200＋300＝500(件)
② 在产品完工程度

$$某道工序在产品的完工程度 = \frac{前面各道工序的累计工时定额 + 本道工序工时定额 \times 50\%}{完工产品工时定额} \times 100\%$$

第一道工序在产品完工程度＝60×50%÷100×100%＝30%
第二道工序在产品完工程度＝(60＋40×50%)÷100×100%＝80%
月末在产品约当产量＝200×30%＋300×80%＝300(件)
(2) 原材料随生产过程陆续投入,且材料的投料程度与生产工时的投入进度基本一致
① 完工程度(与第一种情况的完工程度相同)
第一道工序在产品完工程度＝30%
第二道工序在产品完工程度＝80%
在产品约当产量＝200×30%＋300×80%＝300(件)
② 投料程度与完工程度相同
在产品约当产量＝200×30%＋300×80%＝300(件)
(3) 原材料分工序投入,并在每道工序开始时一次投入。如第一道工序开始时投入600千克,第二道工序开始时投入400千克
① 投料程度
第一道工序在产品投料程度＝(600÷1 000)×100%＝60%
第二道工序在产品投料程度＝(600＋400)÷1 000×100%＝100%
在产品约当产量＝200×60%＋300×100%＝420(件)
② 完工程度
与第一种情况的完工程度相同,即
第一道工序完工程度＝30%
第二道工序完工程度＝80%
在产品约当产量＝200×30%＋300×80%＝300(件)
(4) 现在以第三种情况为例分配生产费用
① 直接材料分配率＝(9 000＋80 000)/(500＋420)＝96.74
完工产品的直接材料＝500×96.74＝48 370(元)
月末在产品的直接材料＝420×96.74＝40 630.80(元)
② 直接人工分配率＝(4 000＋20 000)/(500＋300)＝30
完工产品的直接人工＝500×30＝15 000(元)
月末在产品的直接人工＝300×30＝9 000(元)
③ 燃料动力分配率＝(3 200＋16 000)÷(500＋300)＝24
完工产品的燃料动力＝500×24＝12 000(元)
月末在产品的燃料动力＝300×24＝7 200(元)
④ 制造费用分配率＝(4 800＋24 000)÷(500＋300)＝36
完工产品的制造费用＝500×36＝18 000(元)
月末在产品的制造费用＝300×36＝10 800(元)

⑤ 根据上述计算结果归集完工产品和在产品的成本

完工产品的总成本＝48 370＋15 000＋12 000＋18 000＝93 370(元)

月末在产品的总成本＝40 630.8＋9 000＋7 200＋10 800＝67 630.80(元)

A产品成本计算过程参见表5-2。

表 5-2　产品成本计算单

产品名称：A产品　　　　　　　　2015年12月　　　　　　　　金额单位：元

摘　　要	直接材料	直接人工	燃料动力	制造费用	合　　计
月初在产品成本	9 000	4 000	3 200	4 800	21 000
直接材料分配	80 000				80 000
直接人工分配		20 000			20 000
燃料动力分配			16 000		16 000
制造费用分配				24 000	24 000
生产费用合计	89 000	24 000	19 200	28 800	161 000
完工产品产量/件	500	500	500	500	500
在产品约当产量/件	420	300	300	300	
约当总产量/件	920	800	800	800	
约当产量单位成本	96.74	30	24	36	186.74
完工产品总成本	48 370	15 000	12 000	18 000	93 370
月末在产品成本	40 630.8	9 000	7 200	10 800	67 630.8

据表5-2编制结转完工产品成本的会计分录如下：

借：库存商品——A产品　　　　　　　　　　　　　　　　　　93 370

　　贷：基本生产成本——A产品　　　　　　　　　　　　　　　　　　93 370

二、在产品成本按定额成本应用举例

这种方法是按照预先制定的定额成本计算月末在产品成本，即月末在产品成本按其数量和单位定额成本计算。确定月末在产品成本后，可以按下列公式计算完工产品成本：

完工产品成本＝月初在产品成本＋本月发生费用－月末在产品定额成本

【例5-7】　某企业B产品的月末在产品按定额成本法计算。2015年6月末B在产品数量100件，完工产品500件，原材料系生产开始时一次投入。单位产品原材料为60元，其他费用定额如下：单位在产品工时定额8小时，每小时直接人工4元，每小时燃料动力1.20元，每小时制造费用1.80元。月初和本月发生的生产费用累计：原材料80 000元，直接人工26 000元，燃料动力7 200元，制造费用10 800元。

原材料定额成本＝100×60＝6 000(元)

直接人工定额成本＝100×8×4＝3 200(元)

燃料动力定额成本＝100×8×1.2＝960(元)

制造费用定额成本＝100×8×1.8＝1 440(元)

在产品定额成本合计＝6 000＋3 200＋960＋1 440＝11 600(元)

产品成本计算过程参见表5-3。

表5-3　产品成本计算表

产品名称：B产品　　　　　　　　　2015年6月　　　　　　　　　金额单位：元

摘　要	直接材料	直接人工	燃料动力	制造费用	合　计
本月生产费用累计	80 000	26 000	7 200	10 800	124 000
月末在产品成本	6 000	3 200	960	1 440	11 600
产成品成本(500件)	74 000	22 800	6 240	9 360	112 400
产成品单位成本	148	45.6	12.48	18.72	224.8

根据表5-3编制结转完工产品成本的会计分录如下：
　　借：库存商品—B产品　　　　　　　　　　　　　　　　　112 400
　　　　贷：基本生产成本—B产品　　　　　　　　　　　　　　　　112 400

采用这种方法，月末在产品实际成本与定额成本的差异全部由完工产品成本负担。它适用于各项消耗定额或费用定额比较准确、稳定，而且各月末在产品数量变化不大的产品。

三、定额比例法应用举例

【例5-8】 某企业生产加工C产品，2015年6月产成品产量500件，月末在产品产量200件。有关费用及定额资料参见表5-4。

要求：分配计算完工产品和月末在产品成本。

表5-4　有关费用及定额资料

产品名称：C产品　　　　　　　　　2015年6月　　　　　　　　　金额单位：元

摘　要	直接材料	直接人工	燃料动力	制造费用	合　计
月初在产品	5 600	2 600	560	840	9 600
本月生产费用	44 800	19 000	6 736	10 104	80 640
单位产成品定额	60千克/件	40小时/件	40度/件	40小时/件	
月末在产品定额	60千克/件	20小时/件	20度/件	20小时/件	

完工产品和月末在产品成本分配计算如下。
(1) 计算各种费用分配率
直接材料分配率＝(5 600＋44 800)÷(30 000＋12 000)＝1.2
直接人工分配率＝(2 600＋19 000)÷(20 000＋4 000)＝0.9
燃料动力分配率＝(560＋6 736)÷(20 000＋4 000)＝0.304
制造费用分配率＝(840＋10 104)÷(20 000＋4 000)＝0.456
(2) 计算完工产品成本
直接材料＝30 000×1.2＝36 000(元)
直接人工＝20 000×0.9＝18 000(元)
燃料动力＝20 000×0.304＝6 080(元)
制造费用＝20 000×0.456＝9 120(元)
完工产品成本＝36 000＋18 000＋6080＋9120＝69 200(元)
(3) 计算月末在产品成本
直接材料＝12 000×1.2＝14 400(元)

直接人工＝4 000×0.9＝3 600(元)
燃料动力＝4 000×0.304＝1 216(元)
制造费用＝4 000×0.456＝1 824(元)
月末在产品成本＝14 400＋3 600＋1 216＋1 824＝21 040(元)
C产品成本计算过程参见表5-5。

表 5-5 产品成本计算表

产品名称：C产品　　　　　　　　　　2015年6月　　　　　　　　　　金额单位：元

摘　要		直接材料	直接人工	燃料动力	制造费用	合　计
月初在产品成本		5 600.2	2 600	560	840	9 600
本月生产费用		44 800	19 000	6 736	10 104	80 640
生产费用合计		50 400	21 600	7 296	10 944	90 240
费用分配率		1.2	0.9	0.304	0.456	
本月完工产品	定额耗量	30 000/千克	20 000/小时	20 000/度	20 000/小时	
	实际费用	36 000	18 000	6 080	9 120	69 200
月末在产品	定额耗量	12 000/千克	4 000/小时	4 000/度	4 000/小时	
	实际费用	14 400	3 600	1 216	1 824	21 040

根据表5-5结转完工产品成本的会计分录如下：
借：库存商品—C产品　　　　　　　　　　　　　　　　　　　　　　69 200
　　贷：基本生产成本—C产品　　　　　　　　　　　　　　　　　　　　69 200

本章基本训练

一、单项选择题

1. 狭义的在产品是指(　　)。
    A. 正在车间加工的在产品，已完成一个或者几个生产步骤，但还需继续加工的半成品
    B. 已经加工完成尚未验收入库的产成品
    C. 等待返修的废品
    D. 正在某车间或者某生产步骤加工的那部分在产品

2. 某甲产品工时定额为100小时，经两道工序加工完成。第一道工序工时定额30小时，第二道工序工时定额70小时。该月甲产品第一道工序在产品为200件，第二道工序在产品为100件，则在产品的约当产量为(　　)件。
    A. 300　　　　　　B. 130　　　　　　C. 160　　　　　　D. 95

3. 在产品按年初数固定计算在产品法适用于(　　)。
    A. 月末在产品数量大，但各月之间变化不大的产品
    B. 月末在产品已接近完工
    C. 月末在产品数量大，且原材料费用在产品成本中占较大比重
    D. 月末在产品数量不多，单位价值低

4. 如果原材料在生产开始时一次投入,则以下描述错误的是( )。
   A. 在产品的投料程度100%
   B. 原材料费用按完工产品和在产品数量的比例分配
   C. 单位在产品的原材料费用和单位完工产品一样
   D. 加工费用按完工产品和在产品数量的比例分配

5. 某厂生产的乙产品,单位产品工时定额为30小时,其中第一道工序工时定额为12小时,第二道工序工时定额为9小时,第三道工序工时定额为9小时,各工序在产品在本工序的完工程度均为50%,则各工序在产品的完工率分别为( )。
   A. 20%,55%,85%
   B. 20%,60%,80%
   C. 40%,70%,100%
   D. 30%,70%,85%

6. 以下关于在产品成本核算方法的描述中,错误的是( )。
   A. 不计算在产品成本法下,本月完工产品成本=本月发生的费用
   B. 在产品成本按年初数固定计算法下,本月完工产品成本小于本月发生的费用
   C. 在产品只计算材料成本法下,本月完工产品成本=月初在产品材料成本+本月发生生产费用-月末在产品材料成本
   D. 如果原材料在每道工序开始前一次投入,则最后一道工序的投料程度为100%

二、多项选择题

1. 广义的在产品包括( )。
   A. 正在车间加工的在产品,已完成一个或者几个生产步骤,但还需继续加工的半成品
   B. 已经加工完成尚未验收入库的产成品
   C. 等待返修的废品
   D. 没有完成全部生产过程,不能作为商品销售的产品

2. 在产品盘点表的内容包括( )。
   A. 在产品的账面数
   B. 在产品的实有数
   C. 盘盈盘亏数
   D. 在产品毁损后的残值

3. 关于在产品成本按年初数固定计算法的描述中,正确的是( )。
   A. 该方法适用于月末在产品数量不多,在产品单位价值低的企业
   B. 该方法适用于月初月末在产品成本的差额较小的企业
   C. 年终的在产品成本,必须根据实际盘点数重新计算
   D. 该方法下,加工费用、制造费用全部由完工产品负担

4. 计算在产品的约当产量的关键是( )。
   A. 有比较健全的定额资料和定额管理制度
   B. 加强对在产品的盘点工作
   C. 投料程度的确定
   D. 加工程度的确定

5. 材料投入方式包括( )。
   A. 生产开始时一次投入
   B. 每道工序开始前投入

C. 随生产过程陆续投入　　　　　　D. 每道工序结束后投入

6. 在产品成本按定额成本计算法适用于(　　)的企业。
   A. 各项消耗定额比较准确稳定
   B. 各月末在产品数量变动较大
   C. 各月末在产品数量变动较小
   D. 原材料费用在产品成本中占有较大比重

7. 约当产量法适用于(　　)的企业。
   A. 月末在产品数量较大
   B. 月末在产品数量变化也较大
   C. 产品成本中原材料费用和人工费用及制造费用的比重相差不大
   D. 定额管理基础较好

8. 以下关于在产品按所耗原材料费用计价法的描述中,正确的有(　　)。
   A. 月末在产品数量较大,且原材料费用在产品成本中占较大比重
   B. 在产品的成本只计算原材料费用
   C. 完工产品既负担材料费又负担加工费
   D. 在产品的成本非常接近于完工产品成本

三、名词解释

1. 约当产量
2. 约当产量法
3. 投料程度
4. 加工程度
5. 定额比例法
6. 定额成本法

四、简答题

1. 简述在产品的含义。
2. 生产费用在完工产品和在产品之间的分配方法有哪些？各有什么特点？
3. 什么是约当产量？如何计算约当产量？
4. 如何理解在产品的投料程度和加工程度？

五、实务题

（一）练习在产品只计算材料成本法

某厂生产的甲产品直接材料费用在产品成本中所占比重较大,在产品只计算材料成本。甲产品月初在产品总成本(即直接材料)25 250 元,本月发生生产费用 96 350 元,其中,直接材料 74 750 元,直接人工 14 400 元,燃料动力 2 880 元,制造费用 4 320 元;甲产品本月完工 9 000 千克,月末在产品 1 000 千克,在产品的原料费用已全部投入,直接材料可以按完工产品和月末在产品的数量比例分配。

要求：计算在产品成本,并编制结转完工入库产品成本的会计分录。

（二）练习约当产量法

某企业生产的甲产品经过三道工序加工完成，原材料随生产进度陆续投入。甲产品原材料费用定额为 2 000 元，其中第一道工序 1 200 元，第二道工序 600 元，第三道工序 200 元；单位产品工时定额 600 小时，其中第一道工序工时定额 360 小时，第二道工序工时定额 120 小时，第三道工序工时定额 120 小时。本月甲产品完工产品 2 000 件；月末在产品 600 件，其中第一道工序 300 件，第二道工序 200 件，第三道工序 100 件。月初和本月发生的生产费用共计：直接材料 46 600 元，直接人工 34 800 元，燃料动力 9 280 元，制造费用 13 920 元。

要求：采用约当产量法计算甲产品完工产品成本和月末在产品成本，并编制甲产品成本计算单（分配率保留 4 位小数）。

（三）练习约当产量法

某企业生产的 A 产品由三道工序加工完成，原材料在每道工序开始生产时一次投入。原材料消耗定额为：第一道工序 60%；第二道工序 30%；第三道工序 10%。单位产品工时定额 300 小时，其中第一道工序工时定额 210 小时，第二道工序工时定额 60 小时，第三道工序工时定额 30 小时。本月 A 产品完工产品 1 000 件；月末在产品 200 件，其中第一道工序 100 件，第二道工序 60 件，第三道工序 40 件。月初在产品费用为：直接材料 700 元，直接人工 263 元，燃料动力 450 元，制造费用 220 元；本月发生的生产费用为：直接材料 6 224 元，直接人工 3 100 元，燃料动力 2 400 元，制造费用 1 461.5 元。

要求：采用约当产量法计算 A 产品完工产品成本和月末在产品成本，并编制 A 产品成本计算单。

（四）练习约当产量法

某工厂生产的乙产品顺序经过第一、第二、第三共 3 道工序加工，单位产品原材料费用定额为 220 元，其中第一道工序投料定额为 132 元，第二道工序投料定额为 66 元，第三道工序投料定额为 22 元，原材料分别在各个工序生产开始时一次投入。该厂本月盘点确定的乙产品月末在产品数量为 300 件，其中第一道工序 80 件，第二道工序 120 件，第三道工序 100 件。

乙产品单位产品工时消耗定额为 30 小时，其中第一道工序工时定额 12 小时，第二道工序工时定额 9 小时，第三道工序工时定额 9 小时。各工序在产品在本工序的完工程度均为 50%。

该厂产品入库单的统计表明，本月完工验收入库的乙产品为 2 000 件，乙产品生产成本明细账归集的生产费用表明，月初在产品成本为 131 997 元，其中直接材料 69 720 元，直接人工 27 675 元，燃料动力 13 840 元，制造费用 20 762 元；乙产品本月发生的直接材料 426 600 元，直接人工 178 190 元，燃料动力 78 040 元，制造费用 117 060 元。

要求：采用约当产量法计算乙产品完工产品成本和月末在产品成本，并编制产品成本计算单。

（五）练习定额成本法

某工厂生产的甲产品月初在产品成本为 715 200 元（按定额成本计价），其中直接材料 550 200 元，直接人工 99 000 元，燃料动力 26 400 元，制造费用 39 600 元，本月实际发生生产费用 2 800 820 元,其中直接材料 1 859 328 元,直接人工 588 432 元,燃料动力 141 224 元,制造费用 211 836 元。本月完工甲产品 2 000 件,月末在产品 800 件,其中第一道工序 300 件,第二道工序 280 件,第三道工序 220 件。原材料在每道工序开工前投入,单位在产品直接材料费用定额第一道工序 600 元,第二道工序 100 元,第三道工序 100 元。甲产品单位产品的工时定额 90 小时,其中,第一道工序工时定额 20 小时,第二道工序工时定额 50 小时,第三道工序工时定额 20 小时;月末在产品在各工序的加工程度均为 50%。甲产品每一定额工时的直接人工费用 3 元,燃料动力 1.5 元,制造费用 2 元。

要求:采用定额成本计价法计算甲产品完工产品成本和月末在产品成本,并编制产品成本计算单。

(六)练习定额比例法

某企业生产甲产品采用定额比例法分配费用,原材料费用按定额费用比例分配,其他费用按定额工时比例分配。2015 年 9 月甲产品生产成本明细账部分数据见下表。

生产成本明细账

2015 年 9 月   金额单位:元

摘 要		直接材料	直接人工	燃料动力	制造费用	合 计
月初在产品费用		1 120	850	332	498	2 900
本月生产费用		8 890	7 660	2 652.8	3 979.2	23 182
生产费用累计						
完工产成品	定额	5 600	3 860/工时			
	实际					
月末在产品	定额	3 500	1 880/工时			
	实际					

要求:(1)计算各项费用分配率;(2)分配计算完工产品和月末在产品成本。

第六章 产品成本核算方法概述

【本章学习目标】

1. 了解生产按工艺的特点和按生产组织的特点的分类。
2. 理解生产特点对成本核算对象、成本核算期和费用分配的影响。
3. 了解产品成本核算的基本方法：品种法；分批法；分步法。
4. 了解产品成本核算的辅助方法：分类法；定额法。

第一节 生产类型和管理要求对产品成本核算的影响

一、确定产品成本核算方法的原则

产品成本是由在企业各生产单位(车间、分厂)产品生产过程中所发生的生产费用形成的。产品成本核算方法与企业的工艺技术过程和生产组织有密切联系，同时成本核算是成本会计的一个重要组成部分，而成本会计又是会计这一管理活动的一个重要分支，因此，产品成本核算必须满足企业管理方面的要求。这就是说，确定成本核算方法的原则是：必须从企业的具体情况出发，充分考虑企业生产经营特点和成本管理上的要求。

根据国家统一会计准则、制度的规定，企业应当根据生产经营特点和管理要求，确定适合本企业的成本核算对象、成本范围和核算方法。一经确定，不得随意变更，如需变更，应当根据管理权限，经股东大会，或者经理(厂长)会议，或者类似机构批准，并在会计报表附注中予以说明。

二、制造企业生产的主要类型

不同部门、不同行业的企业生产千差万别，可以根据生产工艺过程和生产组织的特点划分为不同的类型。

(一)按生产工艺过程的特点分类

制造企业的生产按生产工艺过程的特点可以分为单步骤生产和多步骤生产两种类型。

单步骤生产也叫简单生产，是指生产工艺过程不能间断，或者由于工作场地的限制，不便于分散在几个不同地点进行的生产，如发电、采掘、化肥、铸件的熔铸、玻璃制品的熔铸等企业的生产，该类生产通常只能由一个企业整体进行。多步骤生产也叫复杂生产，是指生产工艺过程由若干个可以间断的，分散在不同地点、分别在不同时间进行的生产步骤所组成的生产，如钢铁、纺织、机械、服装等企业的生产。该类生产可以由一个企业的各个生产单位进行，也可以由几个企业协作进行。

按产品加工方式的不同,多步骤生产又可以分为连续式多步骤生产和装配式多步骤生产。连续式多步骤生产,是指投入生产的原材料要依次经过各个生产步骤的加工,直到最后的生产步骤才能成为产成品的生产,如冶金、纺织、造纸、服装、搪瓷等企业的生产。装配式多步骤生产,是指先将原材料分别加工成零件、部件,再将零件、部件装配为产成品的生产,如机械制造、汽车制造、仪表制造等企业的生产。

（二）按生产组织的特点分类

制造企业的生产按生产组织的特点可以分为大量生产、成批生产和单件生产三种类型。

大量生产,是指不断重复品种相同的产品的生产。在这种生产类型的企业或者车间中,产品的品种较少,而且比较稳定,如采掘、发电、自来水、化肥、酿酒、造纸等生产。

成批生产,是指按照预先规定的产品批别和数量进行生产。在这种生产类型的企业或者车间中,产品的品种比较多而且各种产品的生产往往成批地重复进行,生产具有一定的重复性,如服装、制鞋、某些机械制造等就是这种类型的生产。成批生产按照产品批量的大小,又可以分为大批生产和小批生产。大批生产的性质接近大量生产,小批生产的性质接近单件生产。

单件生产,是指按照购买单位订单的要求,生产个别的、性质特殊的产品的生产。在这种生产类型的企业或者车间中,产品的品种虽然很多,但却很少重复生产,如重型机械和船舶的制造。

三、生产特点和管理要求对成本核算方法的影响

企业应当根据生产经营特点和管理要求,确定成本核算对象,归集成本费用,计算产品的生产成本。成本核算方法的不同,主要表现在成本核算对象、成本核算期,以及是否需要进行完工产品与在产品的分配三个方面。

（一）对成本核算对象的影响

制造企业一般按照产品品种、批次订单或生产步骤等确定产品成本核算对象。

大量大批单步骤生产产品或管理上不要求提供有关生产步骤成本信息的,一般按照产品品种确定成本核算对象。

小批单件生产产品的,一般按照每批或每件产品确定成本核算对象。

多步骤连续加工产品且管理上要求提供有关生产步骤成本信息的,一般按照每种(批)产品及各生产步骤确定成本核算对象。

产品规格繁多的,可以将产品结构、耗用原材料和工艺过程基本相同的产品,适当合并作为成本核算对象。

（二）对成本核算期的影响

大量大批生产,根据成本管理的要求,通常需要定期按月计算产品成本,核算期与生产周期不一致;单件小批生产,产品成本有可能在某件产品或者某批产品完工后才最终确定,因而成本核算可以是不定期的,与生产周期一致。

（三）对本期完工产品和期末在产品之间费用分配的影响

单步骤生产,其生产过程不能间断,生产周期也较短,一般没有期末在产品或者在产品数量很少,因此,在计算产品成本时,一般不存在生产费用在本期完工产品和期末在产品之间进行费用分配的问题;在多步骤生产中,大量大批生产组织类型由于生产连续不断进行,

经常存在期末在产品,因此在计算产品成本时,一般需要在本期完工产品和期末在产品之间进行费用的分配;单件小批生产组织类型,由于成本核算期与生产周期一致,在计算产品成本时,一般不存在本期完工产品和期末在产品之间进行费用的分配问题。

第二节 产品成本核算方法简介

一、产品成本核算的基本方法

根据生产工艺过程和生产组织特点以及企业成本管理要求,制造企业有三种产品成本核算的基本方法,即品种法、分批法和分步法。

（一）品种法

大量大批单步骤生产企业,或者管理上不要求分步骤计算成本的多步骤生产企业,只需要以产品品种作为成本核算对象来归集和分配生产费用,计算出各种产品（品种）的实际总成本和单位成本,这就产生了品种法。

大量大批生产企业不可能等全部产品完工以后才计算其实际总成本,成本核算期只能与会计报告期（定期按月）一致,与生产周期不一致。品种法在按月计算成本时,有些单步骤生产企业没有月末在产品,不需要在本月完工产品和月末在产品之间分配生产费用,本月生产费用等于本月完工产品成本。而管理上不要求分步骤计算成本的大量大批多步骤生产企业,通常有月末在产品,需要在本月完工产品和月末在产品之间分配生产费用。

（二）分批法

单件小批生产企业（单步骤生产或者管理上不要求分步骤计算成本的多步骤生产）,是按照客户的订单来组织生产的,客户的订单不仅数量上和质量上的要求不同,而且交货日期也不一样。因此,单件小批生产企业只能以生产的产品批别作为成本核算对象来归集和分配生产费用,计算出各种产品的实际总成本和单位成本,这就产生了分批法。

在分批法下,由于成本核算对象是产品的批别,只有在该批产品全部完工以后才能计算其实际总成本,因此分批法的成本核算期是不定期的,与产品周期一致。

分批法的成本核算期与生产周期一致,不需要将生产费用在本月完工产品和月末在产品之间进行分配。

（三）分步法

在大量大批多步骤生产企业,如果企业成本管理上要求按生产步骤归集生产费用、计算产品成本,就需要将产品及其所经生产步骤作为成本核算对象来归集和分配生产费用,计算出各种生产步骤和最终产品的实际总成本和单位成本,这就产生了分步法。

与品种法相同,采用分步法的大量大批多步骤生产企业不可能等全部产品完工以后才计算成本,只能定期按月计算成本,成本核算期与会计报告期一致,但与生产周期不一致。

大量大批多步骤生产企业在月末计算产品成本时,通常有在产品,因此,分步法需要将生产费用在本月完工产品和月末在产品之间进行分配。

上述产品成本核算的三种基本方法,其成本核算对象、成本核算期、生产费用在完工产品和在产品之间的分配方面的区别参见表 6-1。

表 6-1 产品成本核算的三种基本方法比较

产品成本核算方法	品种法	分批法	分步法
成本核算对象	产品品种	产品批别	产品品种及其所经生产步骤
生产工艺过程和管理要求	单步骤生产或者管理上不要求分步骤计算成本的多步骤生产		管理上要求分步骤计算成本的多步骤生产
生产组织类型	大量大批生产	单件小批生产	大量大批生产
成本核算期	一般按月进行	可以不定期,与生产周期一致	一般按月进行
生产费用在本月完工产品和在产品之间的分配	有在产品时,需要分配	一般不需要分配	通常有在产品,需要分配

应当指出,无论采用哪种方法核算产品成本,最后都必须计算出各种产品的实际总成本和单位成本。按照产品计算成本,是成本核算工作的共同要求,也是最起码的要求。因此,在三种产品成本核算的基本方法中,品种法是最基本的方法。

二、产品成本核算的其他方法

在实际工作中,除上述三种产品成本核算的基本方法外,还有一些企业根据生产的特点和管理的需要采用其他成本核算方法,包括分类法、定额法、标准成本法、作业成本法等。

(一)分类法

在产品品种、规格繁多的企业,为了解决成本核算对象的分类问题,产生了产品成本计算的分类法。分类法的成本核算对象是产品的类别,它需要运用品种法等基本方法的原理计算出各类产品的实际总成本,再求得类内各种品种(各种规格)产品的实际总成本和单位成本。

(二)定额法

在定额管理基础工作比较好的企业,可以将成本核算和成本控制结合起来,采用定额法计算产品成本。定额法将符合定额的费用和脱离定额的差异分别核算,以完工产品的定额成本为基础,加减脱离定额的差异、材料成本差异和定额变动差异来求得实际成本,解决了成本的日常控制问题。

标准成本法和作业成本法将分别在第十一章和第十二章进行介绍。

企业应当按照规定确定产品成本核算对象,进行产品成本核算。企业内部管理有相关要求的,还可以按照现代企业多维度、多层次的管理需要,确定多元化的产品成本核算对象,并采用相应的成本核算方法进行成本核算。

本章基本训练

一、单项选择题

1. 企业应当( ),确定适合本企业的成本核算方法。
   A. 根据经营特点和管理要求　　　　　　B. 根据职工人数的多少

C. 根据生产规模的大小　　　　　　　　D. 根据生产车间的多少
2. 服装、搪瓷等企业的生产,属于(　　)。
   A. 简单生产　　　　　　　　　　　　B. 单步骤生产
   C. 连续式多步骤生产　　　　　　　　D. 装配式多步骤生产
3. 按照预先规定的产品批别和数量进行生产,属于(　　)。
   A. 大量生产　　　　　　　　　　　　B. 复杂生产
   C. 成批生产　　　　　　　　　　　　D. 单件生产
4. 单件小批生产的成本核算期通常(　　)。
   A. 与产品生产周期一致　　　　　　　B. 与会计报告期一致
   C. 与日历年度一致　　　　　　　　　D. 与生产费用发生期不一致
5. 产品成本核算的基本方法是根据(　　)来命名的。
   A. 成本核算对象　　　　　　　　　　B. 成本核算期
   C. 生产工艺特点　　　　　　　　　　D. 产品加工步骤
6. 制造企业的(　　),是按照工艺过程的特点来划分的。
   A. 简单生产　　　　　　　　　　　　B. 大量生产
   C. 成批生产　　　　　　　　　　　　D. 单件生产
7. 制造企业的(　　),是按照生产组织的特点来划分的。
   A. 单步骤生产　　　　　　　　　　　B. 复杂生产
   C. 多步骤生产　　　　　　　　　　　D. 大量生产
8. 造船、服装加工的生产,其成本核算一般宜采用(　　)。
   A. 品种法　　　　　　　　　　　　　B. 分步法
   C. 分批法　　　　　　　　　　　　　D. 分类法
9. 单件小批生产的企业,其成本核算方法宜采用(　　)。
   A. 分步法　　　　　　　　　　　　　B. 分批法
   C. 分类法　　　　　　　　　　　　　D. 定额法
10. 在产品的种类、规格繁多的企业中,为了简化核算,成本核算方法宜采用(　　)。
    A. 定额法　　　　　　　　　　　　　B. 分批法
    C. 分步法　　　　　　　　　　　　　D. 分类法
11. 生产特点和(　　)对产品成本核算方法的选择具有决定性的影响。
    A. 生产组织　　　　　　　　　　　　B. 工艺过程
    C. 管理要求　　　　　　　　　　　　D. 产品品种结构
12. 采用品种法核算产品成本时,产品成本计算单应按(　　)开设。
    A. 产品批别　　　　　　　　　　　　B. 产品品种
    C. 产品类别　　　　　　　　　　　　D. 产品的生产步骤

二、多项选择题

1. 制造企业按照生产工艺过程的特点可以分为(　　)。
   A. 大量生产　　　　　　　　　　　　B. 成批生产
   C. 单步骤生产　　　　　　　　　　　D. 多步骤生产

2. 多步骤生产按产品加工方式的不同可以分为（　　）。
   A. 单件生产　　　　　　　　　　　B. 连续式多步骤生产
   C. 装配式多步骤生产　　　　　　　D. 复杂生产
3. 采掘、发电等生产属于（　　）。
   A. 单步骤生产　　　　　　　　　　B. 大量生产
   C. 多步骤生产　　　　　　　　　　D. 成批生产
4. （　　），属于成本核算的基本方法。
   A. 品种法　　　　　　　　　　　　B. 分批法
   C. 分类法　　　　　　　　　　　　D. 分步法
5. 生产特点和管理要求对成本核算方法的影响，主要表现在对（　　）的影响等方面。
   A. 成本核算对象
   B. 成本核算期
   C. 生产费用在成本核算对象之间分配
   D. 生产费用在完工产品和期末在产品之间的分配
6. 标准成本法的特点是（　　）。
   A. 计算产品的标准成本
   B. 不计算产品的实际成本
   C. 计算产品的实际成本
   D. 实际生产费用脱离标准的差异计入当期损益
7. 企业在确定成本核算方法时，必须从企业的具体情况出发，同时考虑（　　）因素。
   A. 企业的生产特点　　　　　　　　B. 企业生产经营规模的大小
   C. 进行成本管理的要求　　　　　　D. 月末有没有在产品
8. 受生产特点和管理要求的影响，在产品成本核算工作中有（　　）等成本核算对象。
   A. 产品品种　　　　　　　　　　　B. 产品类型
   C. 产品批别　　　　　　　　　　　D. 产品生产步骤
9. 产品成本核算的辅助方法有（　　）。
   A. 定额比例法　　　　　　　　　　B. 分步法
   C. 分类法　　　　　　　　　　　　D. 定额法
10. 在下列成本核算方法中，成本核算期与生产周期是一致的是（　　）。
    A. 分批法　　　　　　　　　　　　B. 小批单件法
    C. 品种法　　　　　　　　　　　　D. 分步法

三、名词解释

1. 单步骤生产
2. 多步骤生产
3. 成批生产
4. 大量生产

四、简答题

1. 确定产品成本核算方法的原则是什么？

2. 制造企业按其生产工艺过程的特点可以分为哪几类?
3. 制造企业按其生产组织的特点可以分为哪几类?
4. 生产特点和管理要求对成本核算方法有哪些影响?
5. 成本核算的基本方法有哪些?其命名的依据是什么?
6. 成本核算的辅助方法有哪些?各有什么特点?

第七章　产品成本核算的品种法

【本章学习目标】

1. 明确品种法的概念及适用范围，理解品种法的特点。
2. 掌握品种法核算产品成本的程序。
3. 能够熟练地应用品种法计算产品总成本和单位成本。

第一节　产品成本核算的品种法的特点

企业应当根据生产的特点选择适当的成本核算方法，但不论采用何种成本核算方法，最终都必须按产品计算出产品成本。品种法是按产品品种归集费用和计算产品成本的一种成本计算方法，是产品成本核算的基本方法。

一、品种法的适用范围

品种法主要适用于大量大批单步骤生产的成本核算。在这种类型的生产中，相同品种的产品被不间断地重复生产出来，因而成本计算不可能按产品的生产步骤、产品的批别进行，只能按产品品种计算成本，如发电、采掘业。品种法还适用于大量大批多步骤生产，但管理上不要求分步骤计算成本的企业，如小型水泥厂、织布厂。

二、品种法的特点

（一）成本核算对象

品种法以产品的品种作为成本核算对象，如果只生产一种产品，只需要为这种产品开设产品成本明细账，账内按成本项目设置专栏或者专行。在这种情况下，所发生的全部生产费用都可以直接计入该产品生产成本明细账的有关成本项目。如果生产多种明细账就要按产品品种分别设置，发生的生产费用中，能分清是哪种产品耗用的，可以直接计入该种产品生产成本明细账的有关成本项目；分不清的，要采用适当的方法在各成本核算对象之间进行分配，然后分别计入各产品生产成本明细账的有关成本项目。

（二）成本核算期

由于大批量生产企业的生产过程是连续不断进行的，因而成本计算一般是定期于每月月末进行。所以，成本核算期与会计期间一致，与产品生产周期不一致。

（三）费用在完工产品和在产品之间的分配

如果产品的生产周期比较短，月末没有在产品或者在产品数量极少，算不算在产品成本对产品成本的影响不大,可以不计算在产品成本,这样,各种产品成本明细账中所归集的生产费用全部是各完工产品的总成本,将总成本除以产量就是各完工产品单位成本。如果月末有在产品,而且数量较多,就需要将各种产品成本明细账中归集的生产费用,选择适当的方法,在完工产品和月末在产品之间进行分配,从而计算出完工产品和月末在产品成本。

三、品种法成本核算程序

(一) 按产品品种设置有关成本明细账

企业应设置"基本生产成本"和"辅助生产成本"一级账户,同时,按照企业确定的成本核算对象(即产品品种),设置产品生产成本明细账(或者产品成本计算单,下同),按照辅助生产车间生产提供的产品(劳务)品种,设置辅助生产成本明细账;在"制造费用"总分类账户下,按生产单位(分厂、车间)设置制造费用明细账。产品生产成本明细账和辅助生产成本明细账应当按照成本项目设专栏,制造费用明细账应当按照费用项目设专栏。

(二) 归集和分配本月发生的各项费用

根据各项费用发生的原始凭证和其他有关凭证,归集和分配材料费用、工资费用和其他各项费用。按成本核算对象(产品品种)归集和分配生产费用时,凡能直接计入有关产品生产成本明细账的,应当直接计入;不能直接计入的,应当按照受益原则分配以后,根据有关费用分配表,分别计入有关产品生产成本明细账。各生产单位发生的制造费用,先通过明细账归集,计入有关制造费用明细账。直接计入当期损益的管理费用、销售费用、财务费用,应分别计入有关期间费用明细账。

(三) 分配辅助生产费用

根据辅助生产成本明细账归集的本月辅助生产费用总额,按照企业确定的辅助生产费用分配法,分别编制各辅助生产单位辅助生产费用分配表进行分配。根据分配结果,分别计入有关产品生产成本明细账、制造费用明细账和期间费用明细账。

(四) 分配基本生产单位制造费用

根据各基本生产单位制造费用,按照企业确定的制造费用分配方法分别编制各生产单位的制造费用分配表分配制造费用。根据分配结果,分别计入有关产品生产明细账。

(五) 计算完工产品实际总成本和单位成本

根据产品生产成本明细账(产品成本计算单)归集的生产费用合计数(期初在产品成本加上本期生产费用),在完工产品和在产品之间进行分配,计算出本月完工产品的实际总成本和月末在产品成本。各产品完工产品实际总成本分别除以其实际总产量,即为该产品实际单位成本。

(六) 结转完工产品成本

根据产品成本计算结果,编制本月完工产品成本汇总表,结转本月完工产品成本,并分别计入有关产品生产成本明细账和库存商品明细账。

第二节 品种法应用案例

【例 7-1】 某工厂设有一个基本生产车间,生产甲、乙两种产品。该工厂还另设有机修车间和运输车间两个辅助车间。该工厂 2015 年 9 月份有关成本资料如下。

(1) 产量资料参见表 7-1

表 7-1　甲、乙产品产量资料

2015 年 9 月　　　　　　　　　　　　　　　　　　单位：件

产品名称	月初在产品	本月投产	本月完工产品	月末在产品
甲	70	170	160	80
乙	54	76	70	60

甲、乙产品月末在产品的完工程度均为 50%。

(2) 月初在产品成本资料参见表 7-2

表 7-2　甲、乙产品月初在产品成本

2015 年 9 月　　　　　　　　　　　　　　　　金额单位：元

产品名称	直接材料	直接人工	燃料及动力	制造费用	合　计
甲	17 400	6 722	1 824	8 643.3	34 589.3
乙	12 436	4 936	1 728	6 630.7	25 730.7

(3) 该月发生的生产费用

① 材料费用

本月领用出原材料的计划成本为 118 200 元。其中，甲、乙产品耗用主要材料分别为 50 000 元和 32 000 元，甲、乙产品共耗用辅助材料 16 400 元；基本生产车间、机修车间、运输车间一般耗用辅助材料分别为 7 200 元、1 800 元和 1 600 元；机修车间、运输车间提供劳务分别耗用辅助材料 4 200 元和 5 000 元。甲、乙产品共同耗用辅助材料按所耗用主要材料的比例分配，本月材料成本差异率为 +1%。材料费用分配表参见表 7-3。

表 7-3　材料费用分配表

2015 年 9 月　　　　　　　　　　　　　　　　　金额单位：元

应借项目		主要材料	辅助材料	计划成本	材料成本差异（差异率+1%）	实际成本
基本生产成本	甲产品	50 000	10 000	60 000	600	60 600
	乙产品	32 000	6 400	38 400	384	38 784
	小计	82 000	16 400	98 400	984	99 384
辅助生产成本	机修车间		4 200	4 200	42	4 242
	运输车间		5 000	5 000	50	5 050
	小计		9 200	9 200	92	9 292
制造费用	基本生产车间		7 200	7 200	72	7 272
	机修车间		1 800	1 800	18	1 818
	运输车间		1 600	1 600	16	1 616
	小计		10 600	10 600	106	10 706
合计		82 000	36 200	118 200	1 182	119 382

根据表 7-3 编制会计分录，登记有关总账和明细账：

借：基本生产成本——甲产品	60 000	
——乙产品	38 400	
辅助生产成本——机修车间	4 200	
——运输车间	5 000	
制造费用——基本生产车间	7 200	
——机修车间	1 800	
——运输车间	1 600	
贷：原材料		118 200
借：基本生产成本——甲产品	600	
——乙产品	384	
辅助生产成本——机修车间	42	
——运输车间	50	
制造费用——基本生产车间	72	
——机修车间	18	
——运输车间	16	
贷：材料成本差异		1 182

② 发生电费

月末，据电表和单价计算，本月应付外购电费 18 300 元，其中，甲、乙产品生产用电 14 400 元，基本生产车间照明用电 1 600 元，机修车间修理设备用电 1 500 元，照明用电 800 元。甲、乙产品生产用电按生产工时的比例分配。外购动力费用分配表参见表 7-4。

表 7-4　外购动力费用分配表

2015 年 9 月　　　　　　　　　　　　　　　　　　　　金额单位：元

应借科目		生产工时/小时	分配率	金　额
基本生产成本	甲产品	8 200	1	8 200
	乙产品	6 200		6 200
	小计	14 400	1	14 400
辅助生产成本	机修车间			1 500
制造费用	基本生产车间			1 600
	机修车间			800
	小计			2 400
合计				18 300

根据表 7-4 编制会计分录，登记有关总账和明细账：

借：基本生产成本——甲产品	8 200	
——乙产品	6 200	
辅助生产成本——机修车间	1 500	
制造费用——基本生产车间	1 600	
——机修车间	800	
贷：应付账款（或者银行存款）		18 300

③ 人工费用

据工资结算汇总表,本月应付工资总额 80 000 元。其中,基本生产车间生产工人工资为 43 200 元,车间管理人员的工资为 3 600 元;机修车间生产工人的工资为 16 200 元,车间管理人员的工资为 2 400 元;运输车间生产工人的工资为 12 800 元,车间管理人员的工资为 1 800 元,基本生产工人的工资按甲、乙产品工时的比例分配,同时按 14% 计提福利费。工资及福利费分配表参见表 7-5。

表 7-5 工资及福利费分配表

2015 年 9 月　　　　　　　　　　　　　　　　　　　金额单位:元

应借科目		生产工时/小时	分配率	费用金额	应付福利(14%)	合计
基本生产成本	甲产品	8 200	3	24 600	3 444	28 044
	乙产品	6 200		18 600	2 604	21 204
	小计	14 400	3	43 200	6 048	49 248
辅助生产成本	机修车间			16 200	2 268	18 468
	运输车间			12 800	1 792	14 592
	小计			29 000	4 060	33 060
制造费用	基本生产车间			3 600	504	4 104
	机修车间			2 400	336	2 736
	运输车间			1 800	252	2 052
	小计			7 800	1 092	8 892
合计				80 000	11 200	91 200

根据表 7-5 编制会计分录,登记有关总账和明细账:

借:基本生产成本—甲产品　　　　　　　　　　　　　　　　　　24 600
　　　　　　　　—乙产品　　　　　　　　　　　　　　　　　　18 600
　　辅助生产成本—机修车间　　　　　　　　　　　　　　　　　16 200
　　　　　　　　—运输车间　　　　　　　　　　　　　　　　　12 800
　　制造费用—基本生产车间　　　　　　　　　　　　　　　　　 3 600
　　　　　　—机修车间　　　　　　　　　　　　　　　　　　　 2 400
　　　　　　—运输车间　　　　　　　　　　　　　　　　　　　 1 800
　　贷:应付职工薪酬—工资　　　　　　　　　　　　　　　　　80 000
借:基本生产成本—甲产品　　　　　　　　　　　　　　　　　　 3 444
　　　　　　　　—乙产品　　　　　　　　　　　　　　　　　　 2 604
　　辅助生产成本—机修车间　　　　　　　　　　　　　　　　　 2 268
　　　　　　　　—运输车间　　　　　　　　　　　　　　　　　 1 792
　　制造费用—基本生产车间　　　　　　　　　　　　　　　　　　 504
　　　　　　—机修车间　　　　　　　　　　　　　　　　　　　　 336
　　　　　　—运输车间　　　　　　　　　　　　　　　　　　　　 252
　　贷:应付职工薪酬—福利费　　　　　　　　　　　　　　　　11 200

④ 折旧费用

根据固定资产折旧计算表,本月应计提折旧额基本生产车间为 1 200 元,机修车间为

240 元,运输车间为 200 元。折旧费用分配表参见表 7-6。

表 7-6 折旧费用分配表

2015 年 9 月　　　　　　　　　　　　　　　　　　　　　金额单位:元

项目	基本生产车间	辅助生产车间		合计
		机修	运输	
折旧费	1 200	240	200	1 640

根据表 7-6 编制会计分录,登记有关总账和明细账:

借:制造费用——基本生产车间　　　　　　　　　　　　　　　　1 200
　　　　　　——机修车间　　　　　　　　　　　　　　　　　　　240
　　　　　　——运输车间　　　　　　　　　　　　　　　　　　　200
　　贷:累计折旧　　　　　　　　　　　　　　　　　　　　　　1 640

⑤ 办公费及劳动保护费

本月以银行存款支付办公及劳动保护费为:基本生产车间办公费 1 180 元,劳动保护费 1 280 元;机修车间办公费 540 元,劳动保护费 680 元;运输车间办公费 450 元,劳动保护费 490 元。银行存款付款凭证汇总表参见表 7-7。

表 7-7 银行存款付款凭证汇总表

2015 年 9 月　　　　　　　　　　　　　　　　　　　　　金额单位:元

应借科目		金额
制造费用	基本生产车间	2 460
	机修车间	1 220
	运输车间	940
合计		4 620

根据表 7-7 编制会计分录,登记有关总账和明细账:

借:制造费用——基本生产车间　　　　　　　　　　　　　　　　2 460
　　　　　　——机修车间　　　　　　　　　　　　　　　　　　1 220
　　　　　　——运输车间　　　　　　　　　　　　　　　　　　　940
　　贷:银行存款　　　　　　　　　　　　　　　　　　　　　　4 620

(4) 其他有关资料

① 本月甲、乙产品的生产工时分别为 8 200 小时和 6 200 小时。

② 本月机修车间提供修理工时 10 464 小时。其中,基本生产车间 6 200 小时,企业管理部门 2 664 小时,运输车间 1 600 小时。运输车间提供运输劳务 10 980 吨公里,其中,基本生产车间 7 380 吨公里,企业管理部门 2 400 吨公里,机修车间 1 200 吨公里。

③ 基本生产车间的制造费用按甲、乙产品生产工时比例分配。

④ 辅助生产车间费用的分配采用直接分配法。

⑤ 生产费用按约当产量法于完工产品和在产品之间进行分配,假设材料于生产开工时一次投入。

该工厂采用品种法核算产品成本过程(参见表 7-8 至表 7-19)。

表 7-8　制造费用明细账

车间名称：机修车间　　　　　　　2015 年 9 月　　　　　　　　　金额单位：元

摘　要	材料	动力	工资及福利费	折旧费	办公及劳保费	合　计	转　出
材料费用分配表	1 818					1 818	
外购动力费分配表		800				800	
工资及福利费用分配表			2 736			2 736	
折旧费用分配表				240		240	
银行存款付款凭证汇总表					1 220	1 220	
制造费用分配表							6 814
合计	1 818	800	2 736	240	1 220	6 814	6 814

表 7-9　制造费用明细账

车间名称：运输车间　　　　　　　2015 年 9 月　　　　　　　　　金额单位：元

摘　要	材　料	工资及福利费	折旧费	办公及劳务费	合　计	转　出
材料费用分配表	1 616				1 616	
工资及福利费用分配表		2 052			2 052	
折旧费用分配表			200		200	
银行存款付款凭证汇总表				940	940	
制造费用分配表						4 808
合计	1 616	2 052	200	940	4 808	4 808

表 7-10　辅助车间制造费用分配表

2015 年 9 月　　　　　　　　　金额单位：元

应借科目		机修车间	运输车间	合　计
辅助生产成本	机修车间	6 814		6 814
	运输车间		4 808	4 808
合计		6 814	4 808	11 622

根据表 7-10 编制会计分录，登记有关总账和明细账：

借：辅助生产成本——机修车间　　　　　　　　　　　　　　　　　6 814
　　　　　　　　——运输车间　　　　　　　　　　　　　　　　　4 808
　贷：制造费用——机修车间　　　　　　　　　　　　　　　　　　6 814
　　　　　　　——运输车间　　　　　　　　　　　　　　　　　　4 808

表 7-11　辅助生产成本明细账

车间名称：机修车间　　　　　　　2015 年 9 月　　　　　　　　　金额单位：元

摘　要	直接材料	直接人工	燃料动力	制造费用	合　计	转　出
材料费用分配表	4 242				4 242	
工资及福利费用分配表		18 468			18 468	
外购动力费分配表			1 500		1 500	
制造费用分配表				6 814	6 814	
辅助生产费用表						31 024
合计	4 242	18 468	1 500	6 814	31 024	31 024

表 7-12 辅助生产成本明细账

车间名称：运输车间　　　　　　　2015 年 9 月　　　　　　　金额单位：元

摘　要	直接材料	直接人工	燃料动力	制造费用	合　计	转　出
材料费用分配表	5 050				5 050	
工资及福利费用分配表		14 592			14 592	
制造费用分配表				4 808	4 808	
辅助生产费用分配表						24 450
合计	5 050	14 592		4 808	24 450	24 450

表 7-13 辅助生产成本分配表（直接分配法）

车间名称：机修车间　　　　　　　2015 年 9 月　　　　　　　金额单位：元

辅助生产以外的受益部门	受益数量/小时	分配率	分配金额
基本生产部门	6 200	3.5	21 700
管理部门	2 664		9 324
合计	8 864		31 024

根据表 7-13 编制会计分录，登记有关总账和明细账：

借：制造费用—基本生产车间　　　　　　　　　　　　　　　　21 700
　　　管理费用　　　　　　　　　　　　　　　　　　　　　　　9 324
　　贷：辅助生产成本—机修车间　　　　　　　　　　　　　　　　31 024

表 7-14 辅助生产成本分配表（直接分配法）

车间名称：运输车间　　　　　　　2015 年 9 月　　　　　　　金额单位：元

辅助生产以外的受益部门	受益数量/吨公里	分配率	分配金额
基本生产部门	7 380	2.5	18 4500
管理部门	2 400		6 000
合计	9 780		24 450

根据表 7-14 编制会计分录，登记有关总账和明细账：

借：制造费用—基本生产车间　　　　　　　　　　　　　　　　18 450
　　　管理费用　　　　　　　　　　　　　　　　　　　　　　　6 000
　　贷：辅助生产成本—运输车间　　　　　　　　　　　　　　　　24 450

表 7-15 制造费用明细表

车间名称：基本生产车间　　　　　2015 年 9 月　　　　　　　金额单位：元

摘　要	材料费	动力费	工资及福利费	折旧费	办公及劳保费	修理费	运输费	合　计
材料费用分配表	7 272							7 272
外购动力费分配表		1 600						1 600
工资及福利费用分配表			4 104					4 104
折旧费用分配表				1 200				1 200
银行存款付款凭证汇总表					2 460			2 460
修理辅助生产费用分配表						21 700		21 700
运输辅助生产费用分配表							18 450	18 450
合计	7 272	1 600	4 104	1 200	2 460	21 700	18 450	56 786

表 7-16　制造费用分配表

车间名称：基本生产车间　　　　　　　　2015 年 9 月　　　　　　　　金额单位：元

应借科目		生产工时/小时	分配率	分配金额
基本生产成本	甲产品	8 200		32 336.7
	乙产品	6 200		24 449.3
合计		14 400	3.943 5	56 786

根据表 7-16 编制会计分录，登记有关总账和明细账：

借：基本生产成本—甲产品　　　　　　　　　　　　　　　　32 336.7
　　　　　　　　—乙产品　　　　　　　　　　　　　　　　24 449.3
　　贷：制造费用—基本生产车间　　　　　　　　　　　　　56 786

表 7-17　基本生产成本明细账

产品名称：甲产品　　　　　　　　2015 年 9 月　　　　　　　　金额单位：元

摘　要	直接材料	直接人工	燃料动力	制造费用	合　计
期初在产品成本	17 400	6 722	1 824	8 643.3	34 589.3
材料费用分配表	60 600				60 600
动力费用分配表			8 200		8 200
工资及福利费用分配表		28 044			28 044
制造费用分配表				32 336.7	32 336.7
本月生产费用合计	60 600	28 044	8 200	32 336.7	129 180.7
生产费用累计	78 000	34 766	10 024	40 980	163 770
约当产量	240	200	200	200	
分配率	325	173.83	50.12	204.9	753.85
完工产品成本	52 000	27 812.8	8 019.2	32 784	120 616
单位成本	325	173.83	50.12	204.9	753.85
月末在产品成本	26 000	6 953.2	2 004.8	8 196	43 154

表 7-18　基本生产成本明细账

产品名称：乙产品　　　　　　　　2015 年 9 月　　　　　　　　金额单位：元

摘　要	直接材料	直接人工	燃料动力	制造费用	合　计
期初在产品成本	12 436	4 936	1 728	6 630.7	25 730.7
材料费用分配表	38 784				38 784
动力费用分配表			6 200		6 200
工资及福利费用分配表		21 204			21 204
制造费用分配表				24 449.3	24 449.3
本月生产费用合计	38 784	21 204	6 200	24 449.3	90 637.3
生产费用累计	51 220	26 140	7 928	31 080	116 368
约当产量	130	100	100	100	
分配率	394	261.4	79.28	310.8	1 045.48
完工产品成本	27 580	18 298	5 549.6	21 756	73 183.6
单位成本	394	261.4	79.28	310.8	1 045.48
月末在产品成本	23 640	7 842	2 378.4	9 324	43 184.4

表 7-19　产品成本汇总表

2015 年 9 月　　　　　　　　　　　　　　　　　　　　　　金额单位：元

产品名称	数量/件	直接材料	直接人工	燃料动力	制造费用	成本合计
甲产品	160	52 000	27 812.8	8 019.2	32 784	120 616
乙产品	70	27 580	18 298	5 549.6	21 756	73 183.6

根据表 7-19 编制会计分录，登记有关总账和明细账：

借：库存商品—甲产品　　　　　　　　　　　　　　　　120 616
　　　　　　—乙产品　　　　　　　　　　　　　　　　73 183.6
　贷：基本生产成本—甲产品　　　　　　　　　　　　　　120 616
　　　　　　　　—乙产品　　　　　　　　　　　　　　73 183.6

本章基本训练

一、单项选择题

1. 区分各种成本核算基本方法的主要标志是(　　)。
   A. 成本核算对象
   B. 间接费用的分配方法
   C. 成本核算期
   D. 完工产品与在产品之间分配费用的方法

2. 采用品种法，产品成本计算单应当按照(　　)分别开设。
   A. 生产单位　　　B. 产品品种　　　C. 生产步骤　　　D. 产品类别

3. 品种法的成本核算期与(　　)是不一致的，一般是按月进行的。
   A. 生产周期　　　　　　　　　　B. 会计核算期
   C. 会计分期　　　　　　　　　　D. 生产日期

4. 品种法的最根本特点是(　　)。
   A. 以产品品种为成本核算对象　　B. 一般按月进行产品成本核算
   C. 月末视情况处理在产品成本　　D. 不分步骤计算产品成本

5. 品种法适用于(　　)。
   A. 大量大批多步骤生产的企业　　B. 大量大批单步骤生产的企业
   C. 单件或者小批生产的企业　　　D. 新产品的试制

二、多项选择题

1. 成本核算对象主要是根据企业产品生产的特点和成本管理的要求来确定的，一般有(　　)。
   A. 产品品种　　　　　　　　　　B. 产品产量
   C. 产品的批别　　　　　　　　　D. 产品的生产步骤

2. 品种法适用于(　　)。
   A. 大量生产

B. 成批生产

C. 单步骤生产

D. 管理上不要求分步骤计算成本的多步骤生产

3. 品种法的特点有（　　）。

A. 以产品品种作为成本核算对象

B. 一般定期计算产品成本

C. 如果有在产品，需要在完工品和在产品之间分配生产费用

D. 需要采用一定的方法在各生产步骤之间分配生产费用

三、实务题

目的：练习产品成本核算的品种法。

资料：某企业采用品种法核算产品成本。该企业生产A、B两种产品，月末在产品成本只包括原材料价值，不分摊工人工资和其他费用。A、B两种产品的共同费用按工人工资的比例分配。该企业20××年9月初A产品的在产品的实际成本为2 200元，B产品无在产品。9月末，A产品在产品应负担的原材料为3 400元，B产品全部完工。9月份发生下列业务：

（1）基本生产车间领用原材料，实际成本为13 200元，其中，A产品耗用10 000元，B产品耗用3 200元。

（2）基本生产车间领用低值易耗品，实际成本为500元，该企业低值易耗品采用一次摊销法摊销。

（3）计算固定资产折旧费1 150元，其中车间折旧费980元，厂部管理部门折旧费170元。

（4）应付职工工资5 000元，其中，生产工人工资3 000元（生产A产品工人的工资为1 800元，生产B产品工人的工资为1 200元），车间管理人员工资500元，厂部管理人员工资1 500元。

（5）提取职工福利费700元，其中，生产工人福利费420元（A产品为252元，B产品为168元），车间管理人员福利费70元，厂部管理人员福利费210元。

（6）分配间接费用。

要求：根据上述经济业务，编制会计分录；计算A、B两种产品总成本和A产品的在产品成本；结转完工产品成本。

第八章 产品成本核算的分步法

> 【本章学习目标】
>
> 1. 理解分步法的概念、适用范围和一般特点。
> 2. 掌握逐步结转分步法和平行结转分步法的成本核算程序。
> 3. 能够熟练地应用逐步结转分步法核算产品成本。
> 4. 能够熟练地应用平行结转分步法核算产品成本。

第一节 产品成本核算的分步法的特点

一、分步法的适用范围

分步法,是指按产品的品种及其所经过的生产步骤归集生产费用、计算产品成本的一种成本核算方法。

分步法适用于大量大批多步骤生产的企业类型,如冶金、纺织、造纸、化工、水泥以及大量大批生产的机械制造等企业。在这种类型的企业中,生产过程是由若干个在技术上可以间断的生产步骤组成,每个生产步骤除生产出半成品(最后步骤形成产成品)外,还有未完工的在产品。已经生产出来的半成品,可能用于下一步骤继续加工或分配,也可能对外销售。为此,不仅要按照产品品种计算产品成本,而且还要按照生产步骤计算产品成本,以满足企业成本核算和管理的要求。

二、分步法成本核算的特点

(一)以各种产品及其所经过的生产步骤为成本核算对象

在分步法下,产品生产成本明细账要按产品生产的品种及所经过的生产步骤核算。这里所说的步骤是指成本核算上的步骤,它与生产步骤上的口径可能一致,也可能不一致,对于管理上不需要分步计算成本的生产步骤,可以与其他生产步骤合并计算产品成本。成本核算上的步骤与生产车间的概念可能一致,也可能不一致,如果成本管理需要,可以将几个生产车间合并为一个步骤核算产品成本。

在分步法下,各步骤发生的费用,凡能直接计入某种产品成本核算对象的,要直接计入;不能直接计入产品成本核算对象的,先按步骤归集,月末再按一定的标准分配计入。为了正确核算各步骤发生的生产费用,必须在各项费用的原始凭证上注明各项费用归属的步骤,以便归集分配到各步骤的产品生产成本明细账中。

（二）定期进行成本核算

由于分步法主要适用于大量大批复杂生产企业，不可能在全部产品完工后再计算产品成本，必须定期地在每月月末进行成本计算。

（三）需要把各步骤的生产费用在各步骤的完工产品和在产品之间进行分配

由于分步法适用于大量大批复杂生产企业，月末经常有在产品，所以，需要把各步骤的生产费用，采取适当的方法在各步骤完工产品和在产品之间进行分配，然后再按照一定的结转方式，计算出每种产品的产成品成本。

在采用分步法时，由于各企业的具体情况和对于各步骤成本管理的要求不同，在结转各个步骤成本时，又可以采用逐步结转分步法和平行结转分步法两种方法。

第二节 逐步结转分步法

一、逐步结转分步法的特点和适用范围

逐步结转分步法也称顺序结转分步法，是指按照产品的生产步骤归集生产费用，核算各步骤的半成品成本，且半成品成本随着半成品在各个加工步骤之间的移动而顺序结转，直至最后一个步骤累计得出完工产品成本的成本核算方法。

逐步结转分步法的特点：

（1）各步骤计算半成品成本，且半成品成本与半成品实物转移相一致；

（2）各步骤产品生产成本明细账中的在产品成本，仅仅是指本步骤未加工完成的在产品成本，也就是狭义的在产品的成本。

逐步结转分步法主要用在大量大批多步骤生产而且管理上要求提供各步骤半成品成本资料的企业。在这类企业的产品中，从原料投入到产品产出，往往要经过多个加工环节，各步骤分别产出半成品，最后步骤产出产成品，为加强对各生产步骤的成本管理，往往不仅要求计算最后的产成品成本，还要求提供半成品成本。

二、逐步结转分步法的成本核算程序

逐步结转分步法的基本核算程序是：先按步骤设置产品生产成本明细账，并按步骤顺序归集各步骤所发生的生产费用，归集完成第一步骤产品生产所发生的费用后，可以计算得到第一步骤的半成品成本；然后随着第一步骤完工半成品进入第二步骤继续加工，第一步骤完工半成品的成本也随之进入第二步骤产品的生产成本明细账，在第一步骤半成品成本的基础上加上本步骤在生产中的消耗，计算得到第二步骤半成品成本。依次类推，我们可以顺序得到后序步骤的半成品成本，直到最后步骤得出产成品成本。

逐步结转分步法的成本核算程序如图 8-1 所示。

由图 8-1 可以看出，各步骤所耗上一步骤半成品成本，随着半成品实物从上一步骤产品生产成本明细账转入下一步骤相同产品的产品生产成本明细账，以便逐步计算半成品成本和产成品成本。若半成品实物通过半成品库收发，第一步骤完工半成品成本转出时，应借记"自制半成品"，贷记"基本生产成本"。第二步骤领用时，则应借记"基本生产成本"，贷记"自制半成品"。若半成品不通过半成品仓库收发，直接转入下一步骤，半成品成本应在各步骤

的产品生产成本明细账之间直接结转,不需要编制上述会计分录。

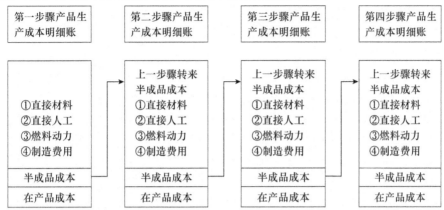

图 8-1 逐步结转分步法的成本核算程序

三、半成品成本结转的形式

采用逐步结转分步法,按照结转的半成品成本在下一步骤产品生产成本明细账中的反映方法,分为综合结转分步法和分项结转分步法。

（一）综合结转分步法

综合结转分步法的特点是将各步骤所耗用的上一步骤半成品成本,以"直接材料"或专设的"自制半成品"成本项目,综合计入各步骤的产品生产成本明细账中。半成品成本的综合结转可以按实际成本综合结转,也可以按计划成本综合结转。

1. 按实际成本综合结转

采用这种结转方法,各步骤所耗上一步骤的半成品费用应根据所耗半成品的实际数量乘以半成品的实际单位成本计算。由于各月所产半成品的实际单位成本不同,企业可以根据实际情况选择先进先出法、加权平均法等方法来确定本期所耗用的半成品的实际成本。

2. 按计划成本综合结转

采用这种结转方法,半成品日常收发的明细账核算均应按计划成本进行,按实际成本计算出来以后再计算半成品成本差异和差异率,调整领用半成品的计划成本,而半成品收发的总分类核算则按实际成本进行。在这种结转方式下,自制半成品明细账不仅要反映半成品收发和结存的数量和实际成本,而且要反映其计划成本,以及成本差异和差异率。同时,在产品生产成本明细账中,对于所耗用的半成品成本也需要分设"计划成本""成本差异""实际成本"等专门项目予以反映。

与实际成本综合结转半成品成本法相比,按计划成本综合结转半成品成本的优点包括:（1）可以简化和加速半成品及产成品的核算工作,可以简化和加速半成品收发的凭证计价和记账工作;（2）便于各步骤进行成本考核和分析。按计划成本结转半成品成本,在各步骤的产品生产成本明细账中,可以分别反映半成品的计划成本、实际成本和成本差异,因此,在进行成本分析时,可以剔除上一步骤半成品成本变动对本步骤产品成本的影响,有利于分清责任,考核各步骤的经济效益。

3. 综合结转法的成本还原

综合逐步结转产品成本,是按加工步骤计算半成品成本,并顺序累计结转,一直到最后算出产品成本。在计算过程中各步骤半成品成本是通过"自制半成品"或"直接材料"成本项目加以反映,从图 8-1 所示的第二车间的产品生产成本明细账中可以看出,采用综合结转分步法的结果,表现在产品成本中的是第二车间所耗的自制半成品成本、直接人工费用、燃料动力费用和制造费用,并未反映出产成品在生产过程中所消耗的全部直接材料费用、直接人工费用、燃料动力费用和制造费用,这不符合产品成本构成的实际情况,因而不利于从整个企业的角度分析和考核产品成本构成和水平。所以,在管理上要求从整个企业的角度考核和分析产品成本的构成和水平时,还应将综合逐步结转分步法下计算得到的产成品成本进行成本还原。

所谓成本还原,就是从最后一个步骤起,把所耗上一步骤半成品的综合成本还原成直接材料、直接人工、燃料动力、制造费用等原始成本项目,从而按原始成本项目反映的产品成本资料。成本还原的方法是倒序法,即从最后步骤起,把各步骤所耗上步骤半产品的综合成本,按本期上步骤半成品的成本构成进行分解,直到第一步骤,然后再将各步骤相同的成本项目数额相加,得出按原始成本项目反映的产成品成本。成本还原的方法有三种:一是成本结构比例法;二是统一还原分配率法;三是计划成本还原法。

(1)方法一:成本结构比例法

在还原计算过程中,以本步骤所耗上一步骤半成品的成本去依次乘以本期完工半成品的成本结构比例,即可将本步骤所耗上一步骤半成品的成本构成反映出来。若经过一次还原后,产品成本的组成中仍有综合费用的话,则需要将上述还原过程再进行一次直到产品成本完全以原始成本表达出来为止。

(2)方法二:统一还原分配率法

可以通过先求得成本还原分配率,再用成本还原分配率分别乘以本月所产该种半成品各个成本项目的费用的方式得到。其计算公式为:

$$还原分配率 = \frac{本步骤所耗上一步骤半成品成本}{本期上一步骤完工半成品成本}$$

(3)方法三:计划成本还原法

按照事先制定的半成品以及产成品计划成本中各成本项目所占的比重进行成本还原。

(二)分项结转分步法

分项结转,是将各步骤所耗上一步骤半成品成本,按照具体成本项目分项转入下一步骤生产成本明细账的相应成本项目下。结转时,可按半成品的实际成本分项结转;也可先按半成品的计划成本分项结转,期末再按成本项目分项调整成本差异。在分项结转分步法下,如果半成品的收发是通过仓库进行的,那么在其半成品明细账中,也应分别成本项目进行登记。采用分项逐步结转分步法时,可以直接按原始成本项目提供有关成本资料。但这种方法的成本结转工作较繁杂,而且在各步骤完工产品中,看不出所耗上一步骤半成品的成本和本步骤所耗费用情况,不便于进行完工产品的成本分析。因此,这种方法一般适用于管理上不要求分别提供各步骤完工产品所耗半产品成本和本步骤费用资料,但要求按原始成本项目反映产品成本的企业。

逐步结转分步法的优点和缺点可以概括如下。

（1）逐步结转分步法的成本核算对象是企业的产成品以及各个步骤的半成品，这就为分析和考核企业产品成本计划和各生产步骤半成品成本计划的执行情况，为正确计算半成品销售成本提供了资料。

（2）在逐步结转分步法下，半成品成本的转移与半成品实物的转移相一致，更有利于半成品实物的管理。

（3）采用逐步结转分步法时，各步骤的成本计算只能顺次进行，信息提供的时效性较差。

（4）在综合逐步结转分步法下，综合反映本步骤所耗上一步骤半成品成本，最终完工产品成本需要通过成本还原才能以原始成本项目予以反映，计算过程相对复杂，但这种方法可以直接反映各步骤的生产消耗，有利于各步骤进行成本控制。分项结转分步法，直接以原始成本项目反映成本构成，不需要进行成本还原，但最终的产品成本中看不清各步骤的具体消耗是多少，因而不利于各步骤进行有效的成本控制。

第三节　逐步结转分步法应用案例

一、半成品按实际成本综合结转应用案例

【例 8-1】　某工业企业生产甲产品需要经过 3 个步骤，分别由 3 个车间进行。2015 年 10 月，第一车间生产 A 半成品，完工后全部交给第二车间继续加工；第二车间生产 B 半成品，完工后全部交给半成品仓库；第三车间从半成品仓库中领出 B 半成品继续加工，完工后即为甲产成品，全部交产成品仓库。半成品仓库发出的 B 半成品按全月一次加权平均法计算其实际成本。原材料在第一车间开工时一次投入，第二车间、第三车间领用的半成品也在各该生产步骤生产开始时一次投入。加工费用随加工程度逐步发生，月末在产品加工程度为 50%。半成品仓库月初结存半成品 40 件，单位成本 825 元。根据以下资料采用综合结转的逐步结转分步法计算甲产品成本。

（1）本月生产产量

本月投产及完工情况参见表 8-1。

表 8-1　生产数量记录单

产品：甲产品　　　　　　　　　　　2015 年 10 月　　　　　　　　　　　　单位：件

车　间	月初在产品	本月投入或上步转入	本月完工转入下步或交库	月末在产品
第一车间	20	220	200	40
第二车间	40	200	200	40
第三车间	40	200	220	20

（2）生产费用汇总

本月有关生产费用参见表 8-2。

表 8-2 生产费用汇总表

产品：甲产品　　　　　　　　　　2015 年 10 月　　　　　　　　　　金额单位：元

项　目	自制半成品	直接材料	直接人工	燃料动力	制造费用	合　计
第一车间：						
月初在产品成本		5 000	1 250	400	600	7 250
本月发生生产费用		55 000	26 250	8 400	12 600	102 250
第二车间：						
月初在产品成本	19 000		4 000	1 200	1 800	26 000
本月发生生产费用			40 000	12 000	18 000	70 000
第三车间：						
月初在产品成本	33 000		4 000	1 200	1 800	40 000
本月发生生产费用			42 000	12 600	18 900	73 500

计算步骤可以分为以下四步。

第一步，根据各种生产费用分配表等资料，登记第一车间 A 半成品成本明细账（即产品成本计算单，参见表 8-3）。

表 8-3 产品成本计算单

第一车间：A 半成品　　　　　　　　2015 年 10 月　　　　　　　　　金额单位：元

摘　要	直接材料	直接人工	燃料动力	制造费用	合　计
月初在产品成本	5 000	1 250	400	600	7 250
本月发生生产费用	55 000	26 250	8 400	12 600	102 250
生产费用合计	60 000	27 500	8 800	13 200	109 500
本月完工产品产量	200	200	200	200	200
月末在产品约当产量	40	20	20	20	
约当总产量	240	220	220	220	
费用分配率	250	125	40	60	475
转出完工半产品成本	－50 000	－25 000	－8 000	－12 000	－95 000
月末在产品成本	10 000	2 500	800	1 200	14 500

说明：分配材料的约当产量＝200＋40×100％＝240（件）。

　　　分配加工费用的约当产量＝200＋40×50％＝220（件）。

第二步，根据各种生产费用分配表、半成品交库单等资料，登记第二车间 B 半成品成本明细账（即产品成本计算单，参见表 8-4）。

表 8-4 产品成本计算单

第二车间：B 半成品　　　　　　　　2015 年 10 月　　　　　　　　　金额单位：元

摘　要	自制半成品	直接人工	燃料动力	制造费用	合　计
月初在产品成本	19 000	4 000	1 200	1 800	26 000
本月发生生产费用	95 000	40 000	12 000	18 000	165 000
生产费用合计	114 000	44 000	13 200	19 800	191 000
本月完工产品产量	200	200	200	200	
月末在产品约当产量	40	20	20	20	
约当总产量	240	220	220	220	
费用分配率	475	200	60	90	825
完工半成品成本	－95 000	－40 000	－12 000	－18 000	－165 000
月末在产品成本	19 000	4 000	1 200	1 800	26 000

根据计算结果,编制结转完工入库 B 半成品的会计分录如下:
借:自制半成品—B 半成品　　　　　　　　　　　　　　　　　　　165 000
　　贷:基本生产成本—第二车间(B 半成品)　　　　　　　　　　　　　　165 000

第三步,根据第二车间半成品交库单和第三车间半成品领用单,登记自制半成品明细账(参见表 8-5)。

表 8-5　自制半成品明细账

产品:B 半成品　　　　　　　　　　2015 年 10 月　　　　　　　　　　金额单位:元

摘　要	收　入			发　出			结　存		
	数　量	单　价	金　额	数　量	单　价	金　额	数　量	单　价	金　额
月初结存							40	825	33 000
本月入库	200	825	165 000						
本月发出				200	825	165 000			
月末结存							40	825	33 000

注:加权平均单位成本=(33 000+165 000)÷(40+200)=825(元)。
　　生产领用 200 件总成本=200×825=165 000(元)。

根据第三车间半成品领用单,编制结转发出半成品成本的会计分录如下:
借:基本生产成本—第三车间—甲产品　　　　　　　　　　　　　　　165 000
　　贷:自制半成品—B 半成品　　　　　　　　　　　　　　　　　　　　165 000

第四步,根据各种生产费用分配表、半成品领用单及产成品交库单等资料,登记第三车间产品成本计算单(参见表 8-6)。

表 8-6　产品成本计算单

第三车间:甲产品　　　　　　　　　　2015 年 10 月　　　　　　　　　　金额单位:元

摘　要	自制半成品	直接人工	燃料动力	制造费用	合　计
月初在产品成本	33 000	4 000	1 200	1 800	40 000
本月发生生产费用	165 000	42 000	12 600	18 900	238 500
生产费用合计	198 000	46 000	13 800	20 700	278 500
本月完工产品产量	220	220	220	220	
月末在产品约当产量	20	10	10	10	
约当总产量	240	230	230	230	
费用分配率	825	200	60	90	1 175
转出完工产品总成本	−181 500	−44 000	−13 200	−19 800	−258 500
月末在产品成本	16 500	2 000	600	900	20 000

根据第三车间产成品交库单,编制结转完工入库产成品成本的会计分录如下:
借:库存商品—甲产品　　　　　　　　　　　　　　　　　　　　　258 500
　　贷:基本生产成本—第三车间—甲产品　　　　　　　　　　　　　　　258 500

二、半成品按计划成本综合结转应用案例

按计划成本综合结转,是指半成品的日常收发均按计划单位成本核算,在半成品实际成本算出以后,再计算半成品的成本差异率,调整所耗半成品的成本差异。

【例 8-2】 某企业的甲产品生产分为两个步骤在两个车间内进行,第一车间为第二车间提供半成品,半成品通过半成品仓库收发,两个车间的月末在产品均按定额成本计价。成本核算程序如下。

第一,根据各项生产费用分配表、第一车间在产品定额成本资料以及半成品交库单等资料登记第一车间产品成本计算单(参见表 8-7)。

表 8-7 产品成本计算单

第一车间：A 半成品　　　　　　　　　2015 年 10 月　　　　　　　　　金额单位：元

摘 要	产量/台	直接材料	直接人工	燃料动力	制造费用	合 计
月初在产品定额成本		122 000	14 000	4 320	6 480	146 800
本月生产费用		179 000	25 000	10 000	15 000	229 000
合 计		301 000	39 000	14 320	21 480	375 800
完工转出半成品成本	1 600	−240 000	−32 000	−12 160	−18 240	−302 400
月末在产品定额成本		61 000	7 000	2 160	3 240	73 400

根据计算结果,编制入库半成品的会计分录如下：
借：自制半成品—A 半成品　　　　　　　　　　　　　　　　　　　302 400
　　贷：基本生产成本—第一车间　　　　　　　　　　　　　　　　　302 400

第二,根据第一车间半成品入库单和第二车间半成品领用单,登记自制半成品明细账(参见表 8-8)。

表 8-8 自制半成品明细账

产品：A 半成品　　　　　　　　计划单位成本：200 元　　　　　　　　金额单位：元

2015 年		摘 要	数量/台	计划成本	实际成本	成本差异	成本差异率
月	日						
10	1	月初余额	600	120 000	111 200		
	31	本月增加	1 600	320 000	302 400		
	31	本月合计	2 200	440 000	413 600	−26 400	−6%
	31	本月减少	1 800	360 000	338 400		
	31	月末余额	400	80 000	75 200		

第三,根据各项生产费用分配表、第二车间在产品定额资料以及半成品领用单,登记第二车间产品成本计算单(参见表 8-9)。

表 8-9 产品成本计算单

第二车间：甲产品　　　　　　　　　2015 年 10 月　　　　　　　　　金额单位：元

摘 要	产量/台	自制半成品			直接人工	燃料动力	制造费用	合 计
		计划成本	成本差异	实际成本				
月初在产品定额成本		74 800		74 800	2 000	880	1 320	79 000
本月生产费用		360 000	−21 600	338 400	39 700	25 160	37 740	441 000
合 计		434 800	−21 600	413 200	41 700	26 040	39 060	520 000
完工产品成本	1 000	399 600	−1 600	378 000	39 000	24 000	36 000	477 000
单位成本				378	39	24	36	477
月末在产品定额成本		35 200		35 200	2 700	2 040	3 060	43 000

三、产品成本还原举例

（一）成本结构比例法

【例 8-3】 仍沿用例 8-1，企业本月完工甲产品 220 件，实际总成本 258 500 元。其中，半成品成本 181 500 元，直接人工 44 000 元，燃料动力 13 200 元，制造费用 19 800 元（参见表 8-6）。

（1）应将半成品成本项目的自制半成品成本 181 500 元，按照第二车间每月所产 B 半成品的成本结构还原。

第二车间本月完工入库总成本 165 000 元。其中，半成品成本 95 000 元，直接人工 40 000 元，燃料动力 12 000 元，制造费用 18 000 元（参见表 8-4）。B 半成品成本构成为：

半成品项目 = 95 000 ÷ 165 000 × 100% ≈ 57.576%
直接人工项目 = 40 000 ÷ 165 000 × 100% ≈ 24.242%
燃料动力项目 = 12 000 ÷ 165 000 × 100% ≈ 7.273%
制造费用项目 = 18 000 ÷ 165 000 × 100% ≈ 10.909%
合计：   100%

将第三车间本月所耗 B 半成品成本 181 500 元，按上述第二车间成本构成还原，计算结果如下：

半成品项目 = 181 500 × 57.576% ≈ 104 500（元）
直接人工项目 = 181 500 × 24.242% ≈ 44 000（元）
燃料动力项目 = 181 500 × 7.273% ≈ 13 200（元）
制造费用项目 = 181 500 × 10.909% ≈ 19 800（元）

（2）对第一步还原后仍留有的自制半成品成本 104 500 元，按第一车间本月所产 A 半成品的成本结构还原。

第一车间本月完工总成本 95 000 元，其中直接材料 50 000 元，直接人工 25 000 元，燃料动力 8 000 元，制造费用 12 000 元（参见表 8-3）。A 半成品的成本构成为：

直接材料项目 = 50 000 ÷ 95 000 × 100% ≈ 52.632%
直接人工项目 = 25 000 ÷ 95 000 × 100% ≈ 26.316%
燃料动力项目 = 8 000 ÷ 95 000 × 100% ≈ 8.421%
制造费用项目 = 12 000 ÷ 95 000 × 100% ≈ 12.632%
合计：   100%

将上一步还原中仍留有的半成品成本 104 500 元，按上述第一车间半成品成本结构进行还原，计算结果如下：

直接材料项目 = 104 500 × 52.632% ≈ 55 000（元）
直接人工项目 = 104 500 × 26.316% ≈ 27 500（元）
燃料动力项目 = 104 500 × 8.421% ≈ 8 800（元）
制造费用项目 = 104 500 × 12.632% ≈ 13 200（元）

（3）将各相同成本项目的成本数额相加，计算出还原后的总成本。

直接材料项目：   55 000（元）
直接人工项目：   44 000 + 44 000 + 27 500 = 115 500（元）

燃料动力项目： 13 200＋13 200＋8 800＝35 200(元)
制造费用项目： 19 800＋19 800＋13 200＝52 800(元)
半成品项目： 181 500－181 500＋104 500－104 500＝0(元)
合计： 258 500(元)

还原后的总成本为 258 500 元,与还原前的总成本相同,说明成本还原没有改变产成品的总成本。但是,成本还原改变了产成品成本的结构:还原前总成本中,半成品成本为 181 500 元,直接人工为 44 000 元,燃料动力为 13 200 元,制造费用为 19 800 元;还原后总成本中,直接材料为 55 000 元,直接人工为 115 500 元,燃料料动力为 35 200 元,制造费用为 52 800 元,没有半成品成本项目,反映产成品成本的原始构成。成本结构比例法还原过程参见表 8-10。

表 8-10 甲产品成本还原计算表(成本结构比例法)
2015 年 10 月　　　　　　　　　　　　　　　　　　金额单位:元

项　目	产量/件	B半成品	A半成品	直接材料	直接人工	燃料动力	制造费用	合　计
还原前甲产品成本	220	181 500			44 000	13 200	19 800	258 500
B半成品成本结转			57.576%		24.242%	7.273%	10.909%	
B半成品成本还原		－181 500	104 500		44 000	13 200	19 800	0
A半成品成本结构				56.632%	26.316%	8.421%	12.632%	
A半成品成本还原			－104 500	55 000	27 500	8 800	13 200	0
还原后总成本	220	0	0	55 000	115 500	35 200	52 800	258 500
单位成本				250	525	160	240	1 175

(二)统一还原分配率法

仍沿用例 8-1,按照反工艺顺序逐步将产成品成本中的自制半成品成本还原,成本还原步骤如下。

(1)计算 B 半成品成本还原分配率,按照计算出的分配率对 B 半成品进行成本还原:
B 半成品成本还原分配率＝181 500÷165 000＝1.1
半成品项目＝95 000×1.1＝104 500(元)
直接人工项目＝40 000×1.1＝44 000(元)
燃料动力项目＝12 000×1.1＝13 200(元)
制造费用项目＝18 000×1.1＝19 800(元)

(2)计算 A 半成品成本还原分配率,按照计算出的分配率对 A 半成品进行成本还原:
A 半成品成本还原分配率＝104 500÷95 000＝1.1
直接材料项目＝50 000×1.1＝55 000(元)
直接人工项目＝25 000×1.1＝27 500(元)
燃料动力项目＝8 000×1.1＝8 800(元)

制造费用项目=12 000×1.1=13 200(元)

(3) 仍按照前述方法将相同成本项目合并,计算还原后总成本参见表 8-11。

表 8-11 甲产品成本还原计算表(统一还原分配率法)

2015 年 10 月　　　　　　　　　　　　　　　金额单位:元

项　目	产量/件	还原分配率	B 半成品	A 半成品	直接材料	直接人工	燃料动力	制造费用	合　计
还原前甲产品成本	220		181 500			44 000	13 200	19 800	258 500
B 半成品当月成本				95 000	40 000	12 000	18 000		165 000
B 半成品成本分解		1.1	−181 500	104 500		44 000	13 200	19 800	0
A 半成品当月成本					50 000	25 000	8 000	12 000	95 000
A 半成品成本分解		1.1		−104 500	55 000	27 500	8 800	13 200	0
还原后产成品成本	220		0	0	55 000	115 500	35 200	52 800	258 500
单位成本					250	525	160	240	1 175

按照以上方法进行成本还原,没有考虑本月所用的以前月份生产的半成品成本构成的影响。以前月份所产半成品的成本结构与本月所产半成品的成本结构不可能是一致的,如果当月产成品生产耗用了较多的期初结存半成品,并且企业各月份半成品成本结构变化较大时,采用以上方法进行成本还原会在一定程度上影响产成品成本结构的准确性。

(三)计划成本还原法

例如,甲产品经过两个生产步骤加工,材料分两次投入,采用综合结转半成品成本的方法计算成本。月末按计划成本还原法进行成本还原(参见表 8-12)。

表 8-12 甲产品成本还原计算表(计划成本法)

2015 年 10 月　　　　　　　　　　　　　　　金额单位:元

项　目	产量/件	半成品	直接材料	直接人工	燃料动力	制造费用	合　计
还原前产品成本	1 000	287 500	22 300	4 850	12 860	19 290	346 800
半成品计划成本比例			0.48	0.15	0.15	0.22	
半成品成本分解		−287 500	138 000	43 125	42 550	63 825	
还原后甲产品成本	1 000		160 300	47 975	55 410	83 115	346 800
单位成本			160.3	47.975	55.41	83.115	346.8

四、分项结转法举例

【例 8-4】 仍沿用例 8-1 甲产品的资料,有关费用及数据参见表 8-1 和表 8-2。按照逐步结转分步法的要求,计算分为以下四个步骤。

第一步,计算第一车间 A 半成品成本。第一车间没有上步转入费用,分项结转与综合结转在成本计算方法上完全一致。第一车间产品成本计算单参见表 8-13。

表 8-13 产品成本计算单

第一车间：A 半成品　　　　　　　　2015 年 10 月　　　　　　　　　　金额单位：元

摘　要	直接材料	直接人工	燃料动力	制造费用	合　计
月初在产品成本	5 000	1 250	400	600	7 250
本月生产费用	55 000	26 250	8 400	12 600	102 250
生产费用合计	60 000	27 500	8 800	13 200	109 500
本月完工产品数量/件	200	200	200	200	200
月末在产品约当产量/件	40	20	20	20	
约当总产量	240	220	220	220	
费用分配率	250	125	40	60	475
完工半成品成本	−50 000	−25 000	−8 000	−12 000	−95 000
月末在产品成本	10 000	2 500	800	1 200	14 500

第二步，计算第二车间 B 半成品成本。第二车间成本中包括从上步转入的 A 半成品成本，应当分别成本项目登记在第二车间的产品成本计算单中。

应当注意的是，对于月末在产品来说，上步转入费用和本步发生费用应当负担的程度是不相同的。上步转入费用对本步月末在产品而言，已经全部投入，应与本月完工产品（半成品）同等负担费用；本步发生费用时就本步月末在产品而言，尚未全部投入，应当计算在产品约当产量以后，再与完工产品一起分配费用。这样，在分项结转方式下，产品成本计算单中的每一个成本项目，都应当区分为本步发生费用和上步转入费用，以正确计算月末在产品成本。在下面的第二车间产品成本计算单中，月末在产品约当产量行内，各成本项目"上步转入"均为 40 件，与月末在产品数量相同，表示完工程度为 100%，"本步发生"则为 20 件（40×50%），表示按完工程度 50% 计算约当产量。第二车间 B 半产品成本的计算（参见表 8-14）。

表 8-14 产品成本计算单

第二车间：B 半成品　　　　　　　　2015 年 10 月　　　　　　　　　　金额单位：元

摘　要	直接材料		直接人工		燃料动力		制造费用		合　计
	上步转来	本步发生	上步转来	本步发生	上步转来	本步发生	上步转来	本步发生	
月初在产品成本	10 000		5 000	4 000	1 600	1 200	2 400	1 800	26 000
本月发生费用	50 000		25 000	40 000	8 000	12 000	12 000	18 000	165 000
生产费用合计	60 000		30 000	44 000	9 600	13 200	14 400	19 800	191 000
完工产品数量	200	200	200	200	200	200	200		
在产品约当产量	40		40	20	40	20	40	20	
约当总产量	240		240	220	240	220	240	220	
费用分配率	250		125	200	40	60	60	90	825
完工半成品成本	−50 000		−25 000	−40 000	−8 000	−12 000	−12 000	−18 000	−165 000
月末在产品成本	10 000		5 000	4 000	1 600	1 200	2 400	1 800	26 000

结转完工入库 B 半成品的会计分录与综合结转分步法下相同。

第三步，登记自制半成品明细账。在分项结转方式下，自制半成品明细账应当分成本项目反映。在按加权平均法计算半成品单位成本时，也应当分成本项目计算（参见表8-15）。

表 8-15　自制半成品明细账

产品：B半成品　　　　　　　　　　2015年10月　　　　　　　　　　金额单位：元

摘要	数量/件	成本项目				
		直接材料	直接人工	燃料动力	制造费用	合计
月初结存	40	10 000	13 000	4 000	6 000	33 000
本月收入	200	50 000	65 000	20 000	30 000	165 000
本月发出	200	−50 000	−65 000	−20 000	−30 000	−165 000
月末结存	40	10 000	13 000	4 000	6 000	33 000

第三车间领用A半成品编制的会计分录与综合结转分步法下相同。

第四步，计算第三车间所产甲产品成本。第三车间产品成本计算单参见表8-16，其有关在产品约当产量的计算及完工产品成本的计算方法与第二车间相同。

表 8-16　产品成本计算单

第三车间：甲产品　　　　　　　　　　2015年10月　　　　　　　　　　金额单位：元

摘要	直接材料		直接人工		燃料动力		制造费用		合计
	上步转来	本步发生	上步转来	本步发生	上步转来	本步发生	上步转来	本步发生	
月初在产品成本	10 000		13 000	4 000	4 000	1 200	6 000	1 800	40 000
本月发生费用	50 000		65 000	42 000	20 000	12 600	30 000	18 900	238 500
生产费用合计	60 000		78 000	46 000	24 000	13 800	36 000	20 700	278 500
完工产品数量	220		220	220	220	220	220	220	
在产品约当产量	20		20	10	20	10	20	10	
约当总产量	240		240	230	240	230	240	230	
费用分配率	250		325	200	100	60	150	90	1175
完工产品成本	−55 000		−71 500	−44 000	−22 000	−13 200	−33 000	−19 800	−258 500
月末产品成本	5 000		6 500	2 000	2 000	600	3 000	900	20 000

从分项结转分步法的结果来看，与综合结转分步法的成本还原后的甲产品总成本及各成本项目的成本完全相同，由此可见，分项结转不需要进行成本还原。

第四节　平行结转分步法

一、平行结转分步法的特点及成本核算程序

平行结转分步法，是指各加工步骤不计算所产出的半成品的成本，也不计算所消耗的上一步骤半成品成本，只归集本步骤所发生的生产费用及这些费用在完工产品成本中的份额，将各步骤应计入同一产品成本的份额平行结转、汇总，最终计算得出产成品成本的一种计算

方法。

这种方法适用于大量连续生产,且各步骤产出半成品供本企业使用较多,一般不对外销售的企业。在这类企业,各步骤生产出来的半成品供本企业下一步骤加工,很少出售或根本不出售。虽然在平行结转分步法下,也是按照产品的加工步骤来计算产品成本,也需要将本期发生的各项生产费用在完工产品和在产品之间进行分配,但是这种方法也有它本身的特点,主要表现在以下两个方面。

(1) 半成品成本不随半成品实物的转移而转移,各步骤只计算本步骤的生产费用消耗,不计算本步骤完工半成品的成本。半成品成本在哪个步骤发生,就留在该步骤的产品生产成本明细账中转出。因此,各步骤的产品生产成本明细账所反映的在产品成本,包括正在本步骤加工的在产品成本,也包括完成本步骤的加工但仍未完成企业所有加工步骤的在产品消耗的本步骤的生产费用。半成品不管是在各步骤间直接转移,还是通过半成品仓库收发,均不进行总分类核算。

(2) 平行结转分步法下的"在产品"概念,是广义在产品概念,是相对于最终完工产品而言的。也就是说,在平行结转分步法下,在产品不仅包括本步骤的未完工产品,还包括已经完成本步骤的加工,但尚未完成后续加工步骤的半成品。

平行结转分步法下的成本核算程序如下。

(1) 按产品和加工步骤设置产品生产成本明细账,分别成本项目归集本步骤消耗的生产费用。

(2) 月末将本步骤归集的所有生产费用,在企业的完工产品和企业的未完工产品(包括留在本步骤、以后步骤、半成品仓库的半成品以及正在本步骤加工的在产品)之间,即产成品和广义在产品之间进行分配,计算各步骤费用应计入产成品成本的份额。在分配过程中,可以选择约当产量法、定额比例法等在产品计价方法。

(3) 月末将各步骤应计入产成品成本的份额,平行结转、汇总,最终计算得到产成品成本。

(4) 在产品成本。各步骤产品生产成本明细账所归集的费用总额,减去计入产成品成本的份额后的余额,就是在产品成本。

平行结转分步法的具体核算程序如图8-2所示。

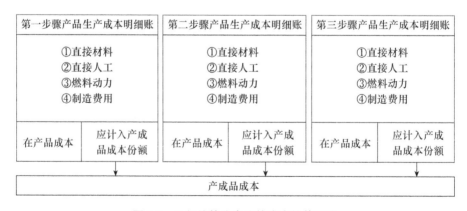

图 8-2　平行结转分步法的成本核算程序

二、生产费用在产成品与广义在产品之间的分配

采用平行结转分步法进行成本核算时,最关键的是要选择合适的方法,将各步骤消耗的生产费用在企业的产成品和企业的未完工产品之间进行分配。企业可以根据自身的实际情况选择适合本企业的产品计价方法。通常情况下,在产品按定额比例法计价和在产品按约当产量法计价使用的较多。本书以约当产量法为例,介绍平行结转分步法的实际应用。

在平行结转分步法下,如果选择约当产量法对在产品计价,则应该明确平行结转分步法下的在产品指的是整个企业的在产品。其计算公式为:

某步骤在产品(广义)约当量 = 本步骤在产品按完成本步骤的加工程度计算的约当量 + 后续步骤的在产品数量

某步骤的约当总产量 = 该步骤广义在产品约当量 + 产成品数量

$$\text{分配率} = \frac{\text{某步骤月初广义在产品成本} + \text{该步骤本期生产费用}}{\text{该步骤的约当总产量}}$$

某步骤生产费用应计入产品成品份额 = 分配率 × 产成品数量

产成品成本 = 各步骤生产费用应计入产成品成本份额之和

三、平行结转分步法与逐步结转分步法的比较

平行结转分步法和逐步结转分步法的不同之处主要有以下五个方面。

(一)在产品的含义不同

在平行结转分步法下,在产品是广义的在产品,不仅包括正在本步骤加工的产品,还包括已经完成本步骤加工,但尚未完成所有加工步骤的一切产品。它的成本是集中保留在成本发生地的产品生产成本明细账中的,也就是按发生地反映的。在逐步结转分步法下,在产品是狭义的在产品,仅指本步骤未完工的在产品,它的成本是按所在地进行的。

(二)半成品成本处理方法不同

在平行结转分步法下,通常不计算半成品成本,且半成品成本也不随着半成品实物在各步骤之间进行移动。在逐步结转分步法下,计算各步骤完工半成品成本,且半成品成本随着半成品实物在各步骤间的移动而顺序结转。

(三)对半成品的管理不同

在平行结转分步法下,由于半成品的成本不随半成品实物的转移而移动,其相应成本始终保留在发生地的产品生产成本明细账中,因而不利于对半成品实物的管理和控制。在逐步结转分步法下,由于半成品成本和实物的转移是一致的,所以更有利于对半成品实物进行管理和控制。

(四)产品成本计算的方法不同

平行结转分步法是通过计算各步骤生产费用中应计入产成品成本的份额,最终汇总得到产成品成本。逐步结转分步法是通过将半成品成本在各步骤之间顺序结转,最终累计得到产成品成本。

(五)成本计算的及时性不同

在平行结转分步法下,由于各步骤只归集本步骤的生产费用,因此,各步骤的成本计算过程可以同时进行,所以成本计算的及时性较好。在逐步结转分步法下,由于成本要在各步

骤之间顺序结转,成本计算只能按步骤顺序依次进行,所以成本计算的及时性稍差。

综上所述,在自制半成品对外销售较多的企业,通常可以采用逐步结转分步法;反之,则宜采用平行结转分步法。

第五节 平行结转分步法应用案例

一、按定额比例法分配费用应用案例

【例8-5】 某厂经过两个车间生产A产品。2015年10月第一车间生产的B半成品转给第二车间继续加工为A产品。材料费用在两个车间分别投入,各车间计入产成品成本的费用份额采用定额比例法计算。

(1)根据第一车间定额资料和有关费用分配凭证登记其明细账,并计算计入产成品成本的份额(参见表8-17)。

表8-17 产品生产成本明细账

第一车间:B半成品　　　　　　　　　　　2015年10月　　　　　　　　　　金额单位:元

摘要	直接材料		定额工时/小时	直接人工	燃料动力	制造费用	成本合计
	定额	实际					
月初结存	4 000	4 050	5 000	9 000	4 400	6 600	24 050
本月发生	36 000	35 150	45 000	91 000	51 600	77 400	255 150
累计	40 000	39 200	50 000	100 000	56 000	84 000	279 200
分配率		0.98		2.0	1.12	1.68	
计入产成品成本份额	−30 000	−29 400	−40 000	−80 000	−44 800	−67 200	−221 400
月末结存	10 000	9 800	10 000	20 000	11 200	16 800	57 800

(2)据第二车间的费用分配凭证登记其明细账,并计算该车间计入产成品成本的费用份额(参见表8-18)。

表8-18 产品生产成本明细账

第二车间:A产品　　　　　　　　　　　2015年10月　　　　　　　　　　金额单位:元

摘要	直接材料		定额工时/小时	直接人工	燃料动力	制造费用	成本合计
	定额	实际					
月初结存	2 000	2 100	3 000	6 500	1 600	2 400	12 600
本月发生	18 000	19 900	37 000	81 500	20 800	31 200	153 400
累计	20 000	22 000	40 000	88 000	22 400	33 600	166 000
分配率		1.1		2.2	0.56	0.84	
计入产成品成本份额	−16 000	−17 600	−30 000	−66 000	−16 800	−25 200	−125 600
月末结存	4 000	4 400	10 000	22 000	5 600	8 400	40 400

(3)根据第一车间和第二车间的计算结果,填制产成品成本汇总表,按原始成本项目平行汇总A产品成本(参见表8-19)。

表8-19 产成品成本汇总表

产品：A产品　　　　　　　　　　　　2015年10月　　　　　　　　　　　　金额单位：元

项目	产量/件	直接材料	直接人工	燃料动力	制造费用	成本合计
第一车间份额	1 000	29 400	80 000	44 800	67 200	221 400
第二车间份额	1 000	17 600	66 000	16 800	25 200	125 600
合计	1 000	47 000	146 000	61 600	92 400	347 000
单位成本		47	146	61.6	92.4	347

【例8-6】 某工厂生产的甲产品分两个生产步骤连续加工完成。直接材料全部在第一步骤开始时一次投入，第一步骤加工的半成品直接转入第二步骤继续加工，第二步骤加工完成，生产出成品。按照其生产特点，甲产品成本核算采用平行结转分步法。两个步骤的完工产品份额和广义在产品之间的费用分配均采用定额比例法。第一步骤直接材料成本按直接材料定额费用比例分配，第一步骤和第二步骤的工资、燃料动力及制造费用，都按定额工时比例分配。2015年5月有关资料如下：

(1) 第一步骤和第二步骤的定额资料参见表8-20。

表8-20　产品定额资料

2015年5月

项目	第一步骤		第二步骤	
	完工产品	在产品	完工产品	在产品
直接材料定额费用/元	60 000	12 000		
定额工时/工时	44 000	16 000	9 000	2 400

(2) 月初在产品成本资料参见表8-21。

表8-21　月初在产品生产成本明细账

2015年5月　　　　　　　　　　　　　　　　　　　　　金额单位：元

生产步骤	直接材料	直接人工	燃料动力	制造费用	合计
第一步骤	10 400	6 200	2 720	4 080	23 400
第二步骤		1 008	384	576	1 968

(3) 本月发生的生产费用资料参见表8-22。

表8-22　生产费用明细账

2015年5月　　　　　　　　　　　　　　　　　　　　　金额单位：元

生产步骤	直接材料	直接人工	燃料动力	制造费用	合计
第一步骤	58 000	19 000	8 320	12 480	97 800
第二步骤		7 200	2 671.2	4 006.8	13 878

(4) 本月完工产量为1 000吨。

该企业的成本核算如下。

第一步：根据有关费用资料，登记各步骤产品生产成本明细账(参见表8-23和表8-24)。

表 8-23　产品生产成本明细账

第一步骤：甲产品　　　　　　　　　　　2015 年 5 月　　　　　　　　　　　金额单位：元

项　目		直接材料	直接人工	燃料动力	制造费用	合　计
月初在产品成本		10 400	6 200	2 720	4 080	23 400
本月生产费用		58 000	19 000	8 320	12 480	97 800
生产费用合计		68 400	25 200	11 040	16 560	121 200
分配率		0.95	0.42	0.184	0.276	
应计入产成品成本份额	定额	60 000	44 000	44 000	44 000	
	实际	57 000	18 480	8 096	12 144	95 720
月末在产品成本	定额	12 000	16 000	16 000	16 000	
	实际	11 400	6 720	2 944	4 416	25 480

（1）直接材料费用分配

直接材料费用分配率＝68 400÷(60 000＋12 000)＝0.95

应计入产成品的直接材料费用份额＝60 000×0.95＝57 000(元)

月末广义在产品的直接材料费用份额＝68 400－57 000＝11 400(元)

（2）直接人工费用分配

直接人工费用分配率＝25 200÷(44 000＋16 000)＝0.42

应计入产成品的直接人工费用份额＝44 000×0.42＝18 480(元)

月末广义在产品直接人工费用份额＝25 200－18 480＝6 720(元)

（3）燃料动力费用分配

燃料动力费用分配率＝11 040÷(44 000＋16 000)＝0.184

应计入产成品的燃料动力费用份额＝44 000×0.184＝8 096(元)

月末广义在产品燃料动力费用份额＝16 000×0.184＝2 944(元)

（4）制造费用的分配

制造费用分配率＝16 560÷(44 000＋16 000)＝0.276

应计入产成品的制造费用份额＝44 000×0.276＝12 144(元)

月末广义在产品的制造费用份额＝16 560－12 144＝4 416(元)

表 8-24　产品生产成本明细账

第二步骤：甲产品　　　　　　　　　　　2015 年 5 月　　　　　　　　　　　金额单位：元

项　目		直接材料	直接人工	燃料动力	制造费用	合　计
月初在产品成本			1 008	384	576	1 968
本月生产成本			7 200	2 671.2	4 006.8	13 878
生产费用合计			8 208	3 055.2	4 582.8	15 846
分配率			0.72	0.268	0.402	
应计入产成品成本的份额	定额		9 000	9 000	9 000	
	实际		6 480	2 412	3 618	12 510
月末在产品成本	定额		2 400	2 400	2 400	
	实际		1 728	643.2	964.8	3 336

(1) 直接人工费用的分配

直接人工费用分配率=8 208÷(9 000+2 400)=0.72

应计入产成品的直接人工费用份额=9 000×0.72=6 480(元)

月末广义在产品直接人工费用份额=8 208-6 480=1 728(元)

(2) 燃料动力费用的分配

燃料动力费用分配率=3 055.2÷(9 000+2 400)=0.268

应计入产成品的直接人工费用份额=9 000×0.268=2 412(元)

月末广义在产品直接人工费用份额=3 055.2-2 412=643.2(元)

(3) 制造费用的分配

制造费用分配率=4 582.8÷(9 000+2 400)=0.402

应计入产成品的制造费用份额=9 000×0.402=3 618(元)

月末广义在产品制造费用份额=4 582.8-3 618=964.8(元)

第二步：根据各步骤产品生产成本明细账，登记产品成本汇总表参见表 8-25。

表 8-25 产品成本汇总表

产品名称：甲产品　　　产量：1 000 吨　　　2015 年 5 月　　　金额单位：元

成本项目	第一步骤份额	第二步骤份额	总成本	单位成本
直接材料	57 000		57 000	57.00
直接人工	18 480	6 480	24 960	24.96
燃料动力	8 096	2 412	10 508	10.51
制造费用	12 144	3 618	15 762	15.76
合计	95 720	12 510	108 230	108.23

第三步：根据产成品成本汇总表和产成品入库单，编制产成品入库的会计分录。

借：库存商品—B 产品　　　　　　　　　　　　　　　　108 230

　　贷：基本生产成本(一车间)　　　　　　　　　　　　　　　95 720

　　　　基本生产成本(二车间)　　　　　　　　　　　　　　　12 510

二、按约当产量比例法分配费用应用案例

【例 8-7】某企业生产甲产品要经过 3 个步骤，第一步骤生产 A 半成品，完成后交第二步骤生产 B 半成品，B 半成品通过仓库收发，由第三车间领用并最后制成甲产品。原材料在第一车间和第三车间分别一次投入，各加工步骤狭义在产品的加工程度均为 50%。2015 年 10 月份的生产情况参见表 8-26。

(1) 2015 年 10 月份有关产品产量资料参见表 8-26。

表 8-26 产品产量记录

2015 年 10 月　　　　　　　　　　　　　　单位：件

项目	第一车间	第二车间	仓库	第三车间	备注
月初结存	9	11	15	10	半成品、在产品为企业广义在产品
本月投入	110	89	80	85	
本月转出	89	80	85	90	
月末结存	20	20	10	5	

根据上述资料,计算各步骤的在产品约当产量和约当生产总量(参见表8-27)。

表8-27 产品约当产量计算汇总表

2015年10月　　　　　　　　　　　　　　　　　　　　　　　　单位:件

车间	产成品/件	广义在产品		分配材料的约当产量			分配工费的约当产量		
		半成品	狭义	投料程度	在产品	合计	完工程度	在产品	合计
1	90	35	20	100%	55	145	50%	45	135
2	90	15	20				50%	25	115
3	90		5	100%	5	95	50%	2.5	92.5

(2)根据第一车间产品生产成本明细账资料计算本车间应计入产成品成本的份额(参见表8-28)。

表8-28 产品生产成本明细账

第一车间:A半成品　　　　　　　2015年10月　　　　　　　　金额单位:元

摘　要	直接材料	直接人工	燃料动力	制造费用	合　计
月初结存	630	255	140	210	1 235
本月发生	4 590	2 850	1 588	2 382	11 410
累计	5 220	3 105	1 728	2 592	12 645
约当产量总额	145	135	135	135	
计入单件甲产品份额	36	23	12.8	19.2	91
计入90件甲产品份额	−3 240	−2 070	−1 152	−1 728	−8 190
月末结存	1 980	1 035	576	864	4 455

(3)根据第二车间产品生产成本明细账资料计算本车间应计入产成品成本的份额(参见表8-29)。

表8-29 产品生产成本明细账

第二车间:B半成品　　　　　　　2015年10月　　　　　　　　金额单位:元

摘　要	直接人工	燃料动力	制造费用	合　计
月初结存	175	70	105	350
本月发生	2 700	1 540	2 310	6 550
累计	2 875	1 610	2 415	6 900
约当产量总额	115	115	115	
计入单件甲产品份额	25	14	21	60
计入90件甲产品份额	−2 250	−1 260	−1 890	−5 400
月末结存	625	350	525	1 500

(4)根据第三车间产品生产成本明细账资料计算本车间应计入产成品成本的份额(参见表8-30)。

表 8-30 产品生产成本明细账

第三车间：甲产品　　　　　　　　　　2015 年 10 月　　　　　　　　　　金额单位：元

摘　　要	直接材料	直接人工	燃料动力	制造费用	合　　计
月初结存	1 550	230	119	178.5	2 077.5
本月发生	8 900	1 250	880	1 320	12 350
累计	10 450	1 480	999	1 498.5	14 427.5
约当产量总额	95	92.5	92.5	92.5	
计入单件甲产品份额	110	16	10.8	16.2	153
计入 90 件甲产品份额	−9 900	−1 440	−972	−1 458	−13 770
月末结存	550	40	27	40.5	657.5

（5）汇总各车间计入产成品成本的份额，计算甲产品的总成本和单位成本（参见表 8-31）。

表 8-31 产成品成本汇总表

产品：甲产品　　　　　　　　　　　　2015 年 10 月　　　　　　　　　　金额单位：元

项　　目	产量/件	直接材料	直接人工	燃料动力	制造费用	合　　计
第一车间份额	90	3 240	2 070	1 152	1 728	8 190
第二车间份额	90		2 250	1 260	1 890	5 400
第三车间份额	90	9 900	1 440	972	1 458	13 770
合计	90	13 140	5 760	3 384	5 076	27 360
单位成本		146	64	37.6	56.4	304

本章基本训练

一、单项选择题

1. 半成品实物转移，成本也随之结转的成本核算方法是（　　）。
   A. 分批法　　　　　　　　　　B. 逐步结转分步法
   C. 分步法　　　　　　　　　　D. 平行结转分步法
2. 分步法中需要进行成本还原的成本核算方法是（　　）。
   A. 综合结转方式　　　　　　　B. 逐步结转方式
   C. 分项结转方式　　　　　　　D. 平行结转方式
3. 采用逐步结转分步法，各步骤期末在产品是指（　　）。
   A. 广义在产品　　　　　　　　B. 自制半成品
   C. 狭义在产品　　　　　　　　D. 合格品和废品
4. 分步法的适用范围是（　　）。
   A. 大量大批单步骤生产
   B. 大量大批多步骤生产
   C. 单件小批多步骤生产
   D. 管理上要求分步计算成本的大量大批多步骤生产

5. 成本还原的对象是( )。
   A. 各步骤半成品成本
   B. 各步骤所耗上一步骤半成品综合成本
   C. 最后步骤产成品成本
   D. 产成品成本
6. 产品成本核算的分步法是( )。
   A. 分车间计算产品成本的方法
   B. 计算各步骤半成品和最后步骤产成品的方法
   C. 按生产步骤计算产品成本的方法
   D. 计算产品成本中各步骤份额的方法
7. 进行成本还原,应以还原分配率分别乘以( )。
   A. 本月所产半成品各个成本项目的费用
   B. 本月所耗半成品各个成本项目的费用
   C. 本月所产该种半成品各个成本项目的费用
   D. 本月所耗该种半成品各个成本项目的费用
8. 综合结转分步法的优点是( )。
   A. 正确地提供按原始成本项目反映的企业产品成本资料
   B. 各步骤可以同时计算产品成本
   C. 最简单的一种分步法
   D. 反映各该步骤完工产品所耗半成品费用的水平和本步骤加工费用的水平
9. 成本还原的目的是为了求得按( )反映的产成品成本资料。
   A. 计划成本项目　　　　　　　　B. 定额成本项目
   C. 半成品成本项目　　　　　　　D. 原始成本项目

二、多项选择题

1. 在采用平行结转分步法时,各生产步骤的期末在产品包括( )。
   A. 本步骤正在加工的在产品
   B. 上一步骤正在加工的在产品
   C. 已转下一步骤的自制半成品
   D. 已转入下一步骤尚未最终完工的自制半成品
2. 分步法能够直接反映产品成本的原始构成项目的成本核算方法有( )。
   A. 逐步结转分步法　　　　　　　B. 逐步综合结转方式
   C. 逐步分项结转方式　　　　　　D. 平行结转分步法
3. 平行结转分步法的特点是( )。
   A. 各步骤不计算半成品成本,只计算本步骤所发生的生产费用
   B. 在各步骤之间不结转半成品成本
   C. 各步骤应计算本步骤所发生的生产费用中应计入产成品成本的份额
   D. 将各步骤应计入产品成本的份额平行结转,汇总计算产成品的总成本和单位成本

三、名词解释

1. 逐步结转分步法
2. 平行结转分步法
3. 综合结转
4. 分项结转
5. 广义在产品
6. 狭义在产品
7. 成本还原

四、简答题

1. 简述逐步结转分步法的成本核算程序。
2. 简述平行结转分步法的成本核算程序。
3. 半成品成本的综合结转和分步结转各有何优点和缺点？

五、实务题

（一）练习逐步结转分步法及产品成本还原

某企业甲产品经过3个车间连续加工制成，一车间生产A半成品，直接转入二车间加工制成B半成品，B半成品直接转入三车间加工成甲产成品。其中，1件甲产品耗用1件B半成品，1件B半成品耗用1件A半成品。原材料于生产开始时一次投入，各车间月末在产品完工率均为50%。各车间生产费用在完工产品和在产品之间的分配采用约当产量法。

（1）本月各车间产量资料如下表所示（单位：件）

摘　要	一车间	二车间	三车间
月初在产品数量	20	50	40
本月投产数量或上步转入	180	160	180
本月完工产品数量	160	180	200
月末在产品数量	40	30	20

（2）各车间月初及本月费用资料如下表所示（单位：元）

	摘　要	直接材料	直接人工	燃料动力	制造费用	合　计
一车间	月初在产品成本	1 000	60	40	60	1 160
	本月生产费用	18 400	2 200	960	1 440	23 000
二车间	月初在产品成本		200	48	72	320
	本月生产费用		3 200	1 920	2 880	8 000
三车间	月初在产品成本		180	64	96	340
	本月生产费用		3 450	1 020	1 530	6 000

要求：（1）编制各步骤产品成本计算单，采用综合逐步结转法计算各步骤半成品成本及产成品成本，并进行成本还原；（2）编制各步骤产品成本计算单，采用分项逐步结转法计算

各步骤半成品成本及产成品成本。

（二）练习应用平行结转分步法的成本核算

益民公司生产甲产品要经过3个生产步骤，原材料在开始生产时一次投入，月末在产品按约当产量法计算，各步骤在产品完工程度均为50%。

（1）产品产量资料如下表所示（单位：件）

项 目	一步骤	二步骤	三步骤
月初在产品数量	80	60	30
本月投产产品数量	120	160	120
本月完工产品数量	160	120	100
月末在产品数量	40	100	50

（2）产品生产费用如下表所示（单位：元）

项 目	月初在产品成本				本月发生费用			
	一步骤	二步骤	三步骤	合 计	一步骤	二步骤	三步骤	合 计
直接材料	12 000			12 000	31 500			31 500
燃料动力	2 400	2 200	650	5 250	6 240	5 800	2 350	14 390
直接人工	3 500	3 120	890	7 510	8 650	7 280	3 235	19 165
燃料动力	880	800	240	1 920	2 360	2 320	960	5 640
制造费用	1 320	1 200	360	2 880	3 540	3 480	1 440	8 460
合计	20 100	7 320	2 140	29 560	52 290	18 880	7 985	79 155

要求：采用平行结转分步法计算产品成本，并编制基本生产成本明细账。

第九章　产品成本核算的分批法

【本章学习目标】

1. 明确分批法的含义、使用范围和一般特点。
2. 掌握分批法的产品成本核算程序。
3. 能够熟练运用一般分批法进行产品成本核算。
4. 能够熟练运用简化分批法进行产品成本核算。

第一节　产品成本核算的分批法的特点

一、分批法的特点

分批法是以产品的批别作为成本核算对象来归集生产费用、计算产品成本的一种方法。分批法的特点主要表现在以下三个方面。

（一）以产品的批别作为成本核算对象

在小批或者单件生产的企业中，产品生产一般是根据客户的订单、按事先规定的规格和数量分批组织生产。企业生产计划部门在产品批别确定后，应对产品进行编号并签发生产通知单，通知生产部门和会计部门。会计部门应根据产品批号设置产品生产成本明细账，按产品的批别归集生产费用，计算产品成本。

企业在根据客户的订单划分产品的批别时，如果一张订单上的产品为一批，即以订单划分批别，按订单组织生产，按订单计算成本；如果一张订单中规定的产品有几个品种，则应按不同产品分为若干批别，按批别组织生产，按批别计算成本；如果一张订单上的产品只有一种，但数量较多，不便于集中一次投入生产，可以分成若干批别，按批别分次投入生产，按批别分次计算成本；如果一张订单中只有一件产品，但其属于大型复杂的产品，价值较大，生产周期较长，则可以按照产品的组成部分分批组织生产，分别计算成本；如果在同一时期内，企业接到不同的购货单位，要求生产同一产品的几张订单，也可以将它们合并成一批组织生产，计算成本。

（二）以各批产品的生产周期作为成本核算期

在按产品批别组织生产的情况下，管理上一般是要求按产品的批别来考核成本。为了保证各批产品成本的正确性，各批产品的生产成本明细账的设立和结算，应与生产通知单的签发和结束密切配合、协调一致，即各批产品的成本总额应在其完工后计算。因此，分批法成本计算是不定期的，成本核算期与批别产品的生产周期相一致，而与会计报告期不一致。

（三）一般不需要在完工产品与在产品之间分配生产费用

在单件产品的生产中，产品完工前，产品生产成本明细账所记的生产费用，都是在产品成本；产品完工时，产品生产成本明细账所记的生产费用，就是完工产品的成本；因而在月末计算成本时，不存在完工产品与在产品之间分配费用的问题。在小批生产的情况下，由于批量小，批内产品一般都能同时完工，月末计算成本时，或是全部已经完工，或是全部没有完工，因而不存在完工产品与在产品分配费用的问题。但如果同一批产品出现跨月陆续完工并交付购货单位的情况时，则应采取适当的方法将生产费用在完工产品与月末在产品之间进行分配。为了使同一批产品尽量同时完工，避免出现跨月陆续完工的情况，减少完工产品与月末在产品之间分配费用的工作，在合理组织生产的前提下，可以适当缩小产品的批量。

二、分批法的适用范围

分批法主要适用于小批或者单件生产的企业或者车间，如精密仪器、专用设备、重型机械和船舶制造业等，也适用于一般制造企业中新产品试制以及辅助生产车间的工具、模具制造、设备作业修理等。

三、一般分批法的成本核算程序

（一）按照产品的批别开设产品生产成本明细账

按照企业生产计划部门下达的生产通知单，设置产品生产成本明细账，在明细账页上既要注明产品批号，又要标明产品名称。

（二）编制各种费用分配表，并据以登记相关成本、费用明细账

在月份内，将各批次产品的直接费用，按批号直接计入各批产品生产成本明细账；对辅助生产发生的各项费用，以及为组织管理生产而发生的制造费用，则需要按发生的地点和用途先进行归集，然后按受益原则采用适当的方法分配计入有关批次的产品生产成本明细账。

（三）计算完工产品成本和月末在产品成本

某批产品完工时，由生产单位填制完工通知单通知会计部门计算产品成本。会计部门接到完工通知单后，应注意检查该批产品的相关费用是否已全部登记入账，剩余材料是否已办理了退库手续等。经检查无误后，该批产品生产成本明细账中所归集的生产费用就是该批完工产品的实际总成本，月末将未完工各批产品生产成本明细账中所归集的生产费用予以累计，就是月末在产品成本。

如果某批产品发生跨月陆续完工情况，则应采取适当的方法将生产费用在完工产品与月末在产品之间进行分配。通常的做法是采用计划单位成本、定额单位成本或者最近一批相同产品的实际单位成本对完工产品进行计价，然后将产品生产成本明细账中归集的费用总额减去所确定的完工产品成本，就是在产品成本。为了全面反映该批产品的生产消耗和成本水平，在该批产品全部完工时，还应计算该批产品的实际总成本和单位成本。但对已经转账的完工产品成本，不作账面调整。

四、简化分批法

（一）简化分批法的含义

有的单件小批生产企业，同一月份内投产的产品批数非常多。如果采用前述分批法计算各批产品成本，那么各种间接计入成本费用在各批产品之间的分配和登记工作极为繁重。在这种情况下，可以将间接费用在各批产品之间的分配和完工产品与在产品之间的分配结

合起来,采用简化的分批法。采用这种方法,将生产费用在各种成本核算对象之间的横向分配与生产费用在完工产品和月末在产品之间的纵向分配合并在一起进行,大大简化了成本核算工作。

采用简化分批法,只有在各批产品完工时才分配结转间接费用,对于未完工的各批产品,不分配间接费用,不计算各批产品的在产品成本,而是将其累计起来,在基本生产成本一级账中以总额反映。因此,这种方法也被称为不分批计算在产品成本的分批法。

(二)简化分批法的特点

采用简化分批法,应按产品批别设立产品生产成本明细账,但在各批产品完工之前,账内只需按月登记直接费用(如原材料费用)和生产工时;对于发生的各项间接费用,不是按月在各批产品之间进行分配,而是通过设置"基本生产成本二级账"分成本项目进行逐月累计登记,到产品完工时,按照完工产品累计生产工时的比例,分配间接费用。其计算公式如下:

$$全部产品某项费用累计分配率 = \frac{全部产品某项费用累计数}{全部产品累计生产工时}$$

$$某批完工产品应负担的费用 = 该批完工产品累计生产工时 \times 全部产品某项累计费用分配率$$

(三)简化分批法的成本核算程序

(1)设置基本生产成本明细账及二级账。按产品的批别开设基本生产成本明细账,并开设基本生产成本二级账。

(2)编制各种费用分配表,并据以登账。根据材料费用分配表和生产工时记录等,将各批产品耗用的材料费用和生产工时计入各基本生产成本明细账及二级账;根据工资及福利费分配表、折旧及其他费用分配表直至制造费用分配表等,将发生的各项间接费用分成本项目,以总数登记到基本生产成本二级账。

(3)计算间接费用分配率。在有完工产品的月份,通过基本生产成本二级账上的累计生产工时和累计间接费用计算累计费用分配率,并分别在基本生产成本明细账及二级账上登记。

(4)计算完工批别的产品应负担的间接费用。首先应在基本生产成本明细账中分批别计算,并将计算的结果在基本生产成本明细账中进行登记;然后将各基本生产成本明细账中完工产品负担的各项间接费用汇总起来,登记基本生产成本二级账。

(5)计算出各批完工产品的总成本和单位成本。

第二节 分批法应用案例

一、一般分批法成本应用案例

(一)同一批产品,当月完工

【例9-1】 某机械厂2015年8月份按照生产计划投产801号乙产品40台,并且继续生产6月份投产的601号甲产品20台。

601号甲产品的期初在产品成本以及本月份发生的各项生产费用,已经计入其产品生产成本明细账(参见表9-1);801号乙产品的各项生产费用也已经计入其产品生产成本明细账(参见表9-2)。

601号甲产品20台已于8月份全部完工;801号乙产品40台均未完工。

表9-1 产品生产成本明细账

生产批号:601　　　　　产品名称:甲产品　　　　　投产日期:6月5号
生产批量:20台　　　　　购买单位:渤海公司　　　　完工日期:8月28号　金额单位:元

2015年		摘 要	直接材料	直接人工	燃料动力	制造费用	合 计
月	日						
7	31	生产费用累计	124 000	46 000	37 120	55 680	262 800
8	31	材料费用分配表	31 600				31 600
	31	工资及福利费用分配表		15 600			15 600
	31	燃料动力费用分配表			11 200		11 200
	31	制造费用分配表				16 800	16 800
	31	本月生产费用合计	31 600	15 600	11 200	16 800	75 200
	31	生产费用累计	155 600	61 600	48 320	72 480	338 000
	31	转出产成品成本	155 600	61 600	48 320	72 480	338 000

表9-2 产品生产成本明细账

生产批号:801　　　　　产品名称:乙产品　　　　　投产日期:8月5号
生产批量:40台　　　　　购买单位:泰山公司　　　　完工日期:　　　　　金额单位:元

2015年		摘 要	直接材料	直接人工	燃料动力	制造费用	合 计
月	日						
8	31	材料费用分配表	46 000				46 000
	31	工资及福利费用分配表		18 000			18 000
	31	燃料动力费用分配表			9 600		9 600
	31	制造费用分配表				14 400	14 400
	31	本月生产费用合计	46 000	18 000	9 600	14 400	88 000
	31	生产费用累计	46 000	18 000	9 600	14 400	88 000

由于601号甲产品20台在8月份全部完工,因此,甲产品基本生产成本明细账将从6月份投产开始到8月份完工为止,把3个月发生的各项生产费用按成本项目汇总,即为该批产品的总成本。

801号乙产品从8月份投产,至8月末产品尚未完工。因此,根据各种费用分配表计入该批产品生产成本明细账的各项费用之和即为该批产品8月末的在产品成本。

(二)同一批产品,跨月陆续完工

【例9-2】 某机械厂生产701号丙产品。该批产品7月份投产,生产批量200台,7月份已完工80台,剩余120台均于8月份完工。

该厂对同一批内跨月陆续完工产品的成本,月末按完工产品的计划成本转出。在该批产品全部完工时,再计算该批产品的实际总成本。

701号丙产品7月份已完工80台,按计划单位成本结转,其计划单位成本为290元,其中:直接材料150元;单位成本直接人工60元;单位成本制造费用80元。

701号丙产品生产成本明细账的登记参见表9-3。

表9-3 产品生产成本明细账

生产批号:701　　　产品名称:丙产品　　　投产日期:7月5号
生产批量:200台　　购买单位:天山公司　　完工日期:8月30号　　金额单位:元

2015年		摘 要	直接材料	直接人工	燃料动力	制造费用	合 计
月	日						
7	31	材料费用分配表	20 000				20 000
	31	工资及福利费用分配表		6 400			6 400
	31	燃料动力费用分配表			2 800		2 800
	31	制造费用分配表				4 200	4 200
	31	本月生产费用合计	20 000	6 400	2 800	4 200	33 400
	31	转出完工80台成本	12 000	4 800	2 560	3 840	23 200
	31	月末在产品成本	8 000	1 600	240	360	10 200
8	31	材料费用分配表	10 200				10 200
	31	工资及福利费用分配表		5 620			5 620
	31	燃料动力费用分配表			3 520		3 520
	31	制造费用分配表				5 280	5 280
	31	本月生产费用合计	10 200	5 620	3 520	5 280	24 620
	31	生产费用累计	18 200	7 220	3 760	5 640	34 820
	31	转出完工120台成本	18 200	7 220	3 760	5 640	34 820
	31	本批产品总成本	30 200	12 020	6 320	9 480	58 020

二、简化分批法应用案例

【例9-3】 新华工厂为小批生产类型企业,设有一个基本生产车间和一个辅助生产修理车间,根据客户的订单生产甲、乙两种产品,采用简化分批法计算产品成本。除直接材料外,其他费用均为间接计入费用。该厂2015年5月份生产的产品品种及批次参见表9-4。

表9-4 2015年5月产品批次明细表

批 次	产品名称	批量	投产日期	完工日期	本月生产工时/小时
202	甲产品	6	2月20日	5月6日	1 000
305	乙产品	10	3月10日	5月20日	2 000
501	甲产品	10	5月6日	尚未完工	2 000
502	乙产品	10	5月10日	尚未完工	1 000

新华工厂的成本核算程序如下:
(1) 设置基本生产成本二级账和各种产品生产成本明细账
基本生产成本二级账原已设置(参见表9-8)。

该厂以前月份投产、本月继续加工的202甲产品和305乙产品已设置基本生产成本明细账,分别参见表9-10和表9-11,并已登记了以前月份发生的直接材料。

5月份投产的501甲产品和502乙产品,其基本生产成本明细账分别参见表9-12和表9-13。

（2）登记本月发生的费用

① 材料费用

该厂产品生产耗费的直接材料均可以直接计入各批产品,不需要在各成本核算对象之间分配,本月发生的材料费用参见表9-5所示。

表9-5 发出材料汇总表

2015年5月　　　　　　　　　　　　　　　　　　　　　　金额单位:元

领料用途	原材料	低值易耗品	合　计
产品生产直接消耗	70 000		70 000
其中:501批次	30 000		30 000
502批次	40 000		40 000
基本车间一般消耗	6 000	4 000	10 000
辅助生产一般消耗	1 000		1 000
厂部管理部门消耗	2 000	4 000	6 000
合计	79 000	8 000	87 000

根据表9-5编制会计分录并登记有关总账、二级账和明细账,其会计分录为:

借:基本生产成本—501批次　　　　　　　　　　　　　　　　　　　　　30 000
　　　　　　　　—502批次　　　　　　　　　　　　　　　　　　　　　　40 000
　　制造费用—基本生产车间　　　　　　　　　　　　　　　　　　　　　10 000
　　辅助生产成本—修理车间　　　　　　　　　　　　　　　　　　　　　 1 000
　　管理费用　　　　　　　　　　　　　　　　　　　　　　　　　　　　 6 000
　　贷:原材料　　　　　　　　　　　　　　　　　　　　　　　　　　　　　　79 000
　　　　低值易耗品　　　　　　　　　　　　　　　　　　　　　　　　　　　　8 000

② 职工薪酬

该厂本月工资及提取的福利费用参见表9-6。

表9-6 工资及福利费汇总表

2015年5月　　　　　　　　　　　　　　　　　　　　　　金额单位:元

人员类别	应付职工工资	提取福利费	合　计
基本车间生产工人	54 600	7 644	62 244
基本车间管理人员	5 000	700	5 700
辅助生产人员	3 000	420	3 420
厂部管理人员	8 000	1 120	9 120
合计	70 600	9 884	80 484

采用简化分批法,产品生产工人工资已根据工资及提取职工福利费汇总表编登记有关总账、二级账和明细账,做会计分录为:

借:基本生产成本　　　　　　　　　　　　　　　　　　　　　　　　　　62 244
　　制造费用—基本生产车间　　　　　　　　　　　　　　　　　　　　　 5 700
　　辅助生产成本—修理车间　　　　　　　　　　　　　　　　　　　　　 3 420

　　　　管理费用　　　　　　　　　　　　　　　　　　　　　　　　9 120
　　　　　贷：应付职工薪酬　　　　　　　　　　　　　　　　　　　　　　80 484
　　③ 其他费用
　　该厂本月发生的其他费用已分别计入燃料动力、制造费用明细账、辅助生产成本明细账和管理费用明细账。其中，计入基本生产成本的燃料动力为19 200元。
　　（3）分配辅助生产成本
　　根据辅助生产成本明细账提供的资料，该厂本月修理车间共发生费用8 000元，本月修理总工时为800小时，其中基本生产车间600小时、厂部管理部门200小时。按生产工时分配给基本生产车间和厂部管理部门。辅助生产成本的分配参见表9-7。

表9-7　辅助生产成本分配表

2015年5月　　　　　　　　　　　　　　　　　　　　　　　金额单位：元

受益部门	受益量/小时	分配率	分配金额
基本生产车间	600	8 000÷800=10	6 000
厂部管理部门	200		2 000
合计	800	10	8 000

　　根据辅助生产成本分配表，编制会计分录如下：
　　　借：制造费用—基本生产车间　　　　　　　　　　　　　　　　　6 000
　　　　　管理费用　　　　　　　　　　　　　　　　　　　　　　　　2 000
　　　　　贷：辅助生产成本—修理车间　　　　　　　　　　　　　　　　8 000
　　（4）分配基本车间制造费用
　　根据制造费用明细账提供的资料，该厂本月基本生产车间共发生费用28 800元。
　　采用简化分批法，全部转入基本生产成本明细账及二级账，其会计分录为：
　　　借：基本生产成本　　　　　　　　　　　　　　　　　　　　　　28 800
　　　　　贷：制造费用　　　　　　　　　　　　　　　　　　　　　　　28 800
　　（5）计算累计间接费用分配率，分配结转完工产品应负担的各项间接费用
　　根据表9-8基本生产成本二级账提供的资料，本月各批次产品累计工时为17 000小时，累计人工费用为170 000元，燃料动力51 680元，累计制造费用为77 520元。

表9-8　基本生产成本二级账

生产单位：基本生产车间　　　　　　　　　　　　　　　　　　　　　　金额单位：元

2015年		摘　要	生产工时/小时	直接材料	直接人工	燃料动力	制造费用	成本合计
月	日							
4	30	月末在产品成本	11 000	58 000	107 756	32 480	48 720	246 956
5	31	材料费用分配表		70 000				70 000
	31	工资及福利费分配表	6 000		62 244			62 244
	31	燃料动力费用分配表				19 200		19 200
	31	转入制造费用					28 800	28 800
	31	本月费用累计	17 000	128 000	170 000	51 680	77 520	427 200
	31	分配率			10	3.04	4.56	
	31	转出完工产品成本	14 000	58 000	140 000	42 560	63 840	304 400
	31	月末在产品成本	3 000	70 000	30 000	9 120	13 680	122 800

累计间接费用率计算如下：
人工费用分配率＝170 000÷17 000＝10(元/工时)
燃料动力分配率＝51 680÷17 000＝3.04(元/工时)
制造费用分配率＝77 520÷17 000＝4.56(元/工时)
累计间接费用在完工批次产品分配参见表 9-9。

表 9-9 各项间接费用分配表

2015 年 5 月　　　　　　　　　　　　　　　　　　　金额单位：元

产品批别	生产工时/小时	直接人工	燃料动力	制造费用
分配率		10	3.04	4.56
202 批次	7 000	70 000	21 280	31 920
305 批次	7 000	70 000	21 280	31 920
合计		140 000	42 560	63 840

根据各项间接费用分配表，从基本生产成本二级账将完工批次产品分配的间接费用结转至各基本生产成本明细账(参见表 9-10 和表 9-11)。

表 9-10 基本生产成本明细账

产品名称：甲产品　批号：202　批量：6 台　投产日期：2 月 20 日　完工日期：　　金额单位：元

2015 年		摘要	生产工时/小时	直接材料	直接人工	燃料动力	制造费用	成本合计
月	日							
2	28	本月发生	2 000	12 000				
3	31	本月发生	2 000	6 000				
4	30	本月发生	2 000					
	30	本月累计	6 000	18 000				
5	31	本月发生	1 000	0				
	31	本月累计	7 000	18 000				
	31	间接费用分配率			10	3.04	4.56	
	31	分配间接费用			70 000	21 280	31 920	
	31	完工产品成本	7 000	18 000	70 000	21 280	31 920	141 200

表 9-11 基本生产成本明细账

产品名称：乙产品　批号：305　批量：10 台　投产日期：3 月 10 日　完工日期：5 月 20 日　金额单位：元

2015 年		摘要	生产工时/小时	直接材料	直接人工	燃料动力	制造费用	成本合计
月	日							
3	31	本月发生	2 000	30 000				
4	30	本月发生	3 000	10 000				
	30	本月累计	5 000	40 000				
5	31	本月发生	2 000	0				
	31	本月累计	7 000	40 000				
	31	间接费用分配率			10	3.04	4.56	
	31	分配间接费用			70 000	21 280	31 920	
	31	完工产品成本	7 000	40 000	70 000	21 280	3 120	163 200

未完工批次产品的直接成本参见表 9-12 和表 9-13。

表 9-12 基本生产成本明细账

产品名称：甲产品　批号：501　批量：10 台　投产日期：5 月 6 日　完工日期：　　　金额单位：元

2015 年		摘　要	生产工时/小时	直接材料	直接人工	燃料动力	制造费用	成本合计
月	日							
5	31	本月发生	2 000	30 000				

表 9-13 基本生产成本明细账

产品名称：乙产品　批号：502　批量：10 台　投产日期：5 月 15 日　完工日期：　　　金额单位：元

2015 年		摘　要	生产工时/小时	直接材料	直接人工	燃料动力	制造费用	成本合计
月	日							
5	31	本月发生	1 000	40 000				

（6）编制完工产品成本汇总表（参见表 9-14）

表 9-14 完工产品成本汇总表

2015 年 5 月　　　　　　　　　　　　　　　　　　金额单位：元

批　次	产　品	产量/件	直接材料	直接人工	燃料动力	制造费用	成本合计
202	甲产品	6	18 000	70 000	21 280	31 920	141 200
305	乙产品	10	40 000	70 000	21 280	31 920	163 200
合计			58 000	140 000	42 560	63 840	304 400

根据完工产品成本汇总表，编制会计分录，同时登记有关总账、二级账和明细账。其会计分录如下：

借：库存产品—甲产品　　　　　　　　　　　　　　　　　　　　　141 200
　　　　　—乙产品　　　　　　　　　　　　　　　　　　　　　　163 200
　　贷：基本生产成本　　　　　　　　　　　　　　　　　　　　　304 400

=== 本章基本训练 ===

一、单项选择题

1. 分批法适用的生产组织形式是（　　）。
   A. 大量大批生产　　　　　　　　B. 单件小批生产
   C. 成批生产　　　　　　　　　　D. 大量生产
2. 造船、服装加工的生产，其成本核算方法一般应采用（　　）。
   A. 品种法　　　　　　　　　　　B. 分步法
   C. 分批法　　　　　　　　　　　D. 分类法
3. 分批法的成本核算对象是（　　）。
   A. 产品订单　　　　　　　　　　B. 产品批别

C. 生产计划 D. 产品品种

4. 简化分批法,（   ）。
   A. 不分配结转完工产品直接计入费用
   B. 不分配结转未完工产品直接计入费用
   C. 不分配结转完工产品间接计入费用
   D. 不分配结转未完工产品间接计入费用

5. 小批单件生产的企业,其成本核算方法宜采用（   ）。
   A. 分步法 B. 分批法
   C. 分类法 D. 定额法

6. 简化分批法适用于（   ）。
   A. 大量大批生产企业
   B. 多步骤生产的企业
   C. 投产批数繁多且月末未完工批数较多的企业
   D. 单件生产企业

二、多项选择题

1. 分批法的特点包括（   ）。
   A. 以产品批别作为成本核算的对象
   B. 成本核算期与产品生产周期一致
   C. 一般不需要在完工产品和期末在产品之间分配生产费用
   D. 期末在产品不负担间接计入费用

2. 简化分批法的特点是（   ）。
   A. 必须按生产单位设置基本生产成本二级账
   B. 未完工产品不结转间接计入费用,即不分批计算期末在产品成本
   C. 通过计算累计间接计入费用分配率分配完工产品应负担的间接计入费用
   D. 期末在产品不负担间接计入费用

三、名词解释

1. 一般分批法
2. 简化分批法

四、简答题

1. 简述分批法的特点。
2. 简述分批法成本核算程序。

五、实务题

（一）练习产品成本核算的一般分批法

某企业第一生产车间生产 501 批次甲产品、601 批次乙产品、502 批次丙产品三批产品, 6 月份有关成本核算资料如下。

(1) 月初在产品成本：501 批次甲产品为 208 000 元，其中直接材料 168 000 元，直接人工 24 000 元，燃料动力 6 400 元，制造费用 9 600 元；502 批次丙产品 248 000 元，其中直接材料 240 000 元，直接人工 4 000 元，燃料动力 1 600 元，制造费用 2 400 元。

(2) 本月生产情况：501 批次甲产品为 5 月 2 日投产 80 件，本月 26 日已全部完工验收入库，本月实际生产工时为 16 000 小时。601 批次乙产品为本月 4 日投产 240 件，本月已完工入库 24 件，本月实际生产工时为 8 800 小时。502 批次丙产品为 5 月 6 日投产 120 件，本月尚未完工，本月实际生产工时为 8 000 小时。

(3) 本月发生生产费用：本月投入原材料 792 000 元，全部为 601 批次乙产品费用。本月产品生产工人工资为 98 400 元，提取应付福利费为 13 776 元，燃料动力 35 424 元，制造费用总额为 53 136 元。

(4) 单位产品定额成本：601 批次乙产品单位产品定额成本为 4 825 元，其中直接材料 3 300 元，直接人工 825 元，燃料动力 280 元，制造费用 420 元。

要求：根据上述资料采用分批法核算产品成本：
(1) 按产品批别开设产品成本计算单并登记月初在产品成本；
(2) 编制 601 批次产品耗用原材料的会计分录并计入产品成本计算单；
(3) 采用生产工时分配法在各批产品之间分配本月发生的直接人工，编制直接人工费用分配表，根据分配结果编制会计分录并计入有关产品成本计算单；
(4) 采用生产工时分配法在各批产品之间分配发生的燃料动力费，编制燃料动力费分配表，根据分配结果编制会计分录，并计入有关产品成本计算单。
(5) 采用生产工时分配法在各批产品之间分配发生的制造费用，编制制造费用分配表，根据分配结果编制会计分录并计入有关产品成本计算单；
(6) 计算本月完工产品和月末在产品成本，编制结转完工产品成本的会计分录。601 批次产品本月少量完工，其完工产品成本按定额成本结转。

(二) 练习产品成本核算的简化分批法

金星公司一分厂属于小批生产，该分厂的产品批别多，生产周期较长，每月末经常有大量未完工的产品批数，该分厂采用简化分批法核算成本。该分厂 2015 年 8 月各批产品生产成本的有关资料如下。

(1) 8 月份生产批号有：

701 号：甲产品 8 件，7 月投产，8 月全部完工。
702 号：乙产品 10 件，7 月投产，8 月完工 4 件。
801 号：丙产品 5 件，8 月投产，尚未完工。
802 号：丁产品 15 件，8 月投产，尚未完工。
803 号：戊产品 12 件，8 月投产，尚未完工。

(2) 各批号在生产开始时一次投入的原材料费用和生产工时为：

701 号：7 月份消耗原材料 8 000 元，生产工时 4 000 小时。
　　　　8 月份消耗原材料 10 000 元，生产工时 5 020 小时。
702 号：7 月份消耗原材料 4 000 元，生产工时 1 500 小时。
　　　　8 月份原材料消耗 20 000 元，生产工时 20 000 小时。
801 号：原材料消耗 5 600 元，生产工时 3 200 小时。

802号：原材料消耗 5 200 元，生产工时 3 000 小时。

803号：原材料消耗 5 000 元，生产工时 2 100 小时。

(3) 8月末，该分厂全部产品累计原材料费用 57 800 元，工时 38 820 小时，直接人工 15 528 元，燃料动力 9 316.8 元，制造费用 13 975.2 元。

(4) 期末完工产品工时总额为 23 020 小时，其中：

701号：甲产品全部完工，该批产品全部实际生产工时为 9 020 小时；

702号：乙产品部分完工，采用工时定额计算确定的完工产品生产工时为 14 000 小时。

要求：根据上列资料，登记基本生产成本二级账和各批产品生产成本明细账；计算和登记累计间接计入费用分配率；并计算各批完工产品成本。

第十章 产品成本核算的辅助方法

【本章学习目标】

1. 了解分类法的含义、特点和成本核算程序。
2. 了解定额法的含义、特点和成本核算程序。
3. 掌握分类法的生产成本在类内各种产品之间的分配关系。
4. 了解联产品和副产品成本核算的特点。
5. 掌握定额成本、脱离定额差异、材料成本差异、定额变动差异的计算。

第一节 产品成本核算的分类法

一、分类法的概述

（一）分类法的适用范围

分类法，是指以产品类别为成本核算对象归集生产费用、计算产品成本的方法。这种方法主要适用于产品品种或规格较多的企业或车间，如无线电元器件厂、五金厂、灯泡灯管厂，以及针织等类型的企业。在这些企业中，如果以产品品种或规格作为成本核算对象来归集生产费用，计算产品成本，则成本核算的工作量相当大，为了简化成本核算，可以采用分类法。

（二）分类法的特点

（1）分类法按照产品的类别生产费用，计算该类产品成本，类内不同品种或规格产品的成本按照一定的方法分配确定。采用分类法核算产品成本时，首先要根据产品耗用的原材料、工艺过程的特点等，将产品划分成若干类别；以产品类别作为成本核算对象、设置产品成本计算单、归集生产费用，计算出各类完工产品的总成本，然后选择采用合理的分配标准，将各类完工产品的总成本，分配给该类内各品种或规格的产品，计算各品种或规格产品的总成本和单位成本。

（2）同类产品内各产品之间费用分配的标准，一般采用产品的经济指标，如定额消耗量、定额费用、售价；也可以采用产品的技术指标，如含量、重量、体积、长度等。在选择分配标准时，主要应考虑其与产品生产耗费高低的关系，即应选择与产品各项耗费密切相关的分配标准。

（3）在进行类内各产品之间分配费用时，各成本项目可以采用相同的分配标准，也可以分别采用不同的分配标准。如直接材料可以按定额消耗量或者定额费用比例分配,直接人工和制造费用可以按定额工时比例分配。

（三）分类法成本核算的程序

第一,按照一定的标准将产品划分成若干类别,以产品类别作为成本核算对象,设置产品成本计算单,归集生产费用。

第二,根据产品生产的特点和企业管理的要求,采用一定的方法计算各类完工产品的总成本。

第三,采用适当的方法将各类完工产品的总成本在类内各品种或规格的产品间进行分配,计算出各品种或规格产品的总成本和单位成本。

采用分类法时,为了简化分配计算,可以将分类标准折算成相对固定的系数,按照系数进行类内各产品之间的费用分配,因此这种方法又称系数法。其具体做法是:在同类产品中选择一种产量大、生产稳定或规格折中的产品作为标准产品,把这种产品的分配标准系数确定为"1",再以其他产品的分配标准额与标准产品的分配标准额相比较,计算出其他产品的分配标准额与标准产品的分配标准额的比率,即为其他各种产品的系数。系数确定后,把各种产品的实际产量乘上其系数,换算成标准产品产量(或称为总系数);然后再按各种产品的标准量(或总系数)的比例分配各类完工产品总成本,计算出类内每一品种的成本。系数一经确定,在一定时期内应保持相对稳定。

分类法成本核算的程序如图10-1所示。

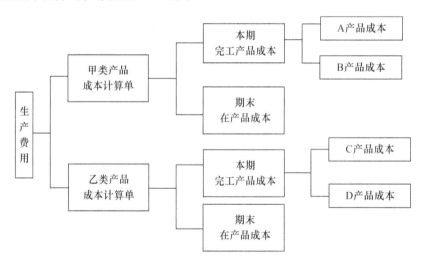

图10-1 分类法成本核算的程序

二、分类法应用案例

【例10-1】 某企业由于产品品种繁多,按照各种产品所耗用原材料和工艺过程的不同,将全部产品划分为甲、乙、丙三大类。其中,甲类产品包括A、B、C三种产品,该类产品的直接材料项目按照各种产品的原材料费用系数进行分配,材料费用系数按原材料定额成本确定;直接人工、燃料动力和制造费用等项目均按各种产品的定额工时系数比例分配。甲类产品规定 A 产品为标准产品,2015 年 5 月份产量为:A 产品 32 件;B 产品 20 件;C 产品 8 件。产品的材料消耗定额和工时定额资料参见表 10-1 和表 10-2。

表 10-1 单位产品直接材料消耗定额和计划单价

2015 年 5 月

产品类别	产品品种	材料编号	消耗定额/千克	计划单价/元
甲类	A 产品	1001	95	1.20
		2032	54	1.50
		4014	25	1.80
	B 产品	1001	85	1.20
		2032	48	1.50
		4014	30	1.80
	C 产品	1001	80	1.20
		2032	70	1.50
		4014	55	1.80

表 10-2 单位产品工时定额

产品类别及品种	甲类产品		
	A 产品	B 产品	C 产品
工时定额/小时	20	16	30

大类产品成本计算单(甲类产品)参见表 10-3。

表 10-3 大类产品成本计算单(甲类产品)

金额单位:元

2015 年		凭证号	摘 要	直接材料	直接人工	燃料动力	制造费用	合 计
月	日							
5	1		月初在产品定额	6 100	1 140	736	1 104	9 080
	31		本月发生费用	16 775	3 990	2 432	3 648	26 845
			合计	22 875	5 130	3 168	4 752	35 925
			完工产品成本	15 250	3 420	2 112	3 168	23 950
			月末在产品成本	7 625	1 710	1 056	1 584	11 975

根据以上资料,采用分类法计算产品成本的程序如下。
(1) 编制直接材料费用系数计算表(参见表 10-4)。

表 10-4 直接材料费用系数计算表

2015 年 5 月

产品类别	产品品种	单位产品直接材料定额费用				材料费用系数
		材料编号	消耗定额/千克	计划单价/元	定额成本/元	
甲类	A 产品	1001	95	1.20	114	1
		2032	54	1.50	81	
		4014	25	1.80	45	
		小计			240	
	B 产品	1001	85	1.20	102	228÷240=0.95
		2032	48	1.50	72	
		4014	30	1.80	54	
		小计			228	
	C 产品	1001	80	1.20	96	300÷240=1.25
		2032	70	1.50	105	
		4014	55	1.80	99	
		小计			300	

(2) 编制直接材料和定额工时系数计算表(参见表 10-5)。

表 10-5 直接材料和定额工时系数计算表

2015 年 5 月

产品品种	产量	材料费用系数	材料费用总系数	工时定额	定额工时系数	定额工时总系数
	①	②	③=①×②	④	⑤	⑥=①×⑤
A 产品	32	1	32	20	1	32
B 产品	20	0.95	19	16	0.8	16
C 产品	8	1.25	10	30	1.5	12
合计			61			60

(3) 编制大类产品完工产品成本计算表(参见表 10-6)。

表 10-6 完工产品成本计算表

产品类别:甲类　　　　2015 年 5 月　　　　金额单位:元

产品品种	产量/件	材料费用总系数	定额工时总系数	直接材料	直接人工	燃料动力	制造费用	成本合计
	①	②	③	④=②×分配率	⑤=③×分配率	⑥=③×分配率	⑦=③×分配率	⑧=④+⑤+⑥+⑦
A 产品	32	32	32	8 000	1 824	1 126.4	1 689.6	12 640
B 产品	20	19	16	4 750	912	563.2	844.8	7 070
C 产品	8	10	12	2 500	684	422.4	633.6	4 240
合计		61	60	15 250	3 420	2 112	3 168	23 950
分配率				250	57	1.76	2.64	

【例 10-2】 某制造企业生产 A、B、C 三种产品。因这三种产品所耗用原材料相同,生产工艺相近,将其划为一类(甲类产品),采用分类法计算成本。甲类产品有关资料如下:

甲类产品的月末在产品按定额成本计价。2015 年 10 月初、月末在产品定额成本和各种产品消耗定额参见表 10-7 和表 10-8。

表 10-7 甲类产品在产品定额成本

2015 年 10 月　　　　　　　　　　　　　　　　　　　　金额单位：元

项　　目	直接材料	直接人工	燃料动力	制造费用	合　计
月初在产品成本	14 600	3 000	300	450	18 350
月末在产品成本	10 400	1 500	240	360	12 500

表 10-8 各种产品消耗定额

2015 年 10 月

产品名称	材料消耗定额/千克	动力消耗定额/度	工时消耗定额/小时
A 产品	24	12.5	25
B 产品	16	5.5	11
C 产品	20	5.0	10

甲类产品 10 月份的生产费用为：直接材料 139 800 元，直接人工 23 000 元，燃料动力 29 940 元，制造费用为 44 910 元，合计 237 650 元。

2015 年 10 月份各种产品的产量为：A 产品 100 件；B 产品 500 件；C 产品 200 件。

根据上述资料采用分类法计算产品成本。

(1) 计算甲类完工产品成本（参见表 10-9）。

表 10-9 甲类产品成本计算表

2015 年 10 月　　　　　　　　　　　　　　　　　　　　金额单位：元

月	日	摘　要	直接材料	直接人工	燃料动力	制造费用	合　计
10	1	月初在产品成本	14 600	3 000	300	450	18 350
	31	本月生产费用	139 800	23 000	29 940	44 910	237 650
	31	生产费用累计	154 400	26 000	30 240	45 360	256 000
	31	完工产品成本	144 000	24 500	30 000	45 000	243 500
	31	月末在产品成本	10 400	1 500	240	360	12 500

(2) 采用分类法将甲类产品完工成本在 A、B、C 三种产品之间进行分配，计算 A、B、C 三种产成品成本。

编制定额消耗量计算表和类内各种产成品成本计算表参见表 10-10 和表 10-11。

表 10-10 定额消耗量计算表

2015 年 10 月　　　　　　　　　　　　　　　　　　　　金额单位：元

项　目	产量/件	材料定额	动力定额	工时定额	直接材料总定额	燃料动力总定额	定额总工时
①	②	③	④	⑤	⑥=②×③	⑦=②×④	⑧=②×⑤
A 产品	100	24	12.5	25	2 400	1 250	2 500
B 产品	500	16	5.5	11	8 000	2 750	5 500
C 产品	200	20	5.0	10	4 000	1 000	2 000
合计					14 400	5 000	10 000

表 10-11　甲类产品类内各种产成品成本计算表

2015 年 10 月　　　　　　　　　　　　　　　　　　　　　金额单位：元

项目	直接材料总定额	燃料动力总定额	定额总工时	直接材料	直接人工	燃料动力	制造费用	成本合计
①	②	③	④	⑤=②×分配率	⑥=④×分配率	⑦=③×分配率	⑧=④×分配率	⑨=⑤+⑥+⑦+⑧
分配率				10	2.45	6	4.5	
A 产品	2 400	1 250	2 500	24 000	6 125	7 500	11 250	48 875
B 产品	8 000	2 750	5 500	80 000	13 475	16 500	24 750	134 725
C 产品	4 000	1 000	2 000	40 000	4 900	6 000	9 000	59 900
合计	14 400	5 000	10 000	144 000	24 500	30 000	45 000	243 500

类内各种产成品成本计算如下：

直接材料分配率＝144 000÷14 400＝10

A 产品直接材料＝2 400×10＝24 000(元)

B 产品直接材料＝8 000×10＝80 000(元)

C 产品直接材料＝4 000×10＝40 000(元)

直接人工分配率＝24 500÷10 000＝2.45

A 产品直接人工＝2 500×2.45＝6 125(元)

B 产品直接人工＝5 500×2.45＝13 475(元)

C 产品直接人工＝2 000×2.45＝4 900(元)

燃料动力分配率＝30 000÷5 000＝6

A 产品燃料动力＝1 250×6＝7 500(元)

B 产品燃料动力＝2 750×6＝16 500(元)

C 产品燃料动力＝1 000×6＝6 000(元)

制造费用分配率＝45 000÷10 000＝4.5

A 产品制造费用＝2 500×4.5＝11 250(元)

B 产品制造费用＝5 500×4.5＝24 750(元)

C 产品制造费用＝2 000×4.5＝9 000(元)

各种产品总成本：

A 产品总成本＝24 000＋6 125＋7 500＋11 250＝48 875(元)

B 产品总成本＝80 000＋13 475＋16 500＋24 750＝134 725(元)

C 产品总成本＝40 000＋4 900＋6 000＋9 000＝59 900(元)

三、分类法的优点和应注意的问题

通过上面举例可以看出，在产品品种或规格较多的企业里，采用分类法核算产品成本，可以简化成本核算对象，从而简化成本核算工作。因此，这种方法在实际工作中应用的比较多，在使用相同原材料，同时生产出几种主要产品的企业，也可以采用分类法核算成本。但是，在采用分类法时，产品的分类是否恰当，类内产品的类距是否合适，分配标准的选择是否符合实际，都直接影响成本计算结果的正确性。因此，在采用分类法时，必须注意以下三个问题。

（一）分类要恰当

分类的原则应该是所耗用的原材料和加工过程基本相同或相近，只有这样才能使其费用相接近，才能合并成一类产品去计算它们的成本。

（二）类距要合适

所谓类距，是指类内的不同品种或规格产品的进一步归类。类距不能过大，否则就失去分类计算成本的意义；类距也不能过小，否则成本计算的工作量就会加大。所以，应本着既能简化核算工作，又能比较正确地计算各品种或规格产品成本的原则来确定类距。

（三）分类标准的选择要符合实际

分类标准的选择是否符合实际，是正确计算各种品种或规格产品成本的关键。选择的分配标准，必须与成本水平的高低有密切联系，如果各成本项目不宜采用同一分配标准，则需要根据各成本项目的性质，分别选用不同的分配标准，但应该看到，采用的分配标准无论怎样科学，其分配结果都会不同程度上具有一定的假定性。

第二节 联产品、副产品、等级品成本的核算

一、联产品的成本核算

（一）联产品的概念及特点

联产品，是指利用同一种原材料或相同的几种原材料，经过同一生产过程，同时生产出的使用价值不同的多种主要产品。如炼油厂从原油中同时提炼出汽油、煤油和柴油等产品，都是炼油厂的主要产品，可以称为炼油厂的联产品。联产品的生产是联合加工过程，其特点是同一资源经过同一生产过程后，分离出两种或两种以上的主要产品。

联产品的特点包括：(1) 联产品是在统一生产过程中使用相同的原材料一起生产出来的几种产品，它们的性质和用途各不相同；(2) 联产品在生产过程中所耗费的原材料和投入的加工费用难以直接计入各产品成本；(3) 各种联产品均为主要产品，是企业收入的主要来源，它们在企业中的地位相同。

（二）联产品成本核算的程序

联产品是使用同样的原材料，并在同一生产过程中生产出来的。各种联产品一般要到生产过程终了时才能分离出来，有的产品可能在生产过程的某一个步骤中分离。有的产品分离后还需要经过进一步加工才能完成。联产品分离时的生产步骤则称为分离点。分离点是联产品联合生产过程的结束。在分离点之前不可能按照每种产品来归集生产费用，各种联产品的生产费用综合在一起，称为联合成本或分离前成本；而分离后各种产品发生的成本称为可归属成本。联产品成本核算方法是由联产品生产的特点决定的，其核算程序如下：

(1) 将分离前的联产品作为成本核算对象设置一个产品生产成本明细账，归集费用计算出联合成本；然后，选择适当的方法分配计算各种联产品应分配的生产费用。对于分离后可以直接对外出售的产品，其所分配的生产费用即为该产品的完工成本。

(2) 对于分离后需进一步加工才能完成的产品，应当单独设置产品生产成本明细账，在联产品分离环节所分配的生产费用的基础上，加上分离后的进一步加工费用，即为该产品的完工成本。

联产品成本核算程序如图10-2所示。

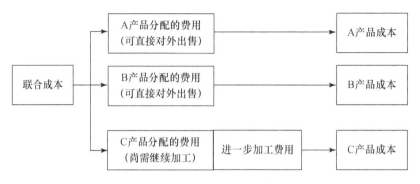

图 10-2 联产品成本核算程序

（三）联产品成本核算方法及应用案例

联产品成本核算通常需要分以下步骤进行：联产品分离前的成本计算；分离点联合成本的分配；分离后继续加工品成本的计算。联产品分离前联合成本的计算可以按分类法进行。分离点联合成本的分配，可以根据具体情况采用相应的分配方法，常用的分配方法有实物量比例分配法、系数分配法（即标准产量法）、售价金额比例分配法。

1. 实物量比例分配法

实物量比例分配法是将联合成本按照各种联产品实物量，如重量、体积等进行分配的一种方法。这种方法适用于发生的成本与实物量密切相关，而且各种联产品的销售价格比较均衡情况下联合成本的分配。

【例 10-3】 某企业生产甲、乙、丙三种联产品，本月发生的联合成本为 355 000 元。根据各种产品重量比例分配联合成本，甲、乙、丙三种产品的重量分别为 4 500 千克、2 600 千克、2 900 千克。其分配结果参见表 10-12。

表 10-12 联合成本计算分配表

金额单位：元

品　名	重量/千克	分配率	分配金额
甲产品	4 500	355 000÷10 000＝35.50	159 750
乙产品	2 600		92 300
丙产品	2 900		102 950
合计	10 000	35.50	355 000

2. 系数分配法

系数分配法也称标准产量法，它是将各种联产品的实际产量按照系数折算为标准产品产量，然后按照联产品的标准产量比例分配联合成本的方法。其具体分配程序为：

（1）选取某种产品为标准产品，将其系数定为"1"，确定其他各种联产品的系数；
（2）用各种联产品的实际产量乘以各自的系数，计算出各种联产品的标准产量；
（3）以联产品的联合成本除以各种联产品的标准产量之和，求得联合成本分配率；
（4）以联合成本分配率乘以各种联产品标准产量，即可计算出各种联产品负担的联合成本。

其中，系数分配法的关键是合理确定各产品系数。在实务中，系数的确定可以采用各种联产品的重量、体积，或单位定额成本、单位售价等。

【例 10-4】 某企业同一生产过程生产出甲、乙、丙三种联产品。将乙产品作为标准产品,各种联产品的系数之比为 0.8∶1∶1.2,本月各种产品产量分别为 500 千克、400 千克、1 000 千克。分离后,甲产品需进一步加工才能最终完成,乙产品和丙产品可以直接对外出售。假设无月初、月末在产品。联产品成本资料参见表 10-13。

表 10-13 联产品成本资料

金额单位:元

项 目	直接材料	直接人工	燃料动力	制造费用	合 计
分离前联合成本	100 000	60 000	16 000	24 000	200 000
成本结构	50%	30%	8%	12%	100%
分离后甲产品加工成本	2 000	2 500	400	600	5 500

根据上述资料,计算甲、乙、丙三种产品成本。产品成本计算表参见表 10-14 和表 10-15。

表 10-14 联产品成本计算表

金额单位:元

品 名	实际产量/千克	系数	标准产量/千克	联合成本	分配率	总成本
甲产品	500	0.8	400			40 000
乙产品	400	1	400	200 000÷2 000=100		40 000
丙产品	1 000	1.2	1 200			120 000
合计			2 000	200 000	100	200 000

表 10-15 产品成本计算表

产品名称:甲产品　　　　　　　　　　产量:500 千克　　　　　　　　　　金额单位:元

项 目	直接材料	直接人工	燃料动力	制造费用	合 计
各项目结构比率	50%	30%	8%	12%	100%
分离的联合成本	20 000	12 000	3 200	4 800	40 000
分离后产品的加工成本	2 000	2 500	400	600	5 500
合计	22 000	14 500	3 600	5 400	45 500

注:分配的联合成本各项目为甲产品分配的联合成本 40 000 元分别乘以各项目的结构比率计算所得。

3. 售价金额比例分配法

售价金额比例分配法是指按照各种联产品的销售金额之比分配联合成本的一种方法。需要注意的是,这里的销售金额是按照产品产量计算,而不是按照产品销售量计算的。

【例 10-5】 某企业用同一种原材料,在同一个工艺过程中生产出甲、乙、丙三种联产品。这些联产品采用售价作为分配标准。甲产品分离后需要经过加工才能完成。2015 年 8 月份联产品的产量和售价参见表 10-16,有关成本资料参见表 10-17。

表 10-16 联产品产量及售价资料

2015 年 8 月

产品名称	甲产品	乙产品	丙产品
产量/千克	1 600	400	1 000
单位售价/元	10	15	8

表 10-17 联产品有关成本资料

2015 年 8 月　　　　　　　　　　　　　　　金额单位：元

项　目	直接材料	直接人工	燃料动力	制造费用	合　计
分离前的联合成本	15 480	7 353	1 186.8	1 780.2	25 800
各成本项目占总成本比重	60%	28.5%	4.6%	6.9%	100%
分离后甲产品的加工成本	800	239	160.64	240.96	1 440.6

其成本核算程序如下：

(1) 编制联产品成本计算表(参见表 10-18)。

表 10-18　联产品成本计算表

2015 年 8 月　　　　　　　　　　　　　　　金额单位：元

品　名	产量/千克	单　价	售价金额	分配率	成本分配额
甲产品	1 600	10	16 000		13 760
乙产品	400	15	6 000	25 800÷30 000＝0.86	5 160
丙产品	1 000	8	8 000		6 880
合计	3 000		30 000	0.86	25 800

(2) 编制甲产品成本汇总计算表(参见表 10-19)。

表 10-19　甲产品成本汇总计算表

产品名称：甲产品　　　　　2015 年 8 月　　　　　　　金额单位：元

成本项目	直接材料	直接人工	燃料动力	制造费用	合　计
结构比率	60%	28.5%	4.6%	6.9%	100%
分配的联合成本	8 256	3 921.6	632.96	949.44	13 760
分离后加工成本	800	239	160.64	240.96	1 440.60
合计	9 056	4 160.60	793.60	1 190.40	15 200.60

注：分配的联合成本各项目为甲产品分配的联合成本 13 760 元分别乘以各项目的结构比率计算所得。

二、副产品的成本核算

(一) 副产品的概念

副产品，是指在生产主要产品的过程中，附带生产出来的非主要产品。副产品虽然不是企业的主要产品，但尚有一定的经济价值和用途，能满足某些方面的需要。如在高炉炼钢的过程中，在生产主要产品钢铁的同时，还可以附带生产出副产品——高炉煤气。又如，炼油厂在提炼原油的过程中，在生产汽油、煤油、柴油等主要产品的同时，还会附带生产一些副产品——渣油、石油焦等。还有一些企业在生产过程中所产生的一些废气、废水、废渣，经综合利用，回收或提炼出的产品也可以称为副产品。

应当注意的是，主要产品和副产品的划分不是固定不变的，随着生产技术的发展和综合利用水平的提高，以及对于产品性质的新发现，副产品也能转变为主要产品。

(二) 副产品成本核算的特点和方法

由于副产品和主要产品是在同一生产过程生产出来的，在分离前发生的费用难以划分，因此,只能将主要产品和副产品作为一类产品,采用分类法来归集费用计算成本。但是,一般来说副产品的价值都较低,在企业全部产品中所占的比重较小。这样,在计算成本时可以采用简便的计算方法:先按照一定方法确定副产品的成本,然后从发生费用的总额中予以扣除,其余额作为主要产品的成本。

副产品成本的核算,可以根据不同的情况分别采用不同的方法。

(1) 副产品成本按照预计销售收入扣除销售费用和利润后的金额计价。这种方法适用于副产品价值较高的情况。

(2) 副产品成本按照事先规定的单位成本计算确定。在这种方法下,事先规定的单位成本应尽可能合理。

以上方法计算的副产品成本,通常是从综合成本的"原材料"项目中分离出来,也可以分别从各个成本项目中计算扣除。

有的副产品与主要产品分离后,还需要进一步加工。在这种情况下,应当根据副产品生产的特点和管理的要求单独计算成本。

此外,对于副产品价值较低且分离后不再进一步加工者,副产品可以不负担分离前的成本,全部成本均由主要产品负担。其优点是核算简便;但因全部成本均由主要产品负担,必然使主要产品的成本提高,从而影响主要产品成本计算的准确性。

副产品成本的合理计价,对于正确计算主要产品成本和副产品成本十分重要。副产品成本的计价既不能过高,又不能过低,否则就会造成主要产品和副产品之间成本转嫁的问题,影响主要产品和副产品成本计算的准确性。

(三) 副产品成本核算应用案例

【例 10-6】 某公司在生产甲产品(主要产品)的过程中,附带生产出制造乙产品的主要原料,该原料经过加工即成乙产品。附带生产的乙产品原料按 0.60 元/千克计价,甲产品和乙产品的月末在产品成本均按原料定额计算。直接人工、燃料动力和制造费用按生产工时比例分配。

2015 年 5 月,该公司生产出甲产品 10 000 千克,以及乙产品原料 15 000 千克。乙产品原料加入辅助材料加工制成乙产品 2 000 千克。各种生产费用汇总表参见表 10-20。

表 10-20 各种生产费用汇总表

2015 年 5 月   金额单位:元

项 目	工时/小时	直接材料		直接人工	燃料动力	制造费用
		主要原料	辅助材料			
甲产品	14 500			87 000	4 640	6 960
乙产品	500		880	3 000	160	240
合计	15 000	488 000	880	90 000	4 800	7 200
分配率				6	0.32	0.48

根据有关费用分配表、产品产量报告,以及在产品定额资料,登记甲、乙产品成本计算单(参见表 10-21 和表 10-22)。

表 10-21　产品成本计算单

产品名称：甲产品　　　　　　　　　2015 年 5 月　　　　　　　　　金额单位：元

摘　要	直接材料	直接人工	燃料动力	制造费用	合　计
月初在产品定额成本	24 000				24 000
本月生产费用	488 000	87 000	4 640	6 960	586 600
扣减：乙产品原料（15 000×0.6）	−9 000				−9 000
合计	503 000	87 000	4 640	6 960	601 600
产成品(10 000 千克)	478 000	87 000	4 640	6 960	576 600
月末在产品定额成本	25 000				

表 10-22　产品成本计算单

产品名称：乙产品　　　　　　　　　2015 年 5 月　　　　　　　　　金额单位：元

摘　要	直接材料	直接人工	燃料动力	制造费用	合　计
月初在产品定额成本	1 800				1 800
本月主要生产费用	9 000	3 000	160	240	12 400
本月辅助材料费用	880				880
合计	11 680	3 000	160	240	15 080
产成品(2 000 千克)	10 080	3 000	160	240	13 480
月末在产品定额成本	1 600				

【例 10-7】 仍沿用例 10-7，假定生产甲产品的过程中，产出的乙产品按照计划单位成本计算。乙产品的计划单位成本为 6.25 元，其中：原材料 2.40 元，辅助材料 0.45 元，直接人工 2.20 元，燃料动力费 0.48 元，制造费用 0.72 元。编制的甲产品成本计算单参见表 10-23。

表 10-23　产品成本计算单

产品名称：甲产品　　　　　　　　　2015 年 5 月　　　　　　　　　金额单位：元

摘　要	直接材料	直接人工	燃料动力	制造费用	合　计
月初在产品定额成本	24 000				24 000
本月生产费用	488 880	90 000	4 800	7 200	590 880
乙产品计划单位成本	2.85	2.20	0.48	0.72	6.25
扣减：乙产品成本（2 000 千克）	−5 700	−4 400	−960	−1 440	−12 500
合计	507 180	85 600	3 840	5 760	602 380
产成品(10 000 千克)	482 180	85 600	3 840	5 760	577 380
月末在产品定额成本	25 000				25 000

三、等级品的成本核算

等级品，是指品种相同，但在质量上有差别的产品。根据造成差别的原因不同，等级品可以分为两种：一种是由于自然的原因或工艺条件不同而形成的等级品，如洗煤时就可以把原煤自然分成大块、中块、小块，这种等级品应采用联产品成本核算方法，按一定的分配标准计算各等级品的成本;另一种是由于经营管理不好或技术操作的原因形成的等级品,如织布时发生跳线布,对于这种等级品不应分别计算各等级品的成本,因为它们用的原材料相同,经过的工艺操作过程也相同,因而它们的成本也应相同。

第三节 产品成本核算的定额法

一、定额法的特点及适用范围

产品成本核算的定额法是以产品定额成本为基础,通过加、减脱离定额的差异和定额变动差异来计算产品实际成本的一种成本核算方法。

定额法是为了克服前面所述的成本核算方法(如品种法、分批法、分步法)的弱点而提出的。在前面所述的几种成本核算方法下,生产费用的日常核算都是按照发生额进行的,不能及时反映和监督生产费用、产品成本脱离定额的差异,只有在月末成本计算出来以后才能把实际成本资料与定额资料进行对比反映,使问题处理不及时,从而不能更好地加强定额管理,实行成本控制。定额法弥补了前面几种方法的不足,它把产品成本从事后计算转移到生产费用的事前控制上来,便于及时发现脱离定额差异的原因;同时,它把产品成本计划、控制、核算和分析结合在一起,将费用的事前控制、事中控制和事后控制结合运用,有利于加强成本管理,促进增产节约,提高经济效益。

(一)事前控制

事前控制,是指事前制定产品消耗定额、费用定额和定额成本,以此作为降低成本的目标。

(二)事中控制

事中控制,是指在生产费用发生时,就将符合定额的费用和发生的差异分别核算,以加强对成本差异的日常核算、分析和控制。

(三)事后控制

事后控制,是指企业在月末以定额成本为基础,加减各种成本差异,计算出产品的实际成本,为成本的定期的分析和考核提供资料。

定额法不但是一种产品成本核算方法,而且还是一种对产品成本进行控制管理的方法。定额法主要适用于定额管理比较健全,定额管理基础比较好,并且产品的生产已经定型,消耗定额比较准确、稳定的各种类型生产企业。

二、定额法的核算程序

(一)计算定额成本

定额成本是根据企业现行消耗定额、费用预算(计划)以及其他有关资料计算出来的一种目标成本。它是生产费用节约或者超支的尺度,是计算实际成本的基础。

(二)计算脱离定额的差异

脱离定额的差异,是指产品生产过程中的各项实际生产费用脱离现行定额的差异。及时正确地揭示脱离定额的差异,有利于加强成本控制,寻找降低成本的途径。

(三) 计算定额变动差异

定额变动差异，是指由于修改定额后月初在产品定额成本与按新的定额成本计算的月初在产品成本之间产生差异。它是定额自身变化的结果，与生产费用支出节约或者浪费无关。

(四) 计算产品实际成本

计算产品实际成本的计算公式为：

产品实际成本＝定额成本±脱离定额差异±定额变动差异±材料成本差异

现将定额法成本核算的程序分述如下。

(一) 定额成本的确定

定额成本的制定依据主要是产品的现行工艺过程、产品的材料消耗定额、燃料动力消耗定额、工时定额、小时工资率、制造费用率等，只有具备了科学、先进的定额，才能制定产品的定额成本。定额成本可以按零件、部件和产品分别制定，定额成本包括的成本项目通常与实际成本的成本项目相一致，便于进行计算、比较和考核。

定额成本的计算是通过编制定额成本计算表进行的。其编制方法应根据企业的具体情况确定，在产品结构简单、零部件较少的情况下，可以先计算零件的定额成本，再汇总计算部件的定额成本，最后再计算产品定额成本；如果产品结构复杂、零件较多，可以以产品为对象，直接计算产品定额成本；在规模较大，实行两级成本核算的企业中，定额成本的计算，不仅要按产品品种，而且还要按产品所经过的车间来进行。

定额成本各成本项目的计算公式如下：

单位产品的直接材料定额成本 $= \sum$ (产品的材料消耗定额 × 材料的计划单价)

单位产品的直接人工费用定额成本＝产品的工时消耗定额 × 计划小时工资率

单位产品的制造费用定额成本＝产品的工时消耗定额 × 计划小时制造费用率

各成本项目的定额成本相加即为产品的单位定额成本，单位定额成本乘以实际产量即为总定额成本，单位产品定额成本计算表的格式举例参见表 10-24。

表 10-24　单位产品定额成本计算表

产品名称：甲产品　　　　　　　　2015 年 8 月　　　　　　　　金额单位：元

项　　目	材料消耗定额/千克	工时消耗定额/小时	计划单价	金　　额
直接材料				32 000
其中：A 材料	400		30	12 000
B 材料	1 000		20	20 000
直接人工		200	20	4 000
制造费用		400	10	4 000
单位定额成本				40 000

(二) 产品成本脱离定额差异的计算

脱离定额差异，是指在产品生产过程中实际支出的各种费用与定额之间的差异。实际数大于定额数为超支差异(以"＋"表示)，实际数小于定额数为节约差(以"－"表示)。

在定额法下，脱离定额差异的计算是按成本项目分别进行的，即分别计算直接材料脱离定额差异、直接人工脱离定额差异、制造费用脱离定额差异。下面分别说明其计算方法。

1. 直接材料脱离定额差异的计算

直接材料脱离定额差异,是指由于产品生产实际材料耗用量与其定额耗用量之间的差异而造成的成本差异(即量差)。直接材料脱离定额差异的计算通常有限额领料单法、材料切割单法和盘存法三种方法。

(1) 限额领料单法

在采用定额法时,原材料的领用一般实行限额领料制度,限额范围的用料,应根据限额领料单领用;增加产量发生的超额用料,在办理了追加限额手续后,也可以使用限额领料单领用;其他原因超额用料或者使用代用料,一般应填制的领料单、材料单或者代用材料领料单等差异凭证。对于材料代用或者废料利用,还应在有关限额领料单内注明,并从原定的限额内扣除。生产任务完成后的余料,应填制退料单,退料单应视为差异凭证,原材料余额和退料单中的原材料数额都属于直接材料脱离定额的直接差异。

(2) 材料切割单法

对于需要切割后才能加工的材料,还应利用材料切割单来计算材料脱离定额的差异。切割单应按切割材料的批别开立,填列发交切割材料的种类、数量、消耗定额以及切割材料的毛坯数量;切割完成后,再填写实际切割成的毛坯的实际耗用量等。根据切割的毛坯的数量和消耗定额,就可以计算出材料的定额耗用量,与实际耗用量相比较,就可以计算出脱离定额的差异。材料切割核算单的格式举例参见表 10-25。

表 10-25 材料切割核算单

材料编号或名称:3108　　　　　　　　　　　　　　　材料计量单位:千克
材料计划单价:10 元　　　　　　　　　　　　　　　　产品名称:A
零件编号其名称:3025　　　　　　　　　　　　　　　图纸号:108
切割工人工号和姓名:×××　　　　　　　　　　　　机床编号:503
发交切割日期:2015 年 6 月 18 日　　　　　　　　　完工日期:2015 年 6 月 22 日

发料数量		退回余料数量		材料实际消耗量		废料回收数量	
200		20		180		30	
单件消耗定额		单位回收废料定额		应切割毛坯数量/件	实际切割毛坯数量/件	材料定额消耗量	废料定额回收量
10		0.2		18	16	160	3.2
材料脱离定额差异		废料脱离定额差异			差异原因		责任人
数量	金额/元	数量	单价	金额/元	未按规定操作因而多留了角料,减少了毛坯件		切割工人:×××
+20	+200	-26.8	2	-53.60			

说明:
① 回收废料超过定额的差异可以冲减材料费用,故列负数;相反,低于定额的差异列正数。
② 应切割成毛坯数量=材料实际消耗量÷材料消耗定额=180÷10=18(件)。
材料定额消耗量=实际切割毛坯数量×材料消耗定额=16×10=160(千克)。
废料定额回收量=实际切割毛坯数量×废品回收定额=16×0.2=3.2(千克)。
材料脱离定额差异=(材料定额消耗量-材料实际消耗量)×材料计划单价=(180-160)×10=200(元)。
废料脱离定额差异=(废料定额回收数量-废料实际回收数量)×废料单价=(3.2-30)×2=-53.60(元)。

(3) 盘存法

在连续或者大量生产产品的企业中,产品不能按批别划分,可以用定期盘存法计算材料脱离定额的差异。其计算程序是:先根据产量凭证和产量盘存(或者账面)资料所列完工产品数量和在产品数量,计算产品投产量,产品投产量乘以直接材料消耗定额,计算出直接材料定额消耗量;根据限额领料单、退料单等领退料凭证以及车间余料盘存数,计算出直接材料实际耗用量;通过账面数和盘存数的差额就可以确定材料脱离定额差异。

2. 直接人工脱离定额差异的计算

生产工人工资脱离定额差异,应根据企业工资制度进行计算。

(1) 实行计件工资制度的企业,生产工人工资属于直接费用,因而其脱离定额差异的核算与直接材料相类似。凡符合定额的生产工人工资可以反映在工作班产量记录、工序进程单等产量记录中;脱离定额的差异部分,应设置工资补付单等差异凭证予以反映,单中应注明差异发生的原因,并经过一定的审批手续。

(2) 实行计时工资制度的企业,生产工人工资脱离定额的差异不能在平时按照产品直接计算,只有在月末实际工人工资总额确定以后,才能按照下列公式计算:

$$计划小时工资率 = \frac{某车间计划产量的定额工人工资总额}{该车间计划产量的定额生产工时总数}$$

$$实际小时工资率 = \frac{该车间实际生产工人工资总额}{该车间实际生产工时总数}$$

某产品的定额工人工资 = 该产品实际产量的定额生产工时 × 计划小时工资率

某产品的实际工人工资 = 该产品实际产量的实际生产工时 × 实际小时工资率

某产品工人工资脱离定额的差异 = 该产品的实际工人工资 − 该产品的定额工人工资

直接人工脱离定额的差异,应按成本核算对象通过编制直接人工费用定额和脱离定额差异汇总表进行计算,其格式举例参见表10-26。

表10-26 直接人工费用定额和脱离定额差异汇总计算表

车间:A车间　　　　　　　　　　2015年8月　　　　　　　　　　金额单位:元

产品名称	产量/件	单位工时定额/小时	人工费用定额			实际人工费用			脱离定额差异
			定额工时/小时	计划小时工资率	定额工资	实际工时/小时	实际小时工资率	实际工资	
甲产品	400	15	6 000		120 000	5 000		125 000	+5 000
乙产品	1 000	8	8 000		160 000	7 000		175 000	+15 000
合计			14 000	20	280 000	12 000	25	300 000	+20 000

3. 制造费用脱离定额差异计算

制造费用属于间接费用,一般应按车间、部门分别进行归集,月末分配计入产品成本。该项费用采用制定费用预算的办法下达给车间及有关部门,一般不能用日常核算办法来控制差异,只能定期(一般按月)将费用预算与实际发生数相比较计算出差异。其计算公式如下:

$$计划小时制造费用分配率 = \frac{某车间计划与实际制造费用总额}{某车间计划产量的定额生产工时总数}$$

$$实际小时制造费用分配率 = \frac{某车间实际制造费用总额}{某车间实际生产工时总数}$$

某产品定额制造费用＝该产品实际生产定额工时×计划小时制造费用分配率
某产品实际制造费用＝该产品实际工时×实际小时制造费用分配率
某产品制造费用脱离定额差异＝某产品实际制造费用－该产品定额制造费用

制造费用定额和脱离定额差异,是通过编制制造费用定额和脱离定额差异汇总计算表进行计算的,其格式举例参见表10-27。

表10-27 制造费用定额和脱离定额差异汇总计算表

车间：A车间　　　　　　　　　　2015年8月　　　　　　　　　　金额单位：元

产品名称	产量/件	单位工时定额/小时	制造费用定额			实际制造费用			脱离定额差异
			定额工时/小时	计划小时分配率	定额制造费用	实际工时/小时	实际小时分配率	实际制造费用	
甲产品	400	15	6 000		60 000	5 000		60 000	0
乙产品	1 000	8	8 000		80 000	7 000		84 000	4 000
合计			14 000	10	140 000	12 000	12	144 000	4 000

（三）材料成本差异的调整

在采用定额法计算产品成本的企业,为了便于对产品成本进行考核和分析,材料的日常核算都应按计划成本进行。因此,日常所发生的材料费用,包括材料定额费用和材料脱离定额的差异,都是按照材料的计划单位成本计算的。材料定额费用是定额消耗量乘以计划单位成本;材料脱离定额的差异,是按计划单位成本反映的数量差异,即量差。因此,在月末计算产品的实际材料费用时,还必须考虑所消耗材料应负担的成本差异问题,即所耗材料的价差。其计算公式如下：

某产品应分配的材料成本差异＝(该产品的材料定额费用±材料脱离定额差异)×材料成本差异分配率

【例10-8】 2015年8月,甲产品原材料定额费用和脱离定额差异汇总计算表参见表10-28。假设直接材料成本差异率是－1％,试计算该产品应负担的成本差异。

表10-28 原材料定额费用和脱离定额差异汇总计算表

产品名称：甲产品　　　　　　　　2015年8月　　　　　　　　　　金额单位：元

原材料名称	材料编号	计划单价	定额费用		计划价格费用		脱离定额差异		差异原因
			定额数量/千克	金额	实际用量/千克	金额	定额数量/千克	金额	
A材料	1011	5	800	4 000	840	4 200	＋40	200	
B材料	1012	10	1 200	12 000	1 120	11 200	－80	－800	
合计				16 000		15 400		－600	

甲产品应负担的材料成本差异＝(16 000－600)×(－1％)＝－154(元)

各种产品应分配的材料成本差异,一般均由各该产品的完工产品成本负担,月末在产品不再负担。

在多步骤生产中采用定额法的情况下,若逐步结转半成品成本,则半成品的日常核算也应按计划成本和定额成本进行。在月末计算产品实际成本时,也应比照材料成本差异的分配方法计算产品所耗半成品的成本差异。

此时,产品实际成本的计算公式如下:

产品实际成本＝按现行定额计算的产品定额成本±脱离现行定额差异±材料或者半成品成本差异

在定额法下,为了便于考核和分析各生产步骤的产品成本,简化成本核算工作,各步骤所耗用的材料和半成品的成本差异应尽量由厂部分配调整,不计入各生产步骤产品的成本。

(四)定额变动差异的计算

定额变动差异,是由于修订消耗(费用)定额而产生的新旧两种定额之间的差异额。它的修订一般在月初、季初或者年初进行。修订定额月份投产的产品,都是按新定额计算其定额成本和脱离定额的差异;但在定额变动的月份,月初在产品的定额成本仍是按旧定额计算的。为了将按旧定额计算的月初在产品的定额成本和按新定额计算的本月投入的产品的定额成本在新定额的同一基础上能相加,以便计算产品的实际成本,就必须将按旧定额计算的月初在产品定额成本调整为按新定额计算的月初在产品定额成本。按新定额计算的月初在产品定额成本与按旧定额计算的月初在产品定额成本之间的差异,称为月初在产品的定额变动差异。

月初在产品定额变动差异,可以根据定额发生变动的月初在产品结存数量(或者在产品账面结存数量)乘以单位定额变动差异来计算,这种计算应按零件、部件或者工序进行,计算工作量较大;也可以通过计算定额变动系数进行折算。定额变动系数,是指按新定额计算的单位产品费用与按旧定额计算的单位产品费用之比。其计算公式如下:

$$定额变动系数＝\frac{按新定额计算的单位产品费用}{按旧定额计算的单位产品费用}$$

月初在产品定额变动差异＝按旧定额计算的月初在产品成本×(定额变动系数－1)

【例 10-9】 某企业生产的甲产品的某个零件从 2016 年 1 月 1 日起修订直接材料消耗定额,每件产品旧的直接材料费用定额为 200 元,新的直接材料费用定额为 180 元。该种零件 2015 年 12 月 31 日在产品的直接材料定额为 60 000 元,则定额变动系数和月初产品定额变动差异计算如下:

A 产品定额变动系数＝180÷200＝0.9

A 产品月初在产品定额变动差异＝60 000×(0.9－1)＝－6 000(元)

(五)产品实际成本的计算

在修订定额成本的月份,产品的实际成本应按下列公式计算:

产品实际成本＝按现行定额计算的产品定额成本±脱离现行定额差异±直接材料成本差异±月初在产品定额变动差异

三、定额法成本核算应用举例

【例 10-10】 某企业 2015 年 8 月生产甲产品,其有关资料如下。

(1)产量记录情况参见表 10-29

表 10-29 某企业产量记录情况

2015 年 8 月　　　　　　　　　　　　　　　　　单位:件

产品名称	月初产品	本月投产	本月完工产品	月末在产品
甲产品	10	90	80	20

(2) 单件定额成本资料参见表 10-30

表 10-30　某企业单件定额成本资料

2015 年 8 月　　　　　　　　　　　　　　　　　　　　　金额单位：元

成本项目	计划单价	消耗定额		定额成本/元		变动差异	
		上　月	本　月	上　月	本　月	数　量	金　额
直接材料	10	120 千克	108 千克	1 200	1 080	－12	－120
直接人工	4	100 小时	100 小时	400	400		
制造费用	2	100 小时	100 小时	200	200		
合计				1 800	1 680	－12	－120

(3) 月初在产品资料参见表 10-31

表 10-31　某企业月初在产品资料

2015 年 8 月　　　　　　　　　　　　　　　　　　　　　金额单位：元

成本项目	月初在产品	
	定额成本	脱离定额差异
直接材料	12 000	1 600
直接人工	2 000	200
制造费用	2 000	200
合计	16 000	2 000

(4) 其他资料

① 原材料于生产开始时一次投入。

② 直接材料成本差异率－1%，全部由完工产品负担。

③ 定额变动差异全部由完工产品负担。

④ 本期直接材料脱离定额差异（－1 200），直接人工脱离定额差异（＋600），制造费用脱离定额差异（－200）。

要求：根据以上资料登记产品生产成本明细账。

在定额法下，产品实际成本的计算和其他成本核算方法一样，产品生产成本明细账也要列出产品成本项目。由于定额法下实际成本的计算是在定额成本的基础上加、减脱离定额差异、定额变动差异和材料成本差异求得的，所以产品生产成本明细账还应设置定额成本、脱离定额差异、定额变动差异、材料成本差异专栏反映。A 产品生产成本明细账参见表 10-32。

甲产品生产成本明细账（参见表 10-32）填列说明：

①、②栏根据表 10-31 月初在产品成本资料填列；

③栏为月初在产品定额变动差异：

定额变动系数＝1 080÷1 200＝0.9

月初在产品定额变动差异＝12 000×(0.9－1)＝－1 200

④栏根据表 10-29 本月投产量资料、表 10-30 定额成本资料等计算填列：

直接材料＝1 080×90＝97 200(元)

直接人工＝400×90＝36 000(元)

制造费用＝200×90＝18 000(元)

⑤栏根据有关脱离定额差异资料填列；

表 10-32 产品生产成本明细账

产品名称：甲产品　　完工产量：80 件　　2015 年 8 月　　金额单位：元

成本项目	月初在产品 定额成本 ①	月初在产品 脱离定额差异 ②	月初在产品 定额变动差异 ③	本月生产费用 定额成本 ④	本月生产费用 脱离定额差异 ⑤	本月生产费用 材料成本差异 ⑥	生产费用合计 定额成本 ⑦	生产费用合计 脱离定额差异 ⑧	生产费用合计 材料成本差异 ⑨	生产费用合计 定额变动差异 ⑩	脱离定额差异分配率 ⑪	产成品成本 定额成本 ⑫	产成品成本 脱离定额差异 ⑬	产成品成本 材料成本差异 ⑭	产成品成本 定额变动差异 ⑮	产成品成本 实际成本 ⑯	月末在产品 定额成本 ⑰	月末在产品 脱离定额差异 ⑱
直接材料	12 000	1 600	−1 200	97 200	−1 200	−960	108 000	+400	−960	+1 200	0.37%	86 400	319.68	−960	+1 200	86 959.68	21 600	+80.32
直接人工	2 000	200		36 000	+600		38 000	+800			2.11%	32 000	675.20			32 675.20	6 000	+124.80
制造费用	2 000	200		18 000	−200		20 000	0			0	16 000				16 000	4 000	0
成本合计	16 000	2 000	−1 200	151 200	−800	−960	166 000	+1 200	−960	+1 200		134 400	994.88	−960	+1 200	135 634.88	31 600	+205.12

⑥栏＝[④栏＋⑤栏]×(－1％)＝(97 200－1 200)×(－1％)＝－960(元)

⑦栏＝①栏＋③栏＋④栏＝12 000－1 200＋97 200＝108 000(元)

⑧栏＝②栏＋⑤栏＝1 600－1 200＝400(元)

⑨栏＝⑥栏

⑩栏＝－③栏

⑪栏脱离定额差异分配率

直接材料脱离定额差异率＝(400÷108 000)×100％＝0.37％

直接人工脱离定额差异率＝(800÷38 000)×100％＝2.11％

制造费用脱离定额差异率＝0÷20 000÷100％＝0

⑫栏用完工产量分别乘以表10-30定额成本资料填列：

直接材料＝1 080×80＝86 400(元)

直接人工＝400×80＝32 000(元)

制造费用＝200×80＝16 000(元)

⑬栏＝⑪栏×⑫栏

⑭栏＝⑨栏

⑮栏＝⑩栏

⑯栏＝⑫栏＋⑬栏＋⑭栏＋⑮栏

⑰栏＝⑦栏－⑫栏

⑱栏＝⑧栏－⑬栏

本章基本训练

一、单项选择题

1. 产品成本核算的辅助方法有（　　）。
   A. 品种类　　　　B. 定额类　　　　C. 分批法　　　　D. 分步法
2. 采用分类法的目的在于（　　）。
   A. 分类计算产品成本　　　　　　B. 简化各种产品的成本核算工作
   C. 简化各类产品成本的计算工作　　D. 准确计算各种产品的成本
3. 企业在生产主要产品过程中，附带生产出的一些非主要产品，称为（　　）。
   A. 联产品　　　　B. 废品　　　　C. 副产品　　　　D. 次品
4. 联产品成本核算主要是指（　　）。
   A. 联产品联合成本的分配　　　　B. 联产品可归属成本的分配
   C. 联产品分离前费用的归集　　　　D. 联产品的分类问题
5. 原材料脱离定额差异是（　　）。
   A. 数量差异　　　　　　　　　　B. 价格差异
   C. 一种定额变动差异　　　　　　D. 原材料成本差异
6. 需要计算定额变动的产品是（　　）。
   A. 月初在产品　　　　　　　　　B. 本月投入产品

C. 月末在产品　　　　　　　　　　D. 本月完工产品
7. 采用定额法计算完工产品实际成本应以（　　）为基础。
   A. 月初在产品定额成本　　　　　B. 本月完工产品定额成本
   C. 月末在产品定额成本　　　　　D. 本月投入产品定额成本
8. 采用分类法，应当按照（　　）设置产品生产成本明细账。
   A. 产品品种　　B. 产品类别　　C. 联产品　　D. 生产步骤

二、多项选择题

1. 采用分类法，可以将（　　）等方面相同或者相似的产品归为一类。
   A. 产品结构和耗用原材料　　　　B. 产品的性质和用途
   C. 产品生产工艺技术过程　　　　D. 产品的售价
2. 下列产品中，可以作为同一个成本核算对象的有（　　）。
   A. 灯泡厂同一类别不同瓦数的灯泡
   B. 无线电元件厂同一类别不同规格的无线电元件
   C. 炼油厂同时生产出的汽油、柴油、煤油
   D. 机床厂各车间同时生产的车床、刨床、铣床
3. 确定类内不同规格、型号产品系数的依据有（　　）等。
   A. 产品定额耗用量　　　　　　　B. 产品定额费用
   C. 产品售价　　　　　　　　　　D. 产品体积、面积、重量
4. 分类法适用范围有（　　）。
   A. 可以将产品划分为一定类别的企业或者企业的生产单位
   B. 企业联产品成本的计算
   C. 企业副产品成本的计算
   D. 企业等级品成本的计算
5. 副产品成本的确定一般有（　　）等方法。
   A. 按副产品售价减去销售费用和利润后的余额计价
   B. 按副产品计划成本或者定额成本计价
   C. 按副产品的可归属成本计价
   D. 按副产品的计划售价计价
6. 采用定额法核算产品成本，产品实际成本的组成项目有（　　）。
   A. 定额成本　　　　　　　　　　B. 脱离定额差异
   C. 材料成本差异　　　　　　　　D. 定额变动差异
7. 材料脱离定额差异的计算方法有（　　）。
   A. 加权平均法　　　　　　　　　B. 限额领料单法
   C. 材料切割单法　　　　　　　　D. 盘存法
8. 制定定额成本的依据有（　　）。
   A. 现行材料消耗定额　　　　　　B. 现行工时消耗定额
   C. 现行费用定额　　　　　　　　D. 其他有关资料

9. 为了简化成本核算工作,(   )等一般可以全部由本月完工产品成本负担。
   A. 定额成本　　　　　　　　　　B. 脱离定额差异
   C. 材料成本差异　　　　　　　　D. 定额变动差异
10. 采用定额法核算产品成本的企业,应当具备的条件有(   )。
    A. 定额管理制度比较健全　　　　B. 定额管理基础工作比较好
    C. 产品生产已经定型　　　　　　D. 各项消耗定额比较准确、稳定

三、名词解释

1. 分类法
2. 联产品
3. 副产品
4. 联合成本
5. 可归属成本
6. 定额法
7. 定额成本
8. 脱离定额差异
9. 定额变动差异

四、实务题

(一) 练习产品成本核算的分类法

某制造企业大量生产甲、乙、丙三种产品。这三种产品的结构所用原材料和工艺过程相近,因而归为一类(A类),采用分类法核算成本。类内各种产品之间分配费用的标准为:原材料费用按各种产品的原材料费用系数分配;原材料费用系数按原材料费用定额确定(以乙产品为标准产品);其他费用按定额工时比例分配。

(1) 甲、乙、丙产品的原材料费用定额和工时消耗定额如下:

原材料费用定额:甲产品 240 元;乙产品 300 元;丙产品 360 元。

工时消耗定额:甲产品 8.2 小时;乙产品 10 小时;丙产品 12 小时。

(2) 本月各种产品的产量如下:甲产品 1 000 件;乙产品 1 200 件;丙产品 800 件。

(3) 本月 A 类产品生产成本明细账如下表(其中月初、月末在产品成本按年初固定数计算):

A 类产品生产成本明细账

金额单位:元

项　目	原材料	工资及福利	燃料动力	制造费用	成本合计
月初在产品成本	40 000	3 000	2 000	3 000	48 000
本月生产费用	592 000	62 580	35 760	53 640	743 980
费用合计	632 000	65 580	37 760	56 640	791 980
完工产品成本	592 000	62 580	35 760	53 640	743 980
月末在产品成本	40 000	3 000	2 000	3 000	48 000

要求:编制原材料费用系数计算表,采用分类法分配计算甲、乙、丙三种产品成本并编制产品成本计算单。

（二）练习副产品成本核算

某企业在生产 A 产品的同时，附带生产出 J 副产品，J 副产品分离后需进一步加工后才能出售。本月 A 产品及其副产品共发生成本 300 000 元，其中直接材料占 50%，直接人工占 20%，燃料动力占 12%，制造费用占 18%。J 副产品进一步加工发生直接人工费 4 000 元，燃料动力 2 000 元，制造费用 3 000 元。本月生产 A 产品 5 000 千克，J 副产品 4 000 千克，J 副产品单位售价 12 元，单位税金和利润合计为 2 元。

要求：(1) 按副产品既负担可归属成本，又负担分离前联合成本（售价减去销售费用及利润）的方法计算 J 副产品成本，并编制产品成本计算单；(2) 计算 A 产品实际总成本和单位成本。

（三）练习产品成本定额法原材料费用的计算

甲产品采用定额法计算产品成本，本月有关甲产品原材料费用的资料如下：

（1）月初在产品定额费用为 1 400 元，月初在产品脱离定额的差异为节约 20 元，月初在产品定额费用调整为降低 20 元。定额变动差异全部由完工产品负担。

（2）本月定额费用为 5 600 元，本月脱离定额的差异为节约 400 元。

（3）本月原材料成本差异率为节约 2%，材料成本差异全部由完工产品负担。

（4）本月完工产品的定额费用为 6 000 元。

要求：计算月末在产品的原材料定额费用；计算完工产品和月末在产品的原材料实际费用（脱离定额差异，按定额费用的比例在完工产品和月末在产品之间进行分配）。

（四）练习联产品和副产品成本的核算

某工厂设 3 个生产车间。第一生产车间用同一种原材料，同时生产出甲、乙两种联产品，在生产过程中还附带生产出丙产品。甲产品为标准产品，系数为 1，乙产品耗料系数为 1.2，丙产品半成品按单位计划成本 2 元从联产成本中的直接材料项目中扣除，第一生产车间未完工的丙副产品不计价。第一生产车间各产品分离后，甲产品即可出售，乙产品交付第二生产车间，丙副产品交付第三生产车间进一步加工完毕后才出售。2015 年 12 月有关成本资料如下表。

有关成本资料

2015 年 12 月　　　　　　　　　　　　　　　　　　　　金额单位：元

车间部门	第一生产车间	第二生产车间	第三生产车间
月初在产品成本			
其中：自制半成品		18 300	1 200
直接材料	36 400	1 680	147
直接人工	8 000	3 760	96
燃料动力	1 892	2 720	76.8
制造费用	2 838	4 080	115.2
本月发生费用/元			
其中：直接材料	205 000	14 000	600
直接人工	40 880	22 000	900
燃料动力	5 440	15 200	720
制造费用	8 160	22 800	1 080

续表

车间部门	第一生产车间	第二生产车间	第三生产车间
本月产品产量/千克			
其中：甲产品	180 000		
乙产品	100 000	110 000	
丙产品	4 500		4 800
月末在产品数量/千克			
其中：甲产品	20 000		
乙产品	10 000	5 000	
丙产品	500		300
月末在产品加工程度	50%	40%	60%

第一生产车间原材料在生产开始时一次投入，第二生产车间和第三生产车间原材料均系随加工程度逐步投入，各车间在产品的工费成本均按加工程度比例计算，第二生产车间和第三生产车间自制半成品由第一生产车间转来。

要求：分别计算甲、乙、丙完工产品和月末在产品成本。

第十一章 标准成本制度

【本章学习目标】

1. 了解标准成本的概念、作用和种类。
2. 掌握标准成本的制定方法。
3. 掌握成本差异的计算与分析。
4. 掌握标准成本会计的账务处理。

第一节 标准成本制度概述

标准成本制度,是指通过制定标准成本,将标准成本与实际成本进行比较获得成本差异,并对成本差异进行因素分析,据以加强成本控制的一种会计信息系统和成本控制系统。标准成本制度是在"科学管理之父"泰勒生产过程标准化思想的影响下,于 20 世纪 20 年代产生于美国。它是为了克服实际成本计算系统的缺陷,尤其是不能提供有助于成本控制的确切信息的缺点而研究出来的。刚开始时,它只是被用来进行成本控制,以后才逐步发展和完善。标准成本制度把成本的事前预算、日常控制和产品成本的确定有机地结合起来,成为一种成本核算和成本控制相结合的方法。

实施标准成本系统一般有六个步骤:(1) 制定单位产品的标准成本;(2) 根据实际产量和成本标准计算产品的标准成本;(3) 汇总计算实际成本;(4) 计算标准成本与实际成本的差异;(5) 分析成本差异的产生原因,如果标准成本纳入账簿体系的,还要进行标准成本及其成本差异的账务处理;(6) 向成本负责人提供成本控制报告。

一、标准成本的概念

标准成本,是指按照成本项目事先制定的,在已经达到的生产技术水平和有效经营管理条件下应当达到的单位产品成本目标。标准成本是通过精确的调查、分析与技术测定而制定的,用来评价实际成本、衡量工作效率的一种预计成本。在标准成本中,基本排除了不应该发生的"浪费",因此被认为是一种"应该成本"。它与预算成本都属于未来成本,不过标准成本属于单位成本的范畴,预算成本属于总成本的范畴,但如果企业编制弹性预算,也要确定单位变动成本,所以,制定标准成本的部分基础工作与确定预算成本的部分工作可以相融合。

二、标准成本的作用

（一）便于企业编制预算和进行预算控制

标准成本是一种预计成本、目标成本，因而可以作为编制预算的依据。事实上，标准成本本身就是单位成本预算。如在编制直接人工成本预算时，首先我们要确定每生产一个产品所需耗费的工时数以及每小时的工资率，然后用它乘以预算的产品产量，就可以确定总人工成本预算数。

（二）可以有效地控制成本支出

在领料、用料、安排工时和人力时，均以标准成本作为事前控制和事中控制的依据。通过对日常经济业务的反映、计算，找出实际成本与标准成本总额之间的差异，并分析其差异的原因，以便进行成本控制。

（三）可以为企业的例外管理提供数据

依据标准成本为基础与实际成本进行比较产生的差异是企业进行例外管理的必要信息。

（四）可以帮助企业进行产品的价格决策和预测

如在给新产品定价时，通常可以在标准成本的基础上加一定的利润来确定其价格。

（五）可以简化存货的计价以及成本核算的账务处理工作

在标准成本下，原材料、在产品、产成品均以标准成本计价，所产生的差异均可以由发生期负担，这样一来，在成本计算方面可以大大减少核算的工作量。

三、标准成本的种类

（一）理想标准成本和正常标准成本

标准成本按照其制定所根据的生产技术和经营管理水平可以分为理想标准成本和正常标准成本。

1. 理想标准成本

理想标准成本，是指企业以现有生产技术和经营管理处于最高效率、最佳状态条件下所确定的标准成本。它排除了一切失误、浪费、机器的闲置等因素，是根据理论上的业绩标准、生产要素的理想价格以及可能实现的最高生产经营能力利用水平制定的标准成本。

（1）理论业绩标准

理论业绩标准，是指在生产过程中毫无技术浪费时生产要素消耗量，最熟练的工人全力以赴地工作、不存在废品损失和停工时间等条件下可能实现的最优业绩。

（2）理想价格

理想价格，是指各生产要素如原材料、劳动力等在计划期间内的最低的价格水平。

（3）最高生产经营能力利用水平

最高生产经营能力利用水平，是指理论上可能达到的设备利用程度，只扣除不可避免的机器维修、改换品种、调整设备等时间，而不考虑产品销路不佳、生产技术故障等造成的影响。

因此，这种标准很难成为现实，即使暂时出现也不可能持久。它的主要用途是提供一个完美无缺的目标，揭示实际成本下降的潜力。这种标准成本要求太高，通常会因达不到而影响职工的积极性,同时让管理层感到在任何时候都没有改进的余地,不能作为考核的依据。

2. 正常标准成本

正常标准成本是在正常生产经营条件下应该达到的成本水平,它是根据正常的耗用水平、正常的价格和正常的生产经营能力利用程度制定的标准成本。

在制定这种标准成本时,把生产经营活动中一般难以避免的损耗和低效率等情况也计算在内,使之成为切实可行的控制标准。要达到这种标准不是没有困难,但它们是可能达到的。从具体数量上看,它应当大于理想标准成本,但又小于历史平均水平,是要经过努力才能达到的一种标准,因而可以调动职工的积极性。

在标准成本系统中,广泛使用的是正常的标准成本,其具有以下特点:它是用科学方法根据客观经验和过去实践经充分研究后制定出来的,具有客观性和科学性;它既排除了各种偶然性和意外情况,又保留了目前条件下难以避免的损失,代表正常情况下的消耗水平,具有现实性;它是应该发生的成本,可以作为评价业绩的尺度,成为督促职工去努力争取的目标,具有激励性;它可以在工艺技术水平和管理有效性水平变化不大时持续使用,不需要经常修订,具有稳定性。

(二)现行标准成本和基本标准成本

标准成本按照其适用期可以分为现行标准成本和基本标准成本。

1. 现行标准成本

现行标准成本是在现有的生产条件下应该达到的成本水平,它是根据现在所采用的价格水平、生产耗用量以及生产经营能力利用程度而制定的标准成本。这种标准成本最接近实际成本,最切实可行,通常认为它能激励职工努力达到所制定的标准并为管理层提供衡量的标准。在经济形势变化无常的情况下,这种标准成本最为合适。与正常标准成本不同的是,它需要根据现实情况的变化不断进行修改,而正常标准成本则可以保持一段较长的时间固定不变。这种标准成本可以成为评价实际成本的依据,也可以用来对存货和销货成本计价。

2. 基本标准成本

基本标准成本,是指一经制定,只要生产的基本条件无重大变化,就不予变动的一种标准成本。所谓生产的基本条件的重大变化,是指产品的物理结构变化、重要原材料和劳动力价格的变化、生产技术和工艺的根本变化等。只有这些条件发生变化,基本标准成本才需要修订。由于市场供求变化导致的售价变化和生产经营能力利用程度的变化,由于工作方法改变而引起的效率变化等,不属于生产的基本条件变化,对此不需要修订基本标准成本。基本标准成本与各期实际成本对比,可以反映成本变动的趋势。由于基本标准成本不按各期实际修订,不宜用来直接评价工作效率和成本控制的有效性。

第二节 标准成本的制定

产品成本主要是由直接材料、直接人工、制造费用等成本项目构成。在制定标准成本时,通常首先确定直接材料和直接人工的标准成本,其次确定制造费用的标准成本,最后确定单位产品的标准成本。

在制定时,无论是哪一个成本项目,都需要分别确定其用量标准和价格标准,二者相乘后得出成本标准。

用量标准包括单位产品材料消耗量、单位产品直接人工工时等,主要由生产技术部门主持制定,吸收执行标准的部门和职工参加。

价格标准包括原材料单价、小时工资率、小时制造费用分配率等,由会计部门和其他有关部门共同研究确定。采购部门是材料价格的责任部门,劳资部门和生产部门对小时工资率负有责任,各生产车间对小时制造费用率承担责任,在制定有关价格标准时要与它们进行协商。

无论是价格标准还是用量标准,都可以是理想状态的或者正常状态的以及现实状态的,据此得出理想的标准成本、正常的标准成本或者现实的标准成本。下面介绍正常的标准成本的制定。

一、直接材料标准成本

直接材料成本,是指为生产产品而发生的并能直接归属于产品成本的各种主要原材料和燃料动力的成本。直接材料标准成本,是指单位产品应耗用直接材料的成本目标,它是由直接材料的价格标准和直接材料的用量标准两个因素决定的。

直接材料的价格标准,是指以订货合同价格为基础,并考虑未来可能发生的变动而确定的计划价格。直接材料的价格标准通常是由财务部门会同采购部门按照材料的品种分别制定的。

直接材料的用量标准,是指单位产品耗用原料和主要材料的数量,通常也称材料消耗定额。直接材料的用量标准的确定,应当由企业的设计技术部门主持,并尽量吸收执行标准的生产部门和职工参加,充分考虑产品的设计、生产和工作的现状,结合企业的经营管理水平的实际情况和降低成本任务的具体要求,考虑材料在使用过程中发生的必要损耗,并按照产品的零部件来制定各种原料和主要材料的消耗定额。

各种直接材料的价格标准和用量标准制定以后,就可以利用下列公式直接计算出单位产品耗用直接材料的标准成本:

$$某单位产品的直接材料标准成本 = \sum(某种直接材料价格标准 \times 该种直接材料用量标准)$$

直接材料标准成本的格式举例参见表 11-1。

表 11-1 直接材料标准成本

A 产品

标　　准	甲材料	乙材料
价格标准:		
发票单价	1.00 元	4.00 元
装卸检验费	0.07 元	0.28 元
每千克标准价格	1.07 元	4.28 元
用量标准:		
图纸用量	3.0 千克	2.0 千克
允许损耗量	0.3 千克	

续表

标　准	甲材料	乙材料
单位产品标准用量	3.3 千克	2.0 千克
成本标准：		
甲材料(3.3×1.07)	3.53 元	
乙材料(2.0×4.28)		8.56 元
单位产品标准成本	12.09 元	

二、直接人工标准成本

直接人工，是指为生产产品而发生的并能直接归属于产品成本的直接生产工人工资及附加。直接人工标准成本，是指单位产品应耗用直接工资的成本目标。

采用不同工资制度的企业影响直接人工标准成本的因素也不同。在采用计件工资形式的企业中，直接人工标准成本直接表现为计件工资单价；在采用计时工资形式的企业中，直接人工标准成本是由直接人工的价格标准和直接人工的用量标准两个因素决定的。本书主要介绍采用计时工资形式的企业直接人工标准的制定。

直接人工的价格标准，是指工资率标准。工资率标准，是指生产工人每消耗一个标准工时应分配的工资成本，又称小时工资率标准，其计算公式为：

$$工资率标准 = \frac{预计直接人工工资总额}{标准总工时}$$

其中，标准总工时等于企业在充分利用现有生产能力的条件下，单位产品工时消耗定额与可能达到的最大产量的乘积。如企业有一条生产线，每月可以生产 20 000 件产品，单位产品的工时标准为 3 小时/件，则标准工时总数为 60 000(20 000×3)小时。

如果采用月工资制，需要根据月工资总额和可用工时总量来计算工资率标准。

直接人工用量标准，是指单位产品应发生的标准工时，也称单位产品工时消耗定额。即企业在现有生产条件下，同时考虑提高劳动生产率的要求，生产单位产品所需耗用的直接生产工人工时数，其中包括直接加工操作必不可少的时间，以及必要的间歇和停工，如加工间休息、调整设备时间、不可避免的废品耗用工时等。标准工时应当以作业研究和工时研究为基础，参考有关统计资料来确定。

确定了单位产品的小时工资率标准和工时标准后，就可以按照下列公式计算出单位产品的直接人工标准成本：

$$单位产品直接人工标准成本 = 工资率标准 \times 直接人工用量标准$$

直接人工标准成本的格式举例参见表 11-2。

表 11-2　直接人工标准成本

小时工资率	第一工序	第二工序
基本生产工人人数/人	20	50
每人每月工时(25.5 天×8 小时)	204	204
出勤率	98%	98%

续表

小时工资率	第一工序	第二工序
每人平均可用工时/小时	200	200
每月总工时/小时	4 000	10 000
每月工资总额/元	3 600	12 600
每小时工资/元	0.90	1.26
单位产品工时/小时:		
理想作业时间	1.5	0.8
调整设备时间	0.3	
工间休息	0.1	0.1
其他	0.1	0.1
单位产品工时合计/小时	2	1
直接人工标准成本/元	1.80	1.26
合计	3.06	

三、制造费用标准成本

制造费用是多种费用项目的集合，包括间接材料、间接人工、修理、检验、折旧等费用。在传统财务会计中，一般采用一个较为合理的标准在各种成本对象间进行分配。常用的分配标准为总机器工时或者总人工工时（以下简称工时），每工时负担的制造费用称为分配率，单位产品耗用的工时与分配率的乘积即为单位产品的制造费用。制造费用的标准成本是按部门分别编制，然后将同一产品涉及的各部门单位制造费用标准加以汇总，得出整个产品制造费用标准成本。在制定各部门制造费用标准成本时，通常将制造费用分为变动制造费用和固定制造费用，并分别制定价格标准（如分配率）和数量标准（如工时）。

（一）变动制造费用标准成本

变动制造费用，是指随业务量成正比例变动的那部分间接生产成本。变动制造费用标准成本是由变动制造费用的价格标准和变动制造费用的用量标准两个因素决定的。

变动制造费用的价格标准即为变动制造费用标准分配率，是指每消耗一标准工时应发生的变动性制造费用，其计算公式为：

$$变动制造费用标准分配率=\frac{变动制造费用预算总额}{直接人工标准总工时}$$

变动制造费用的用量标准可以根据历史经验、工艺研究并参考操作人员的意见综合确定，它通常采用单位产品直接人工工时标准。有的企业采用机器工时或者其他的用量标准。作为数量标准的计量单位，应当尽可能与变动制造费用保持较好的线性关系。

确定价格标准和用量标准之后，二者相乘即可得出变动制造费用标准成本：

变动制造费用标准成本＝单位产品直接人工的标准工时×变动制造费用的标准分配率

各车间变动制造费用标准成本确定之后，可以汇总出单位产品的变动制造费用标准成本。变动制造费用标准成本的格式举例参见表11-3。

表 11-3　变动制造费用标准成本

金额单位：元

部　门	第一车间	第二车间
变动制造费用预算：		
运输	800	2 100
电力	400	2 400
消耗材料	4 000	1 800
间接人工	2 000	3 900
燃料	400	1 400
其他	200	400
合计	7 800	12 000
生产量标准/小时	6 000	10 000
变动制造费用标准分配率	1.30	1.20
直接人工用量标准小时	2	1
变动制造费用标准成本	2.60	1.20
单位产品标准变动制造费用	3.80	

（二）固定制造费用标准成本

固定制造费用，是指间接生产成本中那些不随产品产量变化的厂房设备的折旧费、维修费、租赁费等费用。它通常根据事先编制的固定预算来控制其费用总额。

如果企业采用变动成本计算，固定制造费用不计入产品成本，因此单位产品的标准成本中不包括固定制造费用的标准成本。在这种情况下，不需要制定固定制造费用标准成本，固定制造费用的控制则通过预算管理来进行。如果采用完全成本计算，固定制造费用要计入产品成本，还需要确定其标准成本。

固定制造费用的用量标准与变动制造费用的用量标准相同，包括直接人工工时、机器工时、其他用量标准等，并且二者要保持一致，以便进行差异分析。

固定制造费用的价格标准是其每小时的标准分配率，它根据固定制造费用预算和直接人工标准总工时来计算求得。其计算公式如下：

$$固定制造费用标准分配率 = \frac{固定制造费用预算总额}{直接人工标准总工时}$$

确定了用量标准和价格标准之后，二者相乘，即可得出固定制造费用标准成本。其计算公式如下：

固定制造费用标准成本 ＝ 单位产品直接人工标准工时 × 固定制造费用的标准分配率

固定制造费用标准成本的格式举例参见表 11-4。

表 11-4　固定制造费用标准成本

金额单位：元

部　门	第一车间	第二车间
固定制造费用：		
折旧费	200	2 350
管理人员工资	700	1 800
间接人工	500	1 200

续表

部　门	第一车间	第二车间
保险费	300	400
其他	300	250
合计	2 000	6 000
生产量标准/小时	4 000	10 000
固定制造费用标准分配率	0.5	0.6
直接人工用量标准/小时	2	1
部门固定制造费用标准成本	1	0.6
单位产品固定制造费用标准成本	1.60	

将直接材料、直接人工和制造费用的标准成本按照产品加以汇总,就可以确定有关产品完整的标准成本。通常,企业编成标准成本卡反映产成品标准成本的具体构成。在每种产品生产之前,标准成本卡要送达各级生产部门、会计部门、仓库等,作为领料、派工和支出其他费用的依据。单位标准成本卡的格式举例参见表11-5。

表11-5　单位产品标准成本卡

A产品

成本项目	用量标准	价格标准	标准成本/元
直接材料:			
甲材料	3.3克	1.07元/克	3.53
乙材料	2千克	4.28元/千克	8.56
合计			12.09
直接人工:			
第一车间	2小时	0.90元/时	1.80
第二车间	1小时	1.26元/时	1.26
合计			3.06
制造费用:			
变动费用(第一车间)	2小时	1.30元/时	2.60
变动费用(第二车间)	1小时	1.20元/时	1.20
小计			3.80
固定费用(第一车间)	2小时	0.50元/时	1.00
固定费用(第二车间)	1小时	0.60元/时	0.60
小计			1.60
合计			5.40
单位产品标准成本总计		20.55	

第三节　成本差异的计算与分析

一、成本差异的含义与种类

所谓成本差异,是指在一定时期生产一定数量的产品所发生的实际成本总额与标准成本总额的差额。

根据不同的标准划分,成本差异的种类如下。

（一）价格差异与数量差异

按照成本差异的特征不同,可将其分为价格差异与数量差异。

价格差异,是指由于特定成本项目的实际价格与标准价格不一致而导致的成本差异。其计算公式如下：

$$价格差异=（实际价格-标准价格）\times 实际用量$$

数量差异,是指由于特定成本项目的实际耗用量与标准耗用量不一致而导致的成本差异。其计算公式如下：

$$数量差异=标准价格\times（实际用量-标准用量）$$

（二）不利差异和有利差异

按照成本差异的性质不同,可将其分为有利差异和不利差异。

如果实际成本大于标准成本,就会出现不利差异；反之,如果实际成本小于标准成本,就会出现有利差异。不利差异和有利差异仅仅是实际成本与标准成本相比较的表面现象,并不等同于不良差异和良好差异,还必须对生产经营中所产生的成本差异进行深入的分析和研究,寻找其中具体原因和责任所在,并在此基础之上,制定相应的措施,实施成本控制,从而在真正意义上强化标准成本制度的推行。如材料价格出现有利差异可能是因为购买质量低劣的材料引起的,这就有可能造成材料用量发生不利差异或者产品质量下降,对企业是不利的。一项差异是不是良好的,应该看差异发生的原因,这要通过调查才能确定。若不惜质量去盲目追求有利差异,则该差异将会向不利方面转化。

（三）纯差异和混合差异

按照成本差异与其他因素的关系不同,可将其分为纯差异与混合差异。

纯差异,是指企业在生产经营中或者由价格因素单独变动,或者由用量因素单独变动而引起的实际成本与标准成本之间的成本差异。

混合差异,是指由于价格因素和用量因素共同作用所引起的实际成本与标准成本之间的成本差异。

在实际工作中,混合差异数额相对较小,且产生的原因复杂。所以,为了简化核算手续,通常不单独计算混合差异,而是将其与其他差异一并计算。由于混合差异是由双重因素引起的差异,企业可视具体情况以及差异的重要程度决定其归属。在正常情况下,企业的用量差异是成本控制的重点,为了进行正确的考核和评价,往往将混合差异合并到价格差异中。

（四）可控差异和不可控差异

按照成本差异形成与管理者的主观努力程度的关系不同,可将其分为可控差异与不可控差异。

可控差异,是指与主观努力程度密切相关的成本差异,它是成本控制的重点。

不可控差异,是指与主观努力程度关系不大的成本差异,该差异形成或者变动主要受客观因素的制约。

二、直接材料成本差异的计算与分析

直接材料成本差异,是指一定产量产品的直接材料实际成本与直接材料标准成本之间的差异。其计算公式如下:

直接材料成本差异＝直接材料实际成本－直接材料标准成本
　　　　　　　　＝实际价格×实际用量－标准价格×标准用量
　　　　　　　　＝实际价格×实际用量－实际用量×标准价格＋实际用量×标准价格－标准价格×标准用量
　　　　　　　　＝实际用量×(实际价格－标准价格)＋(实际用量－标准用量)×标准价格
　　　　　　　　＝直接材料价格差异＋直接材料数量差异

材料成本是变动成本,其实际成本的高低取决于实际用量和实际价格,标准成本的高低取决于标准用量和标准价格,所以其成本差异可以归结为价格脱离标准造成的价格差异与用量脱离标准造成的数量差异两类。其计算公式如下:

材料价格差异＝(实际价格－标准价格)×实际用量
　　　　　　＝(实际价格－标准价格)×实际产量×材料单位实际耗用量

材料数量差异＝(材料单位实际耗用量－材料单位标准耗用量)×标准价格

有关数据之间的关系如下所示:

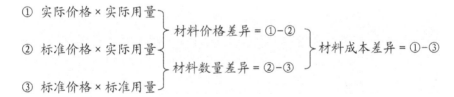

【例 11-1】 长胜公司生产甲产品需使用一种 A 材料。本期生产甲产品 200 件,耗用 A 材料 900 千克,A 材料的实际价格为 100 元/千克。假设 A 材料的标准价格为 110 元/千克,单位甲产品的 A 材料标准用量为 5 千克,那么,A 材料的成本差异分析如下:

材料价格差异＝(100－110)×900
　　　　　　＝－9 000(元) （有利差异）

材料用量差异＝110×(900－5×200)
　　　　　　＝－11 000(元) （有利差异）

材料成本差异＝实际成本－标准成本

$$=100 \times 900 - 110 \times 1\,000$$
$$=-20\,000(元) \quad (有利差异)$$

或者 　＝价格差异＋数量差异
$$=-9\,000+(-11\,000)$$
$$=-20\,000(元) \quad (有利差异)$$

从例 11-1 中可以知道，由于材料价格方面的原因使得材料成本下降了 9 000 元，而由于材料用量的节约使得材料成本下降了 11 000 元。

材料价格差异是在采购过程中形成的，不应由耗用材料的生产部门负责，而应由采购部门对其做出说明。采购部门未能按标准价格进货的原因有许多，如供应厂家价格变动、未按经济采购批量进货、未能及时订货造成的紧急订货、采购时舍近求远使运费和途耗增加、不必要的快速运输方式、违反合同被罚款、承接紧急订货造成的额外采购等。当然，有些因素是采购部门无法控制的，如通货膨胀因素的影响、国家对原材料价格的调整等。

影响材料用量的因素也是多种多样的，包括生产工人的技术熟练程度和对工作的责任感、材料的质量、生产设备的状况等。一般来说，用量超过标准可能是因为工人粗心大意、缺乏培训或者技术素质较低等原因造成的，应由生产部门负责。但用量差异有时也会由其他部门的原因所造成，如采购部门购入了低质量的材料，致使生产部门用量过多，由此而产生的材料用量差异应由采购部门负责；又如，由于设备管理部门的原因致使生产设备不能完全发挥其生产能力，造成材料用量差异，则应由设备管理部门负责。

对于材料价格差异和材料用量差异，一定要做深入的分析研究，查明产生差异的真正原因，分清各部门的经营责任，只有在科学分析的基础上才能进行有效的控制，找出和分析造成差异的原因是进行有效控制的基础。

三、直接人工成本差异的计算与分析

直接人工成本差异，是指一定产量产品的直接人工实际成本与直接人工标准成本之间的差额。其计算公式如下：

直接人工成本差异＝直接人工实际成本－直接人工标准成本
　　　　　　　　＝实际工资率×实际工时－标准工资率×标准工时
　　　　　　　　＝实际工资率×实际工时－标准工资率×实际工时＋标准工资率×实际工时－标准工资率×标准工时
　　　　　　　　＝实际工时×(实际工资率－标准工资率)＋(实际工时－标准工时)×标准工资率
　　　　　　　　＝工资率差异＋人工效率差异

直接人工成本差异包括直接人工工资率差异和直接人工效率差异。直接人工工资率差异即直接人工价格差异，是指实际工资率脱离标准工资率，其差额按实际工时计算确定的金额。直接人工效率差异即直接人工工时耗用量差异，是指实际工时脱离标准工时，其差额按标准工资率计算确定的金额。其计算公式如下：

直接人工工资率差异＝实际工时×(实际工资率－标准工资率)
直接人工效率差异＝(实际工时－标准工时)×标准工资率

有关数据之间的关系如下所示：

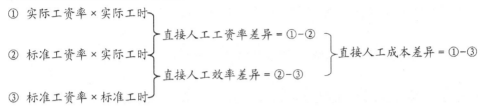

【例 11-2】 长盛公司本期生产甲产品 200 件，实际耗用人工 8 000 小时，实际工资总额 80 000 元，平均每工时 10 元。假设标准工资率为 9 元，单位产品的工时耗用标准为 28 小时，那么，直接人工成本差异率分析如下：

直接人工工资率差异 =（10－9）×8 000
　　　　　　　　　 = 8 000(元)　（不利差异）
直接人工效率差异 = 9×(8 000－200×28)
　　　　　　　　 = 21 600(元)　（不利差异）
直接人工成本差异 = 实际人工成本－标准人工成本
　　　　　　　　 = 10×8 000－9×200×28
　　　　　　　　 = 29 600(元)　（不利差异）
　　　或者　　　 = 直接人工工资率差异＋直接人工效率差异
　　　　　　　　 = 8 000＋21 600
　　　　　　　　 = 29 600(元)　（不利差异）

从例 11-2 中可以知道，由于实际工资率高于标准工资率造成直接人工成本上升 8 000 元，单位实际人工工时耗用量超过单位标准人工工时耗用量所产生的直接人工效率差异为 21 600 元。

实际工资率高于标准工资率，可能是由于生产过程中使用了工资级别较高、技术水平较高的工人从事了要求较低的工作，从而造成了浪费；影响人工效率的因素是多方面的，包括生产工人的技术水平、生产工艺过程、原材料的质量以及设备的状况等。所以，在找出差异的同时要分析产生差异的具体原因，分清不同的责任部门，才能采取有效的控制措施。

四、制造费用成本差异的计算与分析

在一定的业务量范围内，制造费用各明细项目按照是否随业务量的变动而变动具体分为变动制造费用和固定制造费用两个部分，二者的特性不同，具体差异的分析方法也有所不同。

（一）变动制造费用差异的计算与分析

变动制造费用差异，是指一定产量产品的实际变动制造费用与标准变动制造费用之间的差额。其计算公式如下：

变动制造费用差异 = 实际变动制造费用－标准变动制造费用
　　　　　　　　 = 实际分配率×实际工时－标准分配率×标准工时
　　　　　　　　 = 实际分配率×实际工时－标准分配率×实际工时＋标准分配率×实际工时－标准分配率×标准工时

$$= 实际工时 \times (实际分配率 - 标准分配率) + (实际工时 - 标准工时) \times 标准分配率$$

$$= 变动制造费用耗费差异 + 变动制造费用效率差异$$

变动制造费用差异包括变动制造费用耗费差异和变动制造费用效率差异,即"价差"和"量差"两个部分。其中,变动制造费用耗费差异或称价差,是指变动制造费用的实际小时分配率脱离标准,按实际工时计算的金额,反映耗费水平的高低;变动制造费用效率差异或称量差,是实际工时脱离标准工时,按标准小时费用率计算确定的金额,反映工作效率变化引起的费用节约或者超支。其计算公式如下:

$$变动制造费用耗费差异 = 实际工时 \times (实际分配率 - 标准分配率)$$

$$变动制造费用效率差异 = (实际工时 - 标准工时) \times 标准分配率$$

现将以上公式综合如下:

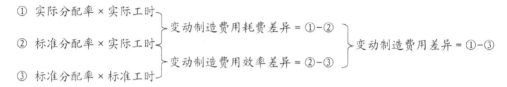

【例11-3】 长盛公司本期生产甲产品200件,实际耗用人工8 000小时,实际发生变动制造费用20 000元,变动制造费用实际分配率为每直接人工工时2.50元。假设变动制造费用标准分配率为3元,标准耗用人工6 000小时。那么,变动制造费用差异分析如下:

变动制造费用耗费差异 $= 8\,000 \times (2.50 - 3)$
$\qquad\qquad\qquad\quad = -4\,000(元)\ (有利差异)$

变动制造费用效率差异 $= (8\,000 - 6\,000) \times 3$
$\qquad\qquad\qquad\quad = 6\,000(元)\ (不利差异)$

变动制造费用成本差异 $=$ 实际变动制造费用 $-$ 标准变动制造费用
$\qquad\qquad\qquad\quad = 20\,000 - 3 \times 6\,000$
$\qquad\qquad\qquad\quad = 2\,000(元)\ (不利差异)$

$\qquad$ 或者 $\ =$ 变动制造费用耗费差异 $+$ 变动制造费用效率差异
$\qquad\qquad\qquad\quad = -4\,000 + 6\,000$
$\qquad\qquad\qquad\quad = 2\,000(元)\ (不利差异)$

(二)固定制造费用差异的计算与分析

与变动制造费用不同,在一定相关范围内,固定制造费用不会随业务量的变化而变化,这就决定了对其进行控制的方法与变动制造费用不同。

固定制造费用差异,是指一定期间的实际固定制造费用与标准固定制造费用之间的差额。其计算公式如下:

$$固定制造费用成本差异 = 实际固定制造费用 - 标准固定制造费用$$

对固定制造费用差异的分析可以采取两种办法,即二因素分析法和三因素分析法。

1. 二因素分析法

二因素分析法,是指将固定制造费用差异分为耗费差异和能量差异两种类型的方法。

耗费差异,是指固定制造费用的实际金额与固定制造费用预算金额之间的差额。固定费用与变动费用不同,不因业务量的变动而变动,故差异分析有别于变动费用。在考核时不考虑业务量的变动,以原来的预算数作为标准,实际数超过预算数即视为耗费过多。其计算公式为:

固定制造费用耗费差异＝固定制造费用实际数－固定制造费用预算数

能量差异,是指固定制造费用预算数与固定制造费用标准成本的差额,或者说是实际业务量的标准工时与生产能量的差额用标准分配率计算的金额。它反映未能充分使用现有生产能量而造成的损失。其计算公式如下:

固定制造费用能量差异＝固定制造费用预算数－固定制造费用标准成本
　　　　　　　　　　＝固定制造费用标准分配率×生产能量－固定制造费用标准分配率×实际产量标准工时
　　　　　　　　　　＝(生产能量－实际产量标准工时)×固定制造费用标准分配率

【例 11-4】 长盛公司本月实际产量 400 件,发生固定制造成本 1 424 元,实际工时 890 小时;企业生产能量为 500 件,按生产工时计 1 000 小时;每件产品固定制造费用标准成本为 3 元/件,即每件产品标准工时为 2 小时,标准分配率为 1.50 元/小时。那么,固定制造费用差异分析如下:

固定制造费用耗费差异＝1 424－1 000×1.50
　　　　　　　　　　＝－76(元)　(有利差异)
固定制造费用能量差异＝1 000×1.50－400×2×1.50
　　　　　　　　　　＝1 500－1 200
　　　　　　　　　　＝300(元)　(不利差异)
固定制造费用成本差异＝实际固定制造费用－标准固定制造费用
　　　　　　　　　　＝1 424－400×3
　　　　　　　　　　＝224(元)　(不利差异)
　　　或者　　　＝耗费差异＋能量差异
　　　　　　　　＝－76＋300
　　　　　　　　＝224(元)　(不利差异)

2. 三因素分析法

三因素分析法是将固定制造费用成本差异分为耗费差异、效率差异和闲置能量差异三个部分。耗费差异的计算与二因素分析法相同,不同的是要将二因素分析法中的"能量差异"进一步分为两个部分:一部分是实际工时未达到标准能量而形成的闲置能量差异;另一部分是实际工时脱离标准工时而形成的效率差异。其计算公式如下:

固定制造费用闲置能量差异＝固定制造费用预算－实际工时×固定制造费用标准分配率
　　　　　　　　　　　　＝生产能量×固定制造费用标准分配率－实际工时×固定制造费用标准分配率
　　　　　　　　　　　　＝(生产能量－实际工时)×固定制造费用标准分配率
固定制造费用效率差异＝实际工时×固定制造费用标准分配率－实际产量标准工时×固定制造费用标准费率

＝（实际工时－实际产量标准工时）×固定制造费用标准分配率

根据例 11-4 的资料计算：

固定制造费用闲置能量差异＝（1 000－890）×1.50＝165（元）（不利差异）

固定制造费用效率差异＝（890－400×2）×1.50＝135（元）（不利差异）

三因素分析法的闲置能量差异（165 元）与效率差异（135 元）之和为 300 元，与二因素分析法中的"能量差异"数额相同。

第四节　标准成本制度的会计处理

作为一个完整的标准成本会计制度，标准成本的制定和成本差异的计算、分析、控制应当与成本核算结合起来，成为一种成本核算和成本控制相结合的完整体系。采用标准成本制度进行会计处理时，对产品的标准成本与成本差异应分别进行核算。

一、标准成本系统账务处理的特点

为了同时提供标准成本、成本差异和实际成本等成本资料，标准成本系统具有以下特点。

（一）"原材料""基本生产成本""库存商品"账户登记标准成本

在标准成本系统中，"原材料""基本生产成本""库存商品"账户无论是借方和贷方还是余额，均反映实际数量的标准成本。

（二）设置成本差异账户分别记录各种成本差异

在标准成本系统中，要按成本差异的类别设置一系列成本差异账户，如"材料价格差异""材料数量差异""直接人工效率差异""直接人工工资率差异""变动制造费用耗费差异""变动制造费用效率差异""固定制造费用耗费差异""固定制造费用效率差异""固定制造费用能量差异"等。差异账户的设置，要同采用的成本分析方法相适应，为每一种成本差异设置一个账户。成本差异归集的一条通用原则是：不利差异计入借方，有利差异计入贷方。

为了便于考核，各成本差异账户还可以按责任部门设置明细账，分别记录各部门的各项成本差异。

（三）成本的归集及结转方式不同

在登记"原材料""基本生产成本"和"库存商品"账户时，应将实际成本分离为标准成本和有关的成本差异，标准成本数据计入"原材料""基本生产成本"和"库存商品"账户，而有关的差异分别计入各相应成本差异账户；对于发生的制造费用，平时在"变动制造费用"和"固定制造费用"账户归集，月末，将"变动制造费用"和"固定制造费用"账户中的标准成本部分计入"基本生产成本"账户，有关差异分别计入各制造费用差异账户，然后将完工产品的标准成本从"基本生产成本"账户转入"库存商品"账户。随着产品的销售，再将已售产品的标准成本从"库存商品"账户转入"主营业务成本"账户。

下面结合本章的举例来说明月底时成本差异的账务处理。

根据例 11-1 的资料，月底分析计算成本差异后，编制领用材料的会计分录：

借：基本生产成本	110 000	
贷：原材料		90 000
材料价格差异		9 000
材料数量差异		11 000

根据例11-2的资料，月底分析计算成本差异后，编制直接人工成本差异的会计分录：

借：基本生产成本	50 400	
直接人工工资率差异	8 000	
直接人工效率差异	21 600	
贷：应付职工薪酬		80 000

根据例11-3的资料，月底分析计算成本差异后，编制变动制造费用计入产品成本的会计分录：

借：基本生产成本	18 000	
变动制造费用效率差异	6 000	
贷：变动制造费用		20 000
变动制造费用耗费差异		4 000

根据例11-4的资料，月底分析成本差异后，编制固定制造费用计入产品成本的会计分录。

在二因素分析法下：

借：基本生产成本	1 200	
固定制造费用能量差异	300	
贷：固定制造费用		1 424
固定制造费用耗费差异		76

在三因素分析法下：

借：基本生产成本	1 200	
固定制造费用闲置能量差异	165	
固定制造费用效率差异	135	
贷：固定制造费用		1 424
固定制造费用耗费差异		76

（四）期末成本差异的会计处理不同

在前面的举例中，我们介绍了月底将各种成本差异计入各差异账户的会计分录，在各个成本差异账户中对发生的成本差异进行了归集，在"基本生产成本""库存商品"和"主营业务成本"账户中只核算了产品的标准成本。随着产品的出售以及产品成本的结转，期末对所发生的成本差异也应当进行结转和处理。成本差异的处理主要有结转本期损益法和调整销货成本与存货法。

1. 结转本期损益法

结转本期损益法，是指将本期发生的各种成本差异全部转入"主营业务成本"账户，由本期的销售产品负担，并全部从利润表的产品销售收入项下扣减，不再分配给期末在产品和期末库存产成品。这时，期末资产负债表的在产品和产成品项目只反映标准成本。随着产品的出售，应将本期已销产品的标准成本由"库存商品"账户转入"主营业务成本"账户，而各个差异账户的余额则应于期末直接转入"主营业务成本"账户。

采用这种方法的依据是确信标准成本是真正的正常成本,成本差异是不正常的低效率和浪费造成的,应当直接体现在本期损益之中,使利润指标能如实地反映本期生产经营工作和成本控制的全部成效,符合权责发生制的要求。此外,这种方法可以避免期末繁杂的成本差异分配工作,账务处理也比较简便。但是,如果差异数额较大或者制定的标准成本不符合实际的正常水平,则不仅使存货成本严重脱离实际成本,而且会歪曲本期经营成果,因此,这种方法要求标准成本的制定要合理和切合实际并且要不断进行修订。在成本差异数额不大时采用这种方法为宜。

2. 调整销货成本与存货成本法

按照调整销货成本与存货成本法,在会计期末将成本差异按比例分配至已销产品成本和存货成本。

采用这种方法的依据是税法和会计制度均要求以实际成本反映存货成本和销货成本。本期发生的成本差异,应由存货成本和销货成本共同负担。当然,这种做法会增加一些计算分配的工作量。此外,有些费用计入存货成本不一定合理,如闲置能量差异是一种损失,并不能在未来换取收益,作为资产计入存货成本明显不合理,不如作为期间费用在当期参加损益汇总。

成本差异的处理方法选择要考虑许多因素,包括差异的类型(材料、人工或者制造费用)、差异的大小、差异的原因、差异的时间(如季节性变动引起的非常性差异)等。因此,可以对各种成本差异采用不同的处理方法,如材料价格差异多采用调整销货成本与存货法,闲置能量差异多采用结转本期损益法,其他差异则可视企业具体情况而定。值得强调的是,差异处理的方法要保持一贯性,以便使成本数据保持可比性,防止信息使用人发生误解。

二、标准成本制度会计处理举例

【例 11-5】 昌盛公司产品成本核算采用标准成本法。本年度产品生产消耗标准、费用预算以及 10 月份的生产、销售和结存情况如下。

(1) 单位产品标准成本

直接材料(100 千克×0.30 元/千克)	30 元
直接人工(8 小时×4 元/小时)	32 元
变动制造费用(8 小时×1.50 元/小时)	12 元
固定制造费用(8 小时×1 元/小时)	8 元
单位产品标准成本	82 元

(2) 费用预算

生产能量	4 000 小时
变动制造费用	6 000 元
固定制造费用	4 000 元
变动制造费用标准分配率(6 000/4 000)	1.5 元/小时
固定制造费用标准分配率(4 000/4 000)	1 元/小时
变动销售费用	2 元/件
固定销售费用	24 000 元
管理费用	3 000 元

(3) 本年 10 月份生产及销售情况

月初在产品存货 50 件,其标准成本为 2 800 元。由于原材料一次投入,在产品存货中含原材料成本 1 500 元(50 件×30 元/件)。其他成本项目采用约当产量法计算,在产品约当完工产品的系数为 0.5;50 件在产品的其他成本项目共 1 300 元〔50 件×0.5×(32 元/件+12 元/件+8 元/件)〕。本月投产 450 件,完工入库 430 件,月末在产品 70 件。

本月初产成品存货 30 件,其标准成本为 2 460 元(30 件×82 元/件)。本月完工入库 430 件,本月销售 440 件,月末产成品存货 20 件,销售单价 150 元/件。

本年 10 月份发生的有关业务及其会计处理如下:

① 本月购入第一批原材料 30 000 千克,实际成本每千克 0.27 元,共计 8 100 元。

标准成本=30 000×0.3=9 000(元)

实际成本=30 000×0.27=8 100(元)

价格差异=30 000×(0.27-0.30)=-900(元) (有利差异)

其会计分录为:

借:原材料	9 000	
贷:材料价格差异		900
应付账款		8 100

② 本月购入第二批原材料 20 000 千克,实际成本每千克 0.32 元,共计 6 400 元。

标准成本=20 000×0.30=6 000(元)

实际成本=20 000×0.32=6 400(元)

价格差异=20 000×(0.32-0.30)=400(元) (不利差异)

其会计分录为:

借:原材料	6 000	
材料价格差异	400	
贷:应付账款		6 400

③ 本月投产 450 件,领用材料 45 500 千克。

应耗材料标准成本=450×100×0.30=13 500(元)

实际领料标准成本=45 500×0.30=13 650(元)

材料数量差异=(45 500-450×100)×0.30=150(元) (不利差异)

其会计分录为:

借:基本生产成本	13 500	
材料数量差异	150	
贷:原材料		13 650

④ 本月实际使用直接人工 3 500 小时,支付工资 14 350 元,平均每小时 4.10 元。

其会计分录为:

借:应付职工薪酬	14 350	
贷:银行存款		14 350

⑤ 本月在产品约当完工产品的系数为 0.5,月初在产品 50 件,本月完工入库 430 件,月末在产品 70 件。

本月完成产品的约当产量为=70×0.5+430-50×0.5=440(件)

标准人工成本＝440×8×4＝14 080(元)

实际人工成本＝3 500×4.10＝14 350(元)

直接人工效率差异＝(3 500－440×8)×4＝－80(元) （有利差异）

直接人工工资率差异＝3 500×(4.10－4)＝350(元) （不利差异）

其会计分录为：

借：基本生产成本 14 080
　　直接人工工资率差异 350
　贷：直接人工效率差异 80
　　　应付职工薪酬 14 350

⑥ 本月实际发生变动制造费用5 600元，实际费用分配率为1.60(5 600÷3 500)元/小时。

其会计分录为：

借：变动制造费用 5 600
　贷：各有关账户 5 600

⑦ 将本月变动制造费用计入产品成本：

标准成本＝440×8×1.50＝5 280(元)

实际成本＝3 500×1.60＝5 600(元)

变动制造费用效率差异＝(3 500－440×8)×1.50＝－30(元) （有利差异）

变动制造费用耗费差异＝3 500×(1.60－1.50)＝350(元) （不利差异）

其会计分录为：

借：基本生产成本 5 280
　　变动制造费用耗费差异 350
　贷：变动制造费用效率差异 30
　　　变动制造费用 5 600

⑧ 本月实际发生固定制造费用3 675元，实际费用分配率为1.05(3 675÷3 500)元。

其会计分录为：

借：固定制造费用 3 675
　贷：各有关账户 3 675

⑨ 将本月固定制造费用计入产品成本：

标准成本＝440×8×1＝3 520(元)

实际成本＝3 500×1.05＝3 675(元)

固定制造费用耗费差异＝3 675－4 000＝－325(元) （有利差异）

固定制造费用闲置能量差异＝(4 000－3 500)×1＝500(元) （不利差异）

固定制造费用效率差异＝(3 500－440×8)×1＝－20(元) （有利差异）

其会计分录为：

借：基本生产成本 3 520
　　固定制造费用闲置能量差异 500
　贷：固定制造费用耗费差异 325
　　　固定制造费用效率差异 20

|　　固定制造费用|3 675|

⑩ 本月完工成品430件,结转完工产品成本。

完工产品标准成本＝430×82＝35 260(元)

其会计分录为：

借：库存商品　　　　　　　　　　　　　　　　　　　　　35 260
　　贷：基本生产成本　　　　　　　　　　　　　　　　　　　35 260

上述会计分录过账后,"基本生产成本"账户余额为3 920元,其中材料标准成本2 100元(70×30),直接人工成本1 120元(70×32×0.5),变动制造费用420元(70×12×0.5),固定制造费用280元(70×8×0.5)。

⑪ 本月产品销售440件,假如不考虑有关税金的因素。

其会计分录为：

借：应收账款　　　　　　　　　　　　　　　　　　　　　　55 000
　　贷：主营业务收入　　　　　　　　　　　　　　　　　　　55 000

⑫ 结转已销售产品成本＝440×82＝36 080(元)

其会计分录为：

借：主营业务成本　　　　　　　　　　　　　　　　　　　　36 080
　　贷：库存商品　　　　　　　　　　　　　　　　　　　　　36 080

上述会计分录过账后,"库存商品"账户期末余额为1 640元。它反映20件期末存货的标准成本(20件×82元/件)。

⑬ 本月实际发生变动销售费用968元,固定销售费用2 200元,管理费用3 200元。

其会计分录为：

借：变动销售费用　　　　　　　　　　　　　　　　　　　　　968
　　固定销售费用　　　　　　　　　　　　　　　　　　　　2 200
　　管理费用　　　　　　　　　　　　　　　　　　　　　　3 200
　　贷：各有关账户　　　　　　　　　　　　　　　　　　　　6 368

⑭ 结转成本差异。假设昌盛公司采用结转本期损益法处理成本差异,其会计分录为：

借：主营业务成本　　　　　　　　　　　　　　　　　　　　　395
　　材料价格差异　　　　　　　　　　　　　　　　　　　　　500
　　直接人工效率差异　　　　　　　　　　　　　　　　　　　 80
　　变动制造费用效率差异　　　　　　　　　　　　　　　　　 30
　　固定制造费用耗费差异　　　　　　　　　　　　　　　　　325
　　固定制造费用效率差异　　　　　　　　　　　　　　　　　 20
　　贷：材料数量差异　　　　　　　　　　　　　　　　　　　150
　　　　直接人工工资率差异　　　　　　　　　　　　　　　　350
　　　　变动制造费用耗费差异　　　　　　　　　　　　　　　350
　　　　固定制造费用能量差异　　　　　　　　　　　　　　　500

昌盛公司10月份采用标准成本法的会计处理如图11-1所示。

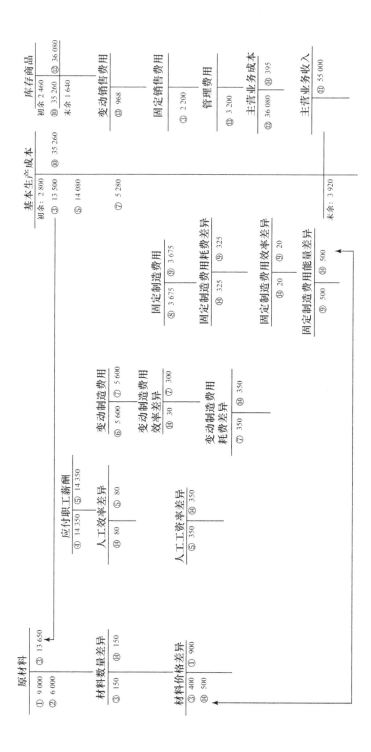

图11-1 标准成本会计制度账务处理程序示意图

本章基本训练

一、单项选择题

1. 以现有生产经营条件处于最优状态为基础确定的最低水平的成本,称为（　　）。
   A. 理想标准成本　　　　　　　　　　B. 正常标准成本
   C. 现实标准成本　　　　　　　　　　D. 可达到标准成本

2. 在标准成本控制下的成本差异指的是（　　）。
   A. 实际成本与标准成本的差异　　　　B. 实际成本与计划成本的差异
   C. 预算成本与标准成本的差异　　　　D. 实际成本与预算成本的差异

3. 在实际工作中较为广泛的标准成本是（　　）。
   A. 基本标准成本　　　　　　　　　　B. 理想标准成本
   C. 正常标准成本　　　　　　　　　　D. 可达到标准成本

4. 某企业甲产品预算产量为 10 000 件,固定制造费用预算额为 5 000 元,单位产品人工为 1 小时。本年实际生产甲产品 12 000 件,实际固定制造费用分配率为 0.5 元/小时,单位产品人工为 1 小时。则固定制造费用耗费差异为（　　）。
   A. 100 元　　　　B. 0 元　　　　C. 1 200 元　　　　D. 1 000 元

5. 固定制造费用实际金额与其预算金额的差额称为（　　）。
   A. 开支差异　　　　　　　　　　　　B. 能量差异
   C. 效率差异　　　　　　　　　　　　D. 闲置能量差异

6. 计算价格差异应当以（　　）为基础。
   A. 实际数量　　　B. 标准数量　　　C. 标准价格　　　D. 实际价格

7. 标准成本制度的重点是（　　）。
   A. 标准成本的制定　　　　　　　　　B. 成本差异的计算与分析
   C. 成本控制　　　　　　　　　　　　D. 成本差异的账务处理

8. 固定制造费用差异是指（　　）之间的差异。
   A. 实际产量下的实际固定制造费用与标准固定制造费用
   B. 标准产量下的实际固定制造费用与标准固定制造费用
   C. 实际产量下的固定制造费用与标准产量下的标准固定制造费用
   D. 标准产量下的标准固定制造费用与标准产量下的实际固定制造费用

9. 在标准成本差异分析中,材料价格差异是根据实际数量与价格脱离标准的差额计算的。其中,材料的实际数量是指（　　）。
   A. 采购数量　　　B. 入库数量　　　C. 领用数量　　　D. 耗用数量

10. 固定制造费用的闲置能量差异是指（　　）。
    A. 未能充分使用现有生产能量而形成的差异
    B. 实际工时未达到标准生产能量而形成的差异
    C. 实际工时脱离标准工时而形成的差异
    D. 固定制造费用的实际金额脱离预算金额的差异

二、多项选择题

1. 成本控制按发生时间分为（   ）。
   A. 事前控制   B. 事中控制   C. 事后控制   D. 目标控制
2. 下列各项属于价格差异的是（   ）。
   A. 人工效率差异   B. 直接人工工资率差异
   C. 变动制造费用耗费差异   D. 固定制造费用效率差异
3. 组成变动制造费用差异的是（   ）。
   A. 变动制造费用能量差异   B. 变动制造费用耗费差异
   C. 变动制造费用效率差异   D. 固定制造费用耗费差异
4. 构成固定制造费用差异的是（   ）。
   A. 固定制造费用能量差异   B. 固定制造费用耗费差异
   C. 固定制造费用效率差异   D. 变动制造费用效率差异

三、实务题

（一）练习固定制造费用差异的分析

某企业月固定制造费用预算总额为 100 000 元，固定制造费用标准分配率为 10 元/小时，本月固定制造费用实际开支额为 88 000 元，生产甲产品 4 000 件，其单位产品标准工时为 2 小时/件，实际工时 7 400 小时。

要求：分别用二因素分析法和三因素分析法进行固定制造费用的分析。

（二）练习直接材料成本差异的分析

某企业采用标准成本法核算甲产品成本。单位产品的直接材料标准成本为 135 元，其中，用量标准 3 千克/件，价格标准 45 元/千克。本月购入 A 材料 32 000 千克，实际价格 40 元/千克，共计 1 280 000 元。本月投产甲产品 8 000 件，领用 A 材料 30 000 千克。

要求：(1) 计算购入材料的价格差异；(2) 计算领用材料的数量差异。

第十二章 作业成本法

【本章学习目标】

1. 了解作业成本法的含义、特点和适用范围。
2. 理解作业、作业成本库、成本动因等概念。
3. 掌握作业成本法的成本核算程序和具体应用。
4. 明确作业成本法与传统成本法的区别。

第一节 作业成本法概述

20世纪70年代以来,随着社会化大生产和劳出动生产率的迅速提高,生产的自动化程度大幅度提高,市场竞争日益加剧,企业迫切需要降低成本、增加利润。在这种背景下,1971年美国会计学者斯托布斯出版了具有重大影响的《作业成本计算和投入产出会计》一书,形成了作业成本计算法完整的理论体系。

一、作业成本法的含义

传统的成本计算方法把产品成本区分为直接材料、直接人工、燃料动力和制造费用等成本项目。制造费用属于间接费用,而且假定其基本上和直接生产过程相关,故将其按不同产品所耗直接人工工时或者机器工时的比例分配计入产品成本。而在现代制造业中,间接费用的比重有了极大的提高,并且不一定直接与生产过程有关,许多费用完全发生在制造过程以外,如设计生产程序费用、组织协调生产过程费用、组织订单费用等,间接费用的结构和可归属性发生了很大的改变。这种结构的间接费用在性质上已经和传统生产条件下的制造费用有所不同,加之现代制造业自动化程度日益提高,直接人工成本大大减少,再用传统的方法将间接费用分配给最终产品或者服务就显得很不合理。

作业成本法认为,就某一个制造中心所有的费用支出只要是合理的、有效的,都是对最终产出有益的支出,因而都应计入产品成本。其核心内容是:在计算产品成本时,先将制造费用归于每一作业,然后再将每一作业成本分摊到产品成本中。作业成本法强调费用支出的合理有效性,而不论其是否与产出直接有关。虽然作业成本法也使用"期间费用"这一概念,但此时期间费用汇集的是所有无效的、不合理的支出,而不是与生产无直接关系的支出。之所以采用这种处理方法是因为作业成本法认为,并非所有的资源耗费都是有效的,也并非所有的作业都可以增加转移给顾客的价值。一般而言,对最终产出有意义的资源耗费称为有效资源耗费,能增加转移给顾客价值的作业称为增值作业,否则,称为无效资源耗费和非增值作业。企业将无效资源耗费和非增值作业耗费计入期间费用是希望通过作业管理消除这些耗费。另外,作业成本法下的成本项目是按照作业类别设置的。

二、作业成本法的相关概念

(一)资源

资源一般分为货币资源、材料资源、人力资源和动力资源等。如果把整个制造中心(即作业系统)看成是一个与外界进行物质交换的投入-产出系统,则所有进入该系统的人力、物力、财力等都属于资源范畴。资源进入该系统,并非都被消耗,即使被消耗,也不一定都是对形成最终产出有意义的消耗。因此,应当将资源耗费区分为有用消耗和无用消耗,只把有用消耗的资源价值分解到作业中去。

(二)作业

作业是作业成本会计的最基本的概念,是成本分配的第一对象。从管理的角度看,作业就是指企业生产过程中的各个工序和环节。但从作业成本计算的角度看,作业是企业为提供一定量的产品或者劳务所消耗的人力、技术、原材料、方法和环境等的集合体。作业可以根据不同的标准从不同的角度进行分类。

1. 成本目标作业和维持性作业

按照作业成本的可归属性,作业可以分为成本目标作业和维持性作业。

成本目标作业,是指使产品或者顾客受益的作业。此类作业可以进一步分为:单位作业,是指使单位产品受益的作业,如机器的折旧及动力等;批别作业,是指使一批产品受益的作业,如对各批产品的机器准备、材料处理、订单处理、产品检验等;产品作业,是指使某种产品的每个单位都受益的作业,如对一种产品编制数控规划、材料计划、材料采购等。

维持性作业或称服务性作业,是指使某个部门或者机构受益的作业,即支持整个企业组织的作业,如行政管理、会计处理、秘书工作等,它与产品的种类和某种产品的多少无关。

2. 主要作业和次要作业

按照作业所处的地位(重要程度),作业可以分为主要作业和次要作业。

主要作业,是指直接为部门或者组织的使命做出贡献,其产出被用于组织单位外部的作业。

次要作业,是指在部门内部协助主要作业的作业。如产品设计与改良属于企业技术部门主要作业,技术人员参加会议、进行专业培训则属于次要作业。

3. 增值作业和非增值作业

按照作业是否起增值作用,作业可以分为增值作业和非增值作业。

增值作业,是指能给顾客带来附加价值,从而为企业带来利润的作业。它们是制造产品所必需的作业。

非增值作业,就是不能给顾客带来附加价值的作业。由于它们不能为企业的最终产品增加价值,从根本上说是无效的,没有它们并不会对最终产品的质量或者客户对产品的特定要求造成任何损害,从满足顾客和社会需要的角度来看是一种浪费,如企业内部产品的搬运作业、质量损失等。

（三）作业中心

作业中心是负责完成某一项特定产品制造功能的一系列作业的集合。作业中心既是成本汇集中心，又是责任考核中心。一个企业往往有若干个作业，一个作业中心是相关作业的集合，它提供有关每项作业的成本信息、每项作业所耗资源的信息以及作业执行情况的信息。

（四）成本动因

成本动因就是引起成本发生的因素。在作业成本计算法中涉及的成本动因有资源动因和作业动因两类。

1. 资源动因

资源动因，是指资源消耗量与作业量之间的关系，即作业消耗资源、作业量的多少决定资源的耗用量。资源动因作为一种分配基础，它反映了作业中心对资源的耗费情况，是将资源成本分配到作业中心的标准。通过分析资源动因，促使企业合理配置资源，寻求降低作业成本的途径。

2. 作业动因

作业动因，是指作业消耗量与最终产出之间的关系，即产品消耗作业，它是将作业成本分配到产品或者劳务的标准，也是资源消耗与最终产品相沟通的中介。通过分析作业动因，可以提示企业哪些作业是多余的，帮助管理者发现和减少不增值的作业，寻求降低整体成本的途径。

第二节 作业成本法的基本原理和成本核算程序

一、作业成本法的基本原理

作业成本法的基本原理是：(1) 作业消耗资源，产品消耗作业；(2) 生产导致作业的产生，作业导致成本的发生。作业成本法首先将间接费用归集到以作业为基础的成本库中，然后将归集的间接费用按不同的作业动因率从成本库分配到产品或者产品线中。

二、作业成本法的成本核算程序

（一）建立作业中心

通过分析产品生产所发生的各项作业，区分主要作业和次要作业，将同质的作业确认为作业中心。对每一作业中心都按资源类别设立资源库，把该中心所耗资源价值归集到各资源库中。这样，可以从资源耗费的最初形态上把握各种资源归集到各作业中心的状况。

（二）计算各项作业成本

确定资源动因，根据作业对资源的耗费，按作业项目记录和归集费用，将归集起来的可追溯成本分配到各作业中心，计算各项作业成本。

（三）分配作业成本

确定作业动因，根据各产品所消耗作业的数量，将作业成本分配给各产品。

（四）计算各产品成本

将各产品在各成本库中的作业成本分别汇总，计算出各产品的总成本或单位成本。

作业成本法的成本核算程序如图 12-1 所示。

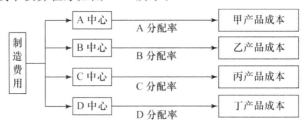

图 12-1　作业成本法的成本核算程序

三、作业成本法的适用条件

作业成本法是一种先进科学的方法,但并非适用于所有的企业,对于企业规模小、产品范围窄、制造费用低、作业类型不稳定的企业则不宜采用。采用作业成本法必须满足以下条件。

1. 企业规模大,产品种类多

如果企业生产单一品种,为生产该产品而发生的直接材料、直接人工、燃料动力和制造费用最终都由该产品来负担,不存在制造费用的分配问题,则不需要采用作业成本法。只有在产品种类较多,各种产品耗用作业量不同的情况下,采用作业成本法,先将制造费用按作业中心归集,然后根据各种产品耗用作业量的不同比例向产品进行分配,这样才能使计算的产品成本比较正确,从而帮助决策者做出正确的决策。

2. 产品成本构成中,制造费用比重大

作业成本法主要是为了解决制造费用传统分配方法的不合理而产生的,随着现代制造业自动化程度的日益提高,产品成本中制造费用的比重较以往有了大幅度提高,且这些费用与各种产品的生产工时的直接相关性大大降低,这时如果再采用传统的成本计算方法进行制造费用的分配,必然降低了成本计算的准确性,进而影响决策的效果。

3. 产品工艺过程复杂,作业环节多

在企业或者企业的某一个车间生产产品的结构、工艺制造过程复杂,所要经过的工序、作业环节较多的情况下,传统的成本计算方法不考虑各种产品耗用不同作业的情况,统一采用一个标准分配,使成本资料不够准确。而作业成本法按照成本动因进行费用的分配,使直接归属于某种产品的成本比重大大增加,而按人为标准分配于某种产品成本的比重大大减少。

4. 各种产品需要技术服务的层次不同

各种产品所运用的作业不相同,所运用的技术方法也存在明显的差异,如各种产品生产准备时间长短的差别,各种产品机器加工时间长短的差别,各种产品质量检验次数多少的差别,各种产品设计复杂程度不同的差别,各种产品所耗材料数量的差别等。若对这些存在较大差异的产品采用单一分配标准进行分配,必然会出现不公平。只有采用作业成本法,对不同的作业采用不同的分配标准,才能保证成本计算的公平合理。

5. 会计电算化程度要求较高

作业成本法是一种较为烦琐的成本计算系统,与传统的成本计算方法相比,除按各种产品归集费用、计算各种产品的成本外,还要以各作业中心为成本计算对象归集成本,成本计算对象的数量增加、程序复杂、工作量增大,同时成本计算的及时性要求提高。因此,作业成本法需借助于现代化的计算和账务处理手段来进行,以保证成本计算的准确、可靠、及时。

四、作业成本法的优点和局限性

作业成本法具有的优点包括:企业可以获得更准确的有关产品和产品生产线成本的信息;有利于改进成本控制;为企业战略管理提供成本信息支持。

作业成本法的局限性表现在:作业成本法的成本动因数量多,开发和维护费用高;采用作业成本法,要确定成本动因比较困难,武断地进行间接成本分配会扭曲成本信息;虽有利于成本的管理和控制,却降低了成本信息对于管理控制的作用。

第三节 作业成本法应用案例

【例 12-1】 某企业生产甲、乙两种产品,甲产品由部件 1 和部件 2 各一件组成,乙产品由部件 3 和部件 4 各一件组成。甲产品是标准化的产品,进行不间断的大批量生产;乙产品则按顾客的订单进行小批量生产。该企业对产品所消耗的直接材料、直接人工和燃料动力直接计入各产品成本,甲、乙两种产品的直接材料费用分别为 4 000 元、8 000 元,直接人工费用分别为 2 000 元、3 000 元,对制造费用则分设作业中心进行归集,然后再按作业动因进行分配,企业共设材料处理、起动准备、设备维修、机器加工和质量检验 5 个作业中心。2015 年 6 月该企业各作业中心资源耗费及成本动因资料和各产品作业成本动因数量资料分别参见表 12-1 和表 12-2。

要求:用作业成本法计算两种产品的产品成本。

表 12-1 各项作业资源耗费及成本动因

2015 年 6 月

作业中心	资源耗费/元	成本动因
材料处理	5 800	材料搬运数量
起动准备	5 200	准备次数
设备维修	4 000	维修小时
机器加工	8 500	机器小时
质量检验	2 000	检验次数
合计	25 500	—

表 12-2 作业成本动因数量

2015 年 6 月

作业中心	成本动因	部件 1	部件 2	部件 3	部件 4	合 计
材料处理	材料搬运数量	8	10	15	25	58
起动准备	准备次数	2	2	10	12	26
设备维修	维修小时	50	70	90	190	400
机器加工	机器小时	2 000	3 000	2 000	1 500	8 500
质量检验	检验次数	20	20	30	30	100

根据表 12-1 和表 12-2 提供的资料,计算各作业中心分配率。

材料处理中心分配率=5 800÷58=100
起动准备中心分配率=5 200÷26=200
设备维修中心分配率=4 000÷400=10
机器加工中心分配率=8 500÷8 500=1
质量检验中心分配率=2 000÷100=20

作业成本法成本计算表参见表 12-3。

表 12-3 作业成本法成本计算表

2015 年 6 月

作业中心	分配率	分配金额/元										合 计	
		部件 1		部件 2		部件 3		部件 4					
		动因	成本	动因	成本	动因	成本	动因	成本			动因	成本
材料处理	100	8	800	10	1 000	15	1 500	25	2 500			58	5 800
起动准备	200	2	400	2	400	10	2 000	12	2 400			26	5 200
设备维修	10	50	500	70	700	90	900	190	1 900			400	4 000
机器加工	1	2 000	2 000	3 000	3 000	2 000	2 000	1 500	1 500			8 500	8 500
质量检验	20	20	400	20	400	30	600	30	600			100	2 000
合计			4 100		5 500		7 000		8 900				25 500

由表 12-3 可以看出,分配给甲产品的制造费用是 9 600(4 100+5 500)元,分配给乙产品的制造费用是 15 900(7 000+8 900)元。因为,甲产品是由部件 1 和部件 2 各一件组成,乙产品是由部件 3 和部件 4 各一件组成。企业产品成本汇总表参见表 12-4。

表 12-4 产品成本汇总表

2015 年 6 月   金额单位:元

产品名称	直接材料	直接人工	制造费用	合 计
甲产品	4 000	2 000	9 600	15 600
乙产品	8 000	3 000	15 900	26 900
合计	12 000	5 000	25 500	42 500

例 12-1 若按照传统的成本计算方法,制造费用按机器工时作为分配标准,则甲、乙两种产品负担的制造费用分配如下:

制造费用分配率=25 500÷8 500=3(元/小时)
甲产品负担的制造费用=(2 000+3 000)×3=15 000(元)
乙产品负担的制造费用=(2 000+1 500)×3=10 500(元)

作业成本法与传统成本法两种方法分配制造费用结果的比较参见表 12-5。

表 12-5 作业成本法与传统成本法分配制造费用结果的比较

2015 年 6 月   金额单位:元

产品名称	作业成本法	传统成本法	差 额
甲产品	9 600	15 000	−5 400
乙产品	15 900	10 500	5 400
合计	25 500	25 500	0

从表 12-5 中计算可以看出,按作业成本法计算的甲产品负担的制造费用比传统的成本计算方法少 5 400 元,而乙产品负担的制造费用比传统的成本计算方法多 5 400 元。制造费用的分配方法不同是造成两种方法费用差异的主要原因,传统的成本计算方法以机器小时作为标准来分配制造费用,忽视了各种产品生产的复杂程度不同所引起的作业量的差异,尽管乙产品是按客户订单组织加工生产,生产工艺较复杂,但由于所用机器工时比甲产品少,所以负担的制造费用也少。

【例 12-2】 甲公司的主要业务是生产服装服饰。2015 年 10 月份该公司的服装生产车间生产 3 种款式的男式正装和 2 种款式的女式正装,男式正装和女式正装分别由两条独立的生产线进行加工生产,每条生产线都有自己的技术部门。本月甲公司接受了一项订单:生产 5 种款式的服装。假设甲公司均按批组织生产,每批 100 件。

1. 本月成本资料

甲公司本月每种款式产品的产量、发生的直接人工和直接成本以及本月制造费用,分别参见表 12-6 和表 12-7。

表 12-6 产品的产量、直接人工和直接成本资料

2015 年 10 月　　　　　　　　　　　　　　　　　　　金额单位:元

产品品种	男式正装			女式正装		合　计
型　号	男式正装 A	男式正装 B	男式正装 C	女式正装 D	女式正装 E	
本月批次	8	10	6	4	2	
批量/套	100	100	100	100	100	
产量/套	800	1 000	600	400	200	3 000
每批直接人工	3 300	3 400	3 500	4 400	4 200	
直接人工总成本	26 400	34 000	21 000	17 600	8 400	107 400
每批直接材料	6 200	6 300	6 400	7 000	8 000	
直接材料总成本	49 600	63 000	38 400	28 000	16 000	195 000

表 12-7 本月制造费用资料

2015 年 10 月　　　　　　　　　　　　　　　　　　　金额单位:元

成本库	项　目	金　额
批次级作业成本	生产准备、产品检验、供应成本	84 000
男式正装生产线成本	男式正装生产线成本	54 000
女式正装生产线成本	女式正装生产线成本	66 000
生产维持级成本	其他成本	10 800
制造费用合计		214 800

2. 按作业成本法计算成本

(1) 将间接制造费用归集到批次级作业成本、男式正装作业级作业成本、女式正装作业级作业成本、生产维持成本 4 个成本库(参见表 12-7)。

(2) 计算作业动因成本单位,即作业成本分配率计算表参见表 12-8。

表 12-8 作业成本分配率计算表

2015 年 10 月　　　　　　　　　　　　　　　　　　　　　　　　　金额单位：元

作业	成本	批数/批	直接人工	分配率
批次作业成本	84 000	30		2 800
男式正装生产线成本	54 000	24		2 250
女式正装生产线成本	66 000	6		11 000
生产维持成本	10 800		107 400	10.06%

（3）根据作业量和计算的作业成本分配率，将作业成本分配到产品（参见表12-9）。

表 12-9 成本汇总计算表（作业成本法）

2015 年 10 月　　　　　　　　　　　　　　　　　　　　　　　　　金额单位：元

型 号	男式正装 A	男式正装 B	男式正装 C	女式正装 D	女式正装 E	合 计
本月批次	8	10	6	4	2	
直接人工总成本	26 400	34 000	21 000	17 600	8 400	107 400
直接材料总成本	49 600	63 000	38 400	28 000	16 000	195 000
制造费用						
分配率/(元/批)	2 800	2 800	2 800	2 800	2 800	
批次相关总成本	22 400	28 000	16 800	11 200	5 600	84 000
产品相关成本						
分配率/(元/批)	2 250	2 250	2 250	11 000	11 000	
产品相关总成本	18 000	22 500	13 500	44 000	22 000	120 000
生产维持成本						
分配率	10.06%	10.06%	10.06%	10.06%	10.06%	
生产维持总成本	2 655	3 419	2 112	1 770	845	10 801
间接成本合计	45 055	53 919	32 412	56 970	28 445	214 801
总成本	119 055	150 919	91 812	102 570	52 845	517 201
每批服装成本	14 882	15 092	15 302	25 642	26 422	
每套服装成本	148.82	150.92	153.02	256.42	264.22	

本章基本训练

一、名词解释

1. 作业成本法
2. 作业
3. 成本动因

二、简答题

试比较作业成本法与传统的成本计算方法的不同，分析作业成本法的优点和缺点。

三、实务题

（一）练习用作业成本法核算产品成本

华星服装厂成本核算采用作业成本法。该厂基本生产车间规定的作业、成本动因和有关分配率参见下表。

作业中心	成本动因	动因率
材料整理	材料处理批次	1.20元/批
质量检测	产品检测次数	30元/次
设备调整	设备调整次数	200元/次
机器使用	机器使用时数	8元/时

2015年6月发生的直接材料200 000元，直接人工10 000元。发生作业数量为：材料整理5 000批次；质量检测2 000次；设备调整20次；机器使用时数3 000小时。

要求：计算该服装厂基本生产车间产品成本。

（二）练习用作业成本法和传统的成本计算方法进行制造费用的分配，并进行比较

某玩具制造公司生产甲、乙两种电动玩具。其制造费用采用机器工时比例分配，但会计师建议根据采集的如下表所示的数据采用作业成本法进行分配。

作业中心	成本动因	制造费用/元	动因率	
			甲产品	乙产品
生产准备	准备次数	80 000	15	15
材料管理	零配件数	5 000	12	8
质量检测	检测次数	3 000	22	18
设备调整	调整次数	18 000	27	23
机器使用	机器时数	100 000	5 600	4 400
包装运输	运输数量	12 000	3 500	1 500
合计		218 000		

要求：(1)计算采用机器工时比例分配各产品应负担的制造费用；(2)计算采用作业成本法分配各产品应负担的制造费用。

第十三章 其他行业的成本核算

【本章学习目标】

1. 了解其他行业成本核算的特点。
2. 明确商品流通企业成本核算的内容,并掌握其成本核算的方法。
3. 明确交通运输企业成本核算的内容以及成本核算的方法。
4. 明确建筑安装施工企业成本核算的内容,并掌握其成本核算的方法。
5. 明确房地产企业成本核算的内容,并掌握其成本核算的方法。

第一节 商品流通企业成本核算

一、商品流通企业的经营类型和特点

商品流通企业,是指从事商品流转业务独立核算的经济实体。其主要特征是在商品流通领域从事买卖活动,即通过低价购进商品、高价出售商品的方式赚取商品进销差价。在这一过程中,伴随着商品的实物流转,将商品从生产领域转移到消费领域,最终实现商品的价值。其资金运动的基本形态是"货币—商品—货币"。商品流通企业主要包括商业、粮食、物资供销、供销合作社、对外贸易、医药商业、石油商业、烟草商业、图书发行等企业。

商品流通企业按照经营方式的不同可以分为批发企业、零售企业和批零兼营企业三种类型。批发企业以从事批发业务为主,使商品从生产领域进入流通领域,在流通领域继续流转或者进入生产性消费领域;零售企业以从事零售业务为主,使商品从生产领域或者从流通领域进入非生产性消费领域。此外,有的商业企业既从事批发业务又从事零售业务,因此称为批零兼营企业。

商品流通企业经营活动的主要特点是商品的购、销、存业务,即商品的购进、销售和储存业务。反映在会计核算上主要是:商品存货的采购成本的确定和商品存货的核算;商品销售收入的确定、销售成本的计算和结转;商品购销费用以及储存、调拨、运输、分级等商品流通费用的核算等。

二、商品流通企业库存商品的核算方法

由于商品流通企业的经营方式不同,其库存商品的核算方法也不同,进而其商品销售成本的计算和结转方法也不同。

(一)数量进价金额核算法

大中型批发企业的特点是数量大、批次少、金额大,会计核算要求既核算商品购、销、存

数量,又核算进价金额,宜采用数量进价金额核算法。即设置"库存商品"总账,并按商品类别设置二级账,按商品进价登记商品购、销、存情况;在库存商品二级账下按商品编号、品名、规格、等级等设置库存商品明细账,用数量和进价记账。这种方法的优点是用一套完整的商品账户体系控制商品的数量和金额,缺点是核算工作量大。

(二)数量售价金额核算法

对前店后仓、批零结合,会计核算、业务核算、仓库在同一地的基层批发企业和经营贵重商品的零售企业,会计核算要求既核算商品的数量,又核算商品的金额,由于批零结合的特点以及销售贵重物品,会计上宜采用数量售价金额核算法。即"库存商品"总账,按售价记账;库存商品明细账,用数量和售价登记商品的收入、发出和结存;设置"商品进销差价"账户,核算含税(增值税)售价与进价之间的差额。月末,按照商品存、销比例计算和分摊已销商品的进销差价。这种方法的优点是核算手续简便,减少了工作量;缺点是商品账户上不能反映进价。

(三)售价金额核算法

对于工业品零售企业,主要面向零星消费者,数量少、金额少、品种多、收发频繁,在加强实物负责制的基础上,为了简化手续,会计上宜采用售价金额核算法,也称售价记账、实物负责制。即建立实物负责制,以售价总金额控制实物负责人经营商品的数量;对于库存商品按含税(增值税)售价记账,库存商品按柜、组进行明细核算;设置"商品进销差价"账户,核算商品含税售价与进价之间的差额,月末将商品的含税售价调整为不含税售价并按商品的存、销比例计算已销商品应分摊的进销差价,确定本期商品销售差价。这种方法的优点是核算手续简化,缺点是商品明细账不反映商品的数量,所以应加强商品的定期盘点。

(四)进价金额核算法

对于经营肉、鱼、水果等鲜活商品的零售企业,由于商品易损耗,不宜实行实物负责制,可以简化核算,方便销售,采用"进价记账,盘存计销"的方法。即库存商品进价记账并按柜、组进行明细核算,不记数量;商品销售后不结转销售成本,月末通过实地盘点倒挤销售成本。这种方法的优点是核算简便,缺点是倒挤成本容易掩盖存货的损失、浪费等管理上的漏洞。

企业可以根据经营业务的类型和管理要求,选择适当的库存商品核算方法,也可以根据业务分部选择不同的库存商品核算方法。核算方法如果已经确定,一般不得随意变动。

三、商品流通企业成本核算内容

商品流通企业核算的成本主要是商品成本,即商品的购、销、存成本和商品的加工成本。此外,商品流通企业从事其他的业务活动,还会发生其他业务成本。

(一)商品采购成本

批发零售企业一般设置进货成本、相关税费、采购费等成本项目。其中,进货成本是指商品的采购价款。相关税费,是指购买商品发生的进口关税、资源税和不能抵扣的增值税等。采购费,是指运杂费、装卸费、保险费、仓储费、整理费、合理损耗以及其他可归属于商品采购成本的费用。采购费金额较小的,可以在发生时直接计入当期销售费用。

商品采购成本一般指商品的进价,即购货单位实际支付给供货单位的价款。商品流通企业为了简化核算手续,将商品的采购费用作为当期损益,计入销售费用。由于商品的进货渠道不同,其进价成本也不同。

(1) 国内购进的商品,以进货原价为采购成本。购进商品过程中发生的进货费用,包括进货中的运输费,包装费,手续费,购进出口商品到达交货地车站、码头以前发生的各项费用,均作为当期损益,计入销售费用。

(2) 国外进口的商品,以进口商品的国外进价、进口环节税金和代理进口费用为采购成本。其中,国外进价一律以到岸价(CIF)为基础,如对外合同以离岸价(FOB)成交的,商品离开对方口岸后,应由我方以外汇支付的运杂费、保险费、佣金等费用,计入商品的进价。商品到达我国口岸目的港后发生的费用,计入销售费用。进口商品收到的能直接认定的进口佣金冲减商品进价,不宜按商品认定的,冲减销售费用。进口环节税金,是指商品进口报关时交纳的关税、消费税以及按规定允许计入商品成本的增值税等税金。代理进口费,是指进口商品如属委托其他单位代理进口的还包括支付给受托单位的有关费用。

(3) 购进免税农副产品,以农副产品的收购价扣除按一定比例(13%)计算的增值税进项税额后的差额和购进环节交纳的税金为采购成本。

(4) 小规模纳税人,购进商品的增值税包括在商品的采购成本中。

(二) 商品库存成本

商品库存成本即期末商品结存成本。在库存商品按进价成本核算的情况下,其计算公式为:

$$期末商品结存成本 = 期初结存成本 + 本期购进商品成本 - 本期发出商品成本$$

本期发出商品成本即按一定的存货发出计价方法,如先进先出法、后进先出法、加权平均法、毛利率法等确定的存货发出成本。在库存商品按售价记账的情况下,其计算公式为:

$$期末商品结存成本 = 库存商品含税售价 - 库存商品应分摊的进销差价$$

商品流通企业的进货费用、储存费用同销售费用一样,作为销售费用直接计入当期损益。但是,经营煤炭、石油、食糖和大宗农副产品的批发企业,商品的进货费用和储存费用往往较大,而储存时间也较长,如果进货费用和储存费用都计入当期销售费用,由当期销货部分全部负担,会造成不同期间的营业利润波动较大。在这种情况下,一般将数额较大的进货费用和储存费用,按商品存、销比例进行分摊,将期末库存商品分摊的部分计入资产负债表的"存货"项目中。其计算公式为:

$$费用分摊率 = \frac{[期初进货(储存)结余费用 + 本期进货(储存)费用]}{期初商品库存成本 + 本期进货成本} \times 100\%$$

$$期末库存商品分摊的进货(储存)费用 = 期末商品库存成本 \times 费用分摊率$$

$$计入当期损益的进货(储存)费用 = 期初进货(储存)结余费用 + 本期进货(储存)费用 - 期末库存商品分摊的进货(储存)费用$$

(三) 商品加工成本

商品加工包括自营加工和委托加工两种方式。自营加工的商品成本,是指企业将原材料、半成品等加工成商品所发生的实际成本,包括直接材料、直接人工、燃料动力以及制造费用等实际支出。委托加工商品的成本,是指委托加工商品收回后的实际成本,包括耗用的原料或者半成品的成本,支付的加工费、运输费、装卸费、保险费以及按规定允许计入成本的加工税金等。

(四) 商品销售成本

商品销售成本,是指已销商品的进价成本。正确计算商品销售的进价成本,直接关系企业期末存货的价值和销售毛利,对企业财务状况和经营成果的核算都会产生影响。由于库存商品的核算方法不同,已销商品成本的计算和结转的方法也不同。

(五)其他业务成本

商品流通企业除商品销售外的其他销售和提供其他劳务活动等发生的实际业务支出,其成本与其他业务收入相互配比。

商品的采购成本、库存成本、加工成本、销售成本和其他业务成本在"财务会计学"中已有详述,本章主要对商品流通企业销货成本的计算和结转方法进行阐述。

四、商品流通企业销售成本的核算

商品销售成本的核算需要解决两个问题:一是商品销售成本的计算方法;二是商品销售成本在账簿上的结转方法。

(一)数量进价金额核算法的会计处理

1. 数量进价金额核算法销售成本的计算

采用数量进价金额核算法,由于各种商品的进货批次不同,单价有别,对于销售商品的销售成本必须采用适当的方法计算。常用的方法有分批计价法、先进先出法、后进先出法、移动加权平均法、全月一次加权平均法、毛利率法等。

分批计价法,是以每批商品的实际成本作为该批商品销售的进价成本,要求按进货批次、品种设明细账,仓库单独存放。分批计价法适合于销售时能分清批次的商品。

先进先出法,是假定先进来的商品先发出,每次销售商品先按第一批进货单价,计算销售成本,如果销售数量超过第一批,就用第二批单价计算,依次类推。这种方法的优点是存货的价值比较接近实际,在具体发货时,不必先进的货一定要先发出。

后进先出法,是指在发出存货时,先按最后一批进价计算销售成本,并依次往前推。这种方法在物价上涨时,销售毛利变动较小,库存商品是历史成本,不反映现时价值。

移动加权平均法,是指每购进一批商品就重新计算一个加权平均单价,商品的销售成本用销售数量乘以加权平均单价确定。这种方法核算手续复杂,工作量大。

全月一次加权平均法,是用加权平均单价乘以销售数量确定商品的销售成本。这种方法可以简化凭证和账簿的计价工作,减少核算工作量。

毛利率法,是根据本月的销售额,按上季度实际毛利来匡算本月商品销售毛利,再以本月的销售额减去匡算的毛利,求得本月商品的销售成本。其中:

$$毛利 = 销售额 - 进价$$

$$毛利率 = \frac{毛利}{销售额} \times 100\%$$

毛利率法通常不是按每种商品逐一计算商品销售成本,而是按全部商品或者大类商品来计算的。其计算公式为:

本月某类(全部)商品销售毛利=本月某类(全部)商品销售额×上季度某类(全部)商品销售毛利率

或者,

本月某类(全部)商品销售毛利=本月某类(全部)商品销售额×(1-上季度实际毛利率)

【例 13-1】 某市百货公司第二季度库存商品皮鞋二级账和男鞋、女鞋明细账参见表 13-1、

表13-2和表13-3。

表13-1 库存商品明细账

类别：皮鞋　　　　　　　　　　　　品名：女鞋/双　　　　　　　　　　　　金额单位：元

2015年		凭证号	摘要	收入			发出			结存		
月	日			数量	单价	金额	数量	单价	金额	数量	单价	金额
4	1		结存							100	200	20 000
	6		购进	300	210	63 000				400		
	30		销售				300			100		
5	5		购进	400	190	76 000				500		
	31		销售				400			100		
6	4		购进	200	200	40 000				300		
	30		销售				200			100	200	20 000

表13-2 库存商品明细账

类别：皮鞋　　　　　　　　　　　　品名：男鞋/双　　　　　　　　　　　　金额单位：元

2015年		凭证号	摘要	收入			发出			结存		
月	日			数量	单价	金额	数量	单价	金额	数量	单价	金额
4	1		结存							300	100	30 000
	3		购进	200	140	28 000				500		
	30		销售				400			100		
5	3		购进	300	90	27 000				200		
	31		销售				100			100		
6	13		购进	200	110	22 000				300		
	30		销售				260			40	110	4 400

表13-3 库存商品二级账

类别：皮鞋　　　　　　　　　　　　　　　　　　　　　　　　　　　　金额单位：元

2015年		凭证号	摘要	借方	贷方	借/贷	余额
月	日						
4	1		上月结存			借	50 000
	3		购进	28 000			78 000
	6		购进	63 000			141 000
	30		结转成本		102 602.50		38 397.50
5	3		购进	27 000			65 397.50
	5		购进	76 000			141 397.50
	31		结转成本		90 390.30		51 007.20
6	4		购进	40 000			91 007.20
	13		购进	22 000			113 007.20
	30		结转成本		88 607.20		24 400.00

该企业皮鞋类商品4月份销售额为112 750元，5月份销售额为99 330元，上季度实际毛利率为9%，根据以上资料计算4月份、5月份的销售成本。

4月份商品销售成本＝112 750×(1－9%)＝102 602.50(元)

5月份商品销售成本＝99 330×(1－9%)＝90 390.30(元)

采用毛利率法计算简便,减少了进行成本结转的工作量。但是,由于受销售淡季和旺季的影响,毛利率在不同季节有高有低。所以,这种方法只适合于经营品种较多,月末按品种计算销售成本有困难的企业。每季度前两个月采用毛利率法,季度末采用先进先出法或者加权平均法等进行计算调整。

假定 6 月末用先进先出法计算库存商品的成本。

6 月份女鞋库存成本＝100×200＝20 000(元)

6 月份男鞋库存成本＝40×110＝4 400(元)

6 月份皮鞋库存成本＝20 000＋4 400＝24 400(元)

根据上面的计算结果,倒挤出大类商品的进价成本:

6 月份皮鞋类商品销售成本＝113 007.20－24 400＝88 607.20(元)

2. 数量进价金额核算法销售成本的结转

在以上销售成本的计算方法中,分批计价法、先进先出法、后进先出法、移动加权平均法等四种方法商品的销售成本可以随着商品销售随时计算出来,商品销售成本可逐日结转,但计算工作量较大。而全月一次加权平均法和毛利率法只能在月末计算商品销售成本,成本结转也只能在月末一次结转。

商品销售成本的结转,是指把商品的销售成本从"库存商品"账户转入"主营业务成本"账户。结转商品销售成本的方法有分散结转法和集中结转法两种。

分散结转法是按每种商品明细账计算出商品销售成本后,逐一登记结转,然后逐户汇总求得全部商品的销售成本,再在库存商品总账上一笔结转。

【例 13-2】 某批发企业经营 A、B 两种商品,该企业采用加权平均法计算销售成本,并采用分散结转法予以结转。库存商品明细账参见表 13-4 和表 13-5。

表 13-4 库存商品明细账

类别:甲类　　　　　　　　　　品名:A/件　　　　　　　　　　金额单位:元

2015 年		凭证号	摘 要	收 入			发 出			结 存		
月	日			数量	单价	金额	数量	单价	金额	数量	单价	金额
3	1		结存							100	400	40 000
	31		购进	300	420	126 000				400		
	31		销售				360			40		
	31		结转				360	415	149 400	40	415	16 600

表 13-5 库存商品明细账

类别:甲类　　　　　　　　　　品名:B/件　　　　　　　　　　金额单位:元

2015 年		凭证号	摘 要	收 入			发 出			结 存		
月	日			数量	单价	金额	数量	单价	金额	数量	单价	金额
3	1		结存							300	100	30 000
	31		购进	600	90	54 000				900	93.33	84 000
	31		销售				600			300	93.33	28 002
	31		结转				600	93.33	55 998	300	93.33	28 002

A 商品加权平均单价＝(40 000＋126 000)÷(100＋300)＝415(元)

A 商品销售成本＝360×415＝149 400(元)
B 商品加权平均单价＝(30 000＋54 000)÷(300＋600)＝93.33(元)
B 商品销售成本＝600×93.33＝55 998(元)
甲类商品销售成本＝149 400＋55 998＝205 398(元)
编制结转商品销售成本的会计分录如下：

借：主营业务成本—A 商品　　　　　　　　　　　　　　　　149 400
　　　　　　　　—B 商品　　　　　　　　　　　　　　　　 55 998
　　贷：库存商品—A 商品　　　　　　　　　　　　　　　　　149 400
　　　　　　　　—B 商品　　　　　　　　　　　　　　　　　 55 998

集中结转，是指按每一商品明细账登记期末库存商品金额后，不再逐一计算和结转商品销售成本，而仅将每一商品明细账中登记的期末结存金额汇总，计算出大类商品或者全部商品的期末结存金额，再倒挤出大类商品或者全部商品销售成本，在库存商品总账或者二级账上一笔结转。

【例 13-3】 仍沿用例 13-2，假定企业用先进先出法计算商品销售成本，用集中结转法结转成本(参见表 13-6、表 13-7 和表 13-8)。

3 月份 A 商品结存金额＝40×420＝16 800(元)
3 月份 B 商品结存金额＝300×90＝27 000(元)
3 月份甲类商品结存金额＝16 800＋27 000＝43 800(元)
3 月份甲类商品销售成本＝70 000＋180 000－43 800＝206 200(元)

根据计算结果编制记账凭证，登记总账和二级账：

借：主营业务成本—甲类商品　　　　　　　　　　　　　　　　206 200
　　贷：库存商品—甲类商品　　　　　　　　　　　　　　　　　206 200

表 13-6　库存商品明细账

类别：甲类　　　　　　　　　　品名：A/件　　　　　　　　　金额单位：元

2015 年		凭证号	摘要	收入			发出			结存		
月	日			数量	单价	金额	数量	单价	金额	数量	单价	金额
3	1		结存							100	400	40 000
	31		购进	300	420	126 000				400		
	31		销售				360			40		
	31		结存							40	420	16 800

表 13-7　库存商品明细账

类别：甲类　　　　　　　　　　品名：B/件　　　　　　　　　金额单位：元

2015 年		凭证号	摘要	收入			发出			结存		
月	日			数量	单价	金额	数量	单价	金额	数量	单价	金额
3	1		结存							300	100	30 000
	31		购进	600	90	54 000				900		
	31		销售				600			300		
	31		结存							300	90	27 000

表 13-8　库存商品二级账

类别：甲类　　　　　　　　　　　　　　　　　　　　　　　　　　　　　金额单位：元

2015 年		凭证号	摘　要	借　方	贷　方	借/贷	余　额
月	日						
3	1		上月结存			借	70 000
	31		购进	180 000		借	250 000
	31		结转成本		206 200	借	43 800

无论是分散结转还是集中结转，结转成本的会计分录是一样的。不同的是分散结转在库存商品明细账上计算并登记结转的成本额，而集中结转则在库存商品明细账上无计算结果也无登记内容，而在二级账上结转，"库存商品"总账的结转方法是一样的。

应当注意，商品销售成本的结转应当与商品销售收入在同一会计期间并应当配比。除"库存商品"账户应当结转商品销售成本外，"分期收款发出商品""委托代销商品"等账户也应根据销售情况结转销售成本。

（二）售价金额核算法的会计处理

零售企业一般有经营品种多、规格复杂、交易频繁、金额小等特点，为了简化核算手续，库存商品一般采用"售价记账，实物负责制"的办法。这种方法既是一种商品的核算方法，又是一种商品的管理制度，其会计处理如下。

1. 采购商品

企业应设置"物资采购"账户，核算采购商品的实际成本。月末，验收入库的商品，已付款或者开出商业汇票的商品按含税售价记账，月末如有借方余额表示在途商品的采购成本。

【例 13-4】　某零售企业，本月采购商品付款并验收入库的商品成本 600 000 元，增值税 102 000 元；已付款尚未运到的商品 200 000 元，增值税 34 000 元；本月发生采购费用 30 000 元，其会计分录为：

　　借：物资采购　　　　　　　　　　　　　　　　　　　　　800 000
　　　　应交税费——应交增值税（进项税额）　　　　　　　　136 000
　　　　贷：银行存款　　　　　　　　　　　　　　　　　　　　　　936 000
　　借：销售费用　　　　　　　　　　　　　　　　　　　　　　30 000
　　　　贷：银行存款　　　　　　　　　　　　　　　　　　　　　　30 000

2. 商品入库

商品入库（不含暂估入库部分）按含税售价借记"库存商品"账户，按进价贷记"物资采购"账户，按含税售价与进价之间的差额贷记"商品进销差价"账户。对于尚未收到发票账单的入库商品估价入账，下月初再用红字冲回，假定本月有一批商品已验收入库，因发票账单未到暂按估计售价 100 000 元入账。

【例 13-5】　仍沿用例 13-4，假定已付款入库商品的含税售价为 1 170 000 元，其会计分录为：

　　借：库存商品　　　　　　　　　　　　　　　　　　　　　1 170 000
　　　　贷：物资采购　　　　　　　　　　　　　　　　　　　　　　800 000
　　　　　　商品进销差价　　　　　　　　　　　　　　　　　　　　370 000

借：库存商品　　　　　　　　　　　　　　　　　　　　　　　　100 000
　　贷：应付账款　　　　　　　　　　　　　　　　　　　　　　　　100 000

3. 销售商品

商品销售后，按含税售价借记"银行存款"等账户，贷记"主营业务收入"账户，同时按含税售价结转商品销售成本，借记"主营业务成本"账户，贷记"库存商品"账户。

【例 13-6】　仍沿用例 13-5，假定本期商品销售额为 936 000 元，其会计分录为：

借：银行存款　　　　　　　　　　　　　　　　　　　　　　　　936 000
　　贷：主营业务收入　　　　　　　　　　　　　　　　　　　　　　936 000

同时，

借：主营业务成本　　　　　　　　　　　　　　　　　　　　　　　936 000
　　贷：库存商品　　　　　　　　　　　　　　　　　　　　　　　　936 000

4. 调整并结转含税收入

月末，进行价税分离，将含税收入调整为不含税收入，并确认销项增值税。

【例 13-7】　仍沿用例 13-5，该企业适应的增值税税率为 17%，其会计处理为：

$$增值税 = \frac{含税收入}{1 + 增值税税率} \times 增值税税率$$
$$= 1\,170\,000 \div (1 + 17\%) \times 17\%$$
$$= 170\,000(元)$$

借：主营业务收入　　　　　　　　　　　　　　　　　　　　　　　170 000
　　贷：应交税费——应交增值税（销项税额）　　　　　　　　　　　170 000

5. 计算并结转已销商品的进销差价

按含税售价核算，"主营业务成本"账户日常反映的是含税售价，只有计算出已销商品应分摊的进销差价并冲减主营业务成本之后，才能使"主营业务成本"账户反映商品的进价。结转进销差价，借记"商品进销差价"账户，贷记"主营业务成本"账户。

已销商品进销差价的计算主要是根据进销差价占当月可供销售商品售价的比例，计算进销差价率，并按商品销售比例，计算已销商品应分摊的进销差价。企业要根据经营商品的特点来确定商品进销差价率的计算范围。一般进销差价率的计算有综合差价率和分类（分柜组）差价率两种。

综合差价率是按照全部商品的存、销比例分摊进销差价。这种方法计算简便、工作量少，但是由于各种商品差价率不同以及商品的存、销比重不同，按照同一个差价率计算的结果必然与实际出入较大。因此，这种方法适合于经营各类商品进销差价率不大的综合性商品采用。

分类（分柜组）差价率是按商品类别（柜组）的存、销比例分摊进销差价。采用这种方法首先计算出各类商品（柜组）的差价率，再以分类（柜组）差价率计算各类（柜组）的进销差价，最后汇总计算出全部商品的进销差价。采用这种方法"主营业务收入""主营业务成本""商品进销差价"和"库存商品"账户都要按类别（柜组）设置明细账。进销差价率的计算公式为：

$$进销差价率 = \frac{月初结存商品进销差价 + 本月购进商品进销差价}{月初结存商品售价 + 本月购进商品售价} \times 100\%$$

已销商品分摊的进销差价 = "主营业务成本"账户借方发生额 × 进销差价率

月末结存商品分摊的进销差价＝月末结账前"商品进销差价"账户的余额－已销商品分摊的进销差价

上式中,月初结存商品进销差价、本月购进商品进销差价和月初结存商品售价、本月购进商品售价的核算范围包括"库存商品""受托代销商品""分期收款发出商品"等账户的数额。

【例 13-8】 仍沿用例 13-7,该企业月初"库存商品"账户借方的余额为 234 000 元,"商品进销差价"账户贷方的余额为 54 000 元。该企业采用综合差价率计算进销差价,无受托代销商品和分期收款发出商品。月末会计处理为:

进销差价率＝(54 000＋370 000)÷(234 000＋1 170 000)×100％＝30.20％
已销商品分摊的进销差价＝936 000×30.20％＝282 672(元)
月末结存商品分摊的进销差价＝(54 000＋370 000)－282 672＝141 328(元)
借:商品进销差价　　　　　　　　　　　　　　　　　　282 672
　　贷:主营业务成本　　　　　　　　　　　　　　　　　　　282 672

(三)数量售价金额核算法的会计处理

采用数量售价金额核算法的基层批发企业或者销售贵重物品的零售企业,对已销商品进价成本的核算,可以采用进销差价率法,计算已销商品的进销差价,并调整"主营业务成本"账户,将其还原为进价成本。由于这种方法重视商品数量的核算,一般需要定期进行实地盘点,因此,企业也可以采用实际差价法计算已销商品应分摊的进销差价。实际差价法是根据期末结存商品盘点的实际差价,倒挤已销商品的进销差价。其做法是:期末对库存商品进行实地盘点,逐一记录各种商品的原进价或者最后进价,并汇总确定全部结存商品的进价总额,用库存商品的含税售价减去进价,求得全部结存商品的进销差价,然后倒挤出已销商品的进销差价。其计算公式为:

全部结存商品进价成本 ＝ ∑(各种商品盘点数量×单位进价)

全部结存商品的进销差价＝全部结存商品含税售价总额－全部商品进价成本
已销商品进销差价＝结账前"商品进销差价"账户的余额－全部结存商品进价成本

上式中,全部结存商品为"库存商品""受托代销商品""分期收款发出商品"等账户核算的商品。

采用这种方法核算手续比较复杂,一般只限于年终清理盘点时采用。

(四)进价金额核算法

对于经营鲜活产品或者经营品种较多、价值较低的日用品商业企业而言,库存商品的盘存制度一般是实地盘存制。与这种盘存制度相适应,已销商品成本的计算是倒挤出来的。其做法是:商品购进后,按进价计入"库存商品"账户和按柜组设置的库存商品明细账,只记金额,不记品名和数量;日常商品销售时,将收入计入"主营业务收入"账户,不结转"主营业务成本",也不冲减"库存商品";月末,通过实地盘点确定实际结存数量,按最后进价或者其他计价方法确定结存商品的进价成本,并倒挤出已销商品的成本。其计算公式为:

月末结存商品的成本 ＝ ∑(月末各种商品结存数量×单位进价)

本月已销商品成本＝月初结存商品成本＋本月购进商品成本－月末结存商品成本

【例 13-9】 某超市的鲜活产品柜组,3月份结存鲜货产品 6 000 元,本月购进鲜货产品 90 000 元,本月销售收入 116 000 元,月末盘点,按最后进价确定的结存商品成本为 5 600 元,该超市为一般纳税企业,其会计处理为:

(1) 购进商品时

借:库存商品—鲜活产品柜组　　　　　　　　　　　　　　　　　90 000
　　应交税费—应交增值税(进项税额)　　　　　　　　　　　　　15 300
　　贷:银行存款　　　　　　　　　　　　　　　　　　　　　　105 300

(2) 销售商品时

借:银行存款　　　　　　　　　　　　　　　　　　　　　　　　135 720
　　贷:主营业务收入　　　　　　　　　　　　　　　　　　　　116 000
　　　　应交税费—应交增值税(销项税额)　　　　　　　　　　　 19 720

已销售商品成本＝6 000＋90 000－5 600＝90 400(元)

(3) 月末结转成本时

借:主营业务成本　　　　　　　　　　　　　　　　　　　　　　 90 400
　　贷:库存商品　　　　　　　　　　　　　　　　　　　　　　 90 400

第二节　交通运输企业成本核算

一、交通运输企业成本核算的特点

交通运输企业,是指运用各种交通工具及其设备,从事旅客和货物运输的生产企业,包括铁路、公路、水路、航空运输、管道运输以及与之配套的机场、港口、外轮代理等各类运输企业。

交通运输企业的生产经营活动是通过使用运输工具使旅客、货物发生空间位置的移动。其业务内容概括起来可以分为以下八类。

(一) 运输业务

运输业务包括经营铁路、公路、水路、航空等旅客和货物运输,这是交通运输企业的主要业务。

(二) 装卸业务

装卸业务,是指运输企业所进行的货物装卸、联运货物换装、运输工具之间的货物倒载等业务。

(三) 堆存业务

堆存业务,是指运输企业经营的仓库和堆场业务。

(四) 代理业务

代理业务,是指运输企业经营的各种代理业务。

(五) 港务管理业务

港务管理业务,是指海河港口企业经营的港口经营管理、港务监督及船舶检验等业务。

(六) 通用航空业务

通用航空业务,是指航空企业从事的航空摄影、航空探矿、航空护林护农等业务。

（七）机场服务业务

机场服务业务，是指机场公司从事的各项服务业务。

（八）其他业务

其他业务，是指交通运输企业经营的除上述主营业务外的各项业务，包括运输企业从事的旅客服务、固定资产出租、材料销售、车船修理、技术转让等业务。

交通运输企业成本核算对象具有多样性的特点，其成本核算对象如下。

（一）以各类经营业务作为成本核算对象

如运输业务、装卸业务、堆存业务、代理业务、港务管理业务、通用航空业务以及机场服务业务等，均可作为成本核算对象。

（二）以某类业务的具体项目作为成本核算对象

如运输业务可以进一步划分为客运业务、货运业务等成本核算对象。设置辅助生产部门的运输企业，辅助生产部门的产品、劳务等，也应作为成本核算对象。

（三）以运输工具或者运输线路作为成本核算对象

运输企业可以根据管理的需要，按运输工具的类型（如大型车组、集装箱车组、煤船、油船等）和运输工具的单体（单车、单机、单船）以及运输线路（如船线、分段等）和运输航次（班次）等作为成本核算对象。

交通运输企业一般按月计算成本。但从事远洋运输的船舶、航空等企业，可以以航次作为成本核算期，计算航次成本。航次一般按单程航次时间计算。从事航空运输的企业，单程空航时，按往复航次时间计算。

交通运输企业由于提供服务的过程与成本、收入的确认时间一致，没有期末在产品，因此成本核算比较简单，只需要按成本核算对象汇集各具体业务项目或者运输工具的成本，并计算总成本和单位成本。

二、交通运输企业的成本项目

交通运输企业的成本，是指运输企业营运活动中实际发生的与运输、装卸、堆存、代理、港口管理、通用航空和机场管理等经营业务直接相关的各项费用，以及非营运期间的费用。

交通运输企业一般设置营运费用、运输工具固定费用与非营运期间费用等成本项目。

（一）营运费用

营运费用，是指企业在货物或旅客运输、装卸、堆存过程中发生的营运费用，包括货物费、港口费、起降及停机费、中转费、过桥过路费、燃料和动力、航次租船费、安全救生费、护航费、装卸整理费、堆存费等。铁路运输企业的营运费用还包括线路等相关设施的维护费等。

（二）运输工具固定费用

运输工具固定费用，是指运输工具的固定费用和共同费用等，包括检验检疫费、车船使用税、劳动保护费、固定资产折旧、租赁费、备件配件、保险费、驾驶及相关操作人员薪酬及其伙食费等。

（三）非营运期间费用

非营运期间费用，是指受不可抗力制约或行业惯例等原因暂停营运期间发生的有关费用。

交通运输企业的成本构成内容按成本计入的方式可以分为直接费用和间接费用。

直接费用,是指直接计入各成本核算对象的费用,是与成本核算对象直接相关的成本中可以用经济合理的方式追溯到成本对象的那一部分成本,如车辆人员的工资、福利费,直接消耗的材料、燃料费,车辆的折旧费等。

间接费用是在营运过程中发生的,不能直接计入各成本核算对象的各种费用,如车队管理人员的工资、福利费,车队房屋、非营运车辆的折旧费、办公费等。间接费用需要按照一定的标准分配计入各成本核算对象(不包括企业管理部门为组织和管理营运业务而发生的管理费用)。交通运输企业的直接成本项目可以按主要费用项目列示。即成本计算明细账可以按主要费用项目设专栏,把成本计算和费用的明细核算结合在一起,为成本计算明细账提供更为详细的资料。

三、交通运输企业成本核算设置的主要账户

交通运输企业应当设置"主营业务成本"账户,按业务类型设置相应的明细账户,并按规定的成本项目设专栏核算。

交通运输企业应当设置"其他业务成本"账户,核算企业从事旅客服务、固定资产出租等主营业务以外活动发生的成本。

交通运输企业应当设置"辅助营运成本"账户,核算辅助生产部门(如车船修理、供电、供水、供气等部门)发生的辅助生产成本。

交通运输企业应当设置"营运间接费用""船舶固定费用""船舶维护费用""集装箱固定费用"等账户核算有关间接成本。"营运间接费用"账户核算企业在营运过程中发生的不能直接计入成本核算对象的各种间接费用。"船舶固定费用"账户核算计算航次成本的海洋运输企业为保持船舶适航状态所发生的费用。"船舶维护费用"账户核算有封冰、枯水等非通航期的内河运输企业所发生的,应由通航成本负担的船舶维护费用。"集装箱固定费用"账户核算运输企业发生的集装箱保管费、折旧费、修理费、保险费、租赁费、底盘车费以及其他费用。

交通运输企业还应当设置"主营业务收入"账户,并按运输收入、装卸收入、堆存收入、代理业务收入、港务管理收入等设置明细账户;设置"营业税金及附加"账户等核算交通运输企业的营业损益。

四、交通运输企业成本核算

(一)公路运输企业成本核算

公路运输企业的主要业务是货运业务和客运业务,少数企业兼营装卸业务。其成本核算对象是运输业务和装卸业务。根据管理需要,也可以将客运或者货运的车辆类型作为成本核算对象。装卸业务一般只计算装卸工作量成本。各项费用的核算方法如下。

1. 燃料费用

营运车辆、装卸机械等耗用的燃料,根据领料单、限额领料单等凭证,月末汇总编制燃料耗用汇总表,据以入账。

2. 轮胎费用

营运车辆一般按月行使公里计算每月应分摊的轮胎费用。其他部门领用的轮胎一般按实际领用数计入成本。根据轮胎费用计算表和轮胎领用单编制轮胎费用分配表,

据以入账。

3. 折旧费用

营运车辆的折旧费一般按工作量折旧，根据行使的吨公里和人公里计算，其他部门使用的车辆一般按平均年限法折旧。根据折旧费用分配表编制会计分录。

4. 工资及福利费

工资及福利费是在月末根据部门工资单和工资汇总表等凭证，汇总编制工资及福利费分配表入账。

5. 其他直接费用

运输管理费、过桥费、行车事故损失、牌照税、车辆保险费等车辆费用，可以根据有关的银行转账凭证、票据和现金支付凭证等直接计入有关运输成本核算对象中。其他直接费用根据有关凭证入账。

以上费用发生及分配的会计分录为：

借：运输成本——客运　　　　　　　　　　　　×××
　　　　　　——货运　　　　　　　　　　　　×××
　　装卸成本等　　　　　　　　　　　　　　　×××
　贷：原材料/燃料/轮胎/累计折旧/
　　　应付职工薪酬/银行存款等　　　　　　　×××

6. 辅助营运费用

辅助营运费用与制造企业的辅助生产成本相同，一般设置直接材料、直接人工、燃料动力和制造费用等成本项目。按月归集发生的各项费用，期末按照一定的方法分配计入有关成本对象。

（1）归集发生的各项辅助运营费用的会计分录为：

借：辅助营运成本　　　　　　　　　　　　　　×××
　贷：原材料/燃料/轮胎/累计折旧/
　　　应付职工薪酬/银行存款等　　　　　　　×××

（2）期末分配辅助运营费用的会计分录为：

借：运输成本——客运　　　　　　　　　　　　×××
　　　　　　——货运　　　　　　　　　　　　×××
　　装卸成本　　　　　　　　　　　　　　　　×××
　贷：辅助营运成本　　　　　　　　　　　　　×××

7. 营运间接费用

营运间接费用是在营运过程中发生的不能直接计入成本核算对象的各种间接费用，如车队管理人员的工资、福利费，车队车辆和房屋的折旧费，办公费、水电费等费用，发生的各项间接费用先在"营运间接费用"账户汇集，月末按一定的标准分配给受益对象。分配标准一般为各营运业务的直接费用。其计算公式为：

$$营运间接费用分配率 = \frac{营运间接费用}{营运直接费用合计}$$

某营运业务分配的营运间接费 = 该营运业务的直接费用 × 营运间接费用分配率

（1）归集发生的营运间接费用的会计分录为：

借：营运间接费用　　　　　　　　　　　　　　　　　　　×××
　　　贷：原材料/燃料/轮胎/累计折旧/
　　　　　应付职工薪酬/银行存款等　　　　　　　　　　×××
（2）期末分配营运间接费用的会计分录为：
借：运输成本——客运　　　　　　　　　　　　　　　　×××
　　　　　——货运　　　　　　　　　　　　　　　　　×××
　　　装卸成本　　　　　　　　　　　　　　　　　　　×××
　　　贷：营运间接费用　　　　　　　　　　　　　　　×××

8. 运输业务成本核算

运输企业设置"运输成本"账户并按客运和货运设置明细账户，设置"装卸成本"账户，按照各类业务发生的直接成本和分摊的营运间接费用计入各成本核算对象中。月末根据各成本计算明细账资料，编制各类业务成本计算表。客运成本明细账的格式举例参见表13-9，货运成本明细账略。

表 13-9　客运成本明细账

2015 年 5 月　　　　　　　　　　　　　　　　　金额单位：元

摘要	燃料	轮胎	折旧	工资福利	修理费	养路费	其他费用	小计	营运间接费用	合计
发生	124 400	30 000	68 000	77 520		6 000	12 000	317 920		317 920
分配					24 000			24 000		24 000
分配									18 805.60	18 805.60
合计	124 400	30 000	68 000	77 520	24 000	6 000	12 000	341 920	18 805.60	360 725.60

月末根据各成本计算明细账资料，编制各类业务成本计算表。根据运输成本明细账资料编制公路运输成本计算表（参见表13-10）。

表 13-10　公路运输成本计算表

2015 年 5 月　　　　　　　　　　　　　　　　　金额单位：元

项目	客运	货运	合计
一、车辆费用	341 920	437 300	779 220
1. 燃料	124 400	140 000	264 400
2. 轮胎	30 000	54 000	84 000
3. 折旧	68 000	80 000	148 000
4. 工资及福利费	77 520	96 900	174 420
5. 修理费	24 000	38 400	62 400
6. 养路费	6 000	10 000	16 000
7. 其他费用	12 000	18 000	30 000
二、营运间接费用	18 805.60	24 051.50	42 857.10
三、运输总成本	360 725.60	461 351.50	822 077.10
四、周转量	38 600	5 400	9 260
五、单位成本	9.35	85.44	88.78
六、成本单位	元/千人公里	元/千吨公里	元/换算千吨公里

注：客货换算比例为 1 吨公里=10 人公里。

铁路、航空运输的成本核算可以参照公路运输成本核算,此处不赘述。

(二)水运企业的成本核算

1. 水运企业的成本核算对象

水运企业包括内河及海洋运输企业。内河及海洋运输企业的船舶运输成本核算对象一般为各类船舶的客运、货运以及客货综合运输。由于不同船舶、不同运输种类以及不同航次运输的成本差别较大,企业也可以按船舶类型、运输的种类、航线、单船以及航次作为成本核算对象。港口装卸业务的成本,一般以本港装卸货物的吞吐量作为综合成本核算对象,同时,还可以主要货种如煤炭、粮食、木材等的装卸成本,主要机械作业量成本等作为成本核算对象。

2. 水运企业的成本项目

内河运输企业的成本项目一般分为船舶航行费用、船舶维护费用和营运间接费用。海洋运输企业成本项目一般分为船舶航次费用、船舶固定费用、集装箱固定费用和营运间接费用。

(1)船舶航行费用

船舶航行费用,是指内河运输船舶在航行中所发生的直接费用,包括燃料费、润料、材料费、工资及福利费、折旧费、修理费、租赁费、港口费、事故净损失、养河费及过闸费、保险费、劳动保护费、其他航行费用。这种费用随着船舶的航行而变动,可以直接计入某船舶的航行成本。通常在成本计算明细账中按主要费用项目设专栏核算。

(2)船舶维护费用

船舶维护费用,是指有封冻、枯水等非通航期的企业在非通航期发生的,应由通航期运输成本负担的船舶维护费用。其构成内容包括非通航期的工资及福利费、修理费、燃料费、材料费、保护费、破冰费、其他支出等。

(3)船舶航次费用

船舶航次费用,是指海洋运输船舶在运输过程中发生的直接费用,包括燃料费、港口费、货场费、中转费、速遣费、垫隔材料费、客运费、事故净损失、航次其他费用。这种费用随着航次的变动而变动,可以直接计入某船舶的某航次成本。通常在成本计算明细账中按主要费用项目设专栏核算。

有集装箱货物运输的船舶要增加"集装箱货物费"项目,包括集装箱装卸费,集装箱绑扎、拆箱、换装整理费、集装箱站场费用,集装箱代理费等。

(4)船舶固定费用

船舶固定费用,是指为保持海洋运输船舶适航状态所发生的费用,包括船员工资及福利费、润料、物料、船舶折旧费、修理费、保险费、非营运期费用和船舶共同费用。这种费用相对固定,不随航次而变动,需要先汇集后分配计入某船舶的某航次成本。

(5)集装箱固定费用

集装箱固定费用,是指海洋运输企业集装箱(包括租入集装箱)在营运过程中发生的固定费用,包括集装箱的保管费、折旧费、保险费、租费、底盘车费用以及集装箱其他费用。集装箱货物费不包括在内。

(6)营运间接费用

营运间接费用,是指河运及海洋运输企业在营运过程中所发生的不能直接计入成本核算对象的各种间接费用,包括供应业务费用、通信业务费用、船队经费等。这属于多数船舶受益的费用,需要按一定标准在各成本核算对象中分配。

另外,企业发生的拖轮、驳船、浮吊、燃物料(淡水)供应船、交通船等辅助船舶发生的辅助船舶费,连同企业辅助生产部门生产产品和供应劳务所发生的辅助生产费用,作为辅助营运费用。

3. 水运企业的成本核算

内河及海洋运输企业应按确定的成本核算对象在"运输成本"账户下按船舶运输种类或者单船开设明细账户。"船舶维护费用""船舶固定费用""集装箱固定费用"等账户按船舶类型或者单船设立明细账。

(1) 燃料、润料、材料费用

水运企业的船存燃料和实际消耗的燃料一般是根据内河、沿海运输和远洋运输的不同情况,按月或者按航次编制营运船舶燃料耗用汇总表。润料、材料一般按实际领用数计入成本。其他部门耗用的燃料、润料、材料按业务和部门汇集。

(2) 工资及福利费

船舶工作人员的工资和福利费按月或者按航次汇总,其他业务和部门人员的工资和福利费按月汇总,编制工资及福利费汇总表入账。

(3) 折旧及修理费

船舶折旧应根据各类船舶的具体情况确定,一般运输船舶按行使里程计提折旧。其他运输企业的固定资产按使用情况和固定资产的特点确定,如港口、建筑物、一般设备可以按使用年限法折旧。船舶折旧属于船舶直接费用,其他固定资产按使用部门计提折旧。企业按月或者按航次编制折旧计算表,据以入账。

(4) 其他费用

船舶的保险费、港口费、事故净损失、其他航行、航次费用等根据有关凭证入账。

以上费用发生及分配的会计分录为:

借:运输成本—货运　　　　　　　　　　　　　　　　　×××
　　贷:材料/燃料/轮胎/累计折旧/
　　　　应付职工薪酬/银行存款等　　　　　　　　　　　×××

(5) 营运辅助费用

为营运业务服务的辅助生产部门,如修理、旅客服务等部门发生的营运辅助费用设置"营运辅助费用"账户核算,并按服务项目设置明细账户,进行明晰核算,按月汇总并按实际提供的服务工作量或者提供的产品量等分配。

(6) 船舶维护费用、船舶固定费用、集装箱固定费用

这些费用一般是固定的,与多艘船舶有关。企业应设置明细账户,进行明细核算并按月汇总,期末按一定方式和标准分配。船舶维护费按船舶类型或者单船汇总,属于待摊和预提性质的费用,应由通航期运输成本负担。一般按计划分配率分配计入各月运输成本。其计算公式为:

$$船舶维护费用计划分配率 = \frac{船舶维护费用或者计划数额}{全年计划通航期天数}$$

$$应负担的船舶维护费用 = 该月份实际通航天数 \times 船舶维护费计划分配率$$

非通航期仅在年初一段时期,计算分配率时的船舶维护费用实际数,非通航期分属年初、年末一段时期的,则用计划数。全年船舶维护费用的实际发生数与已分配数的差额,计入当年最后通航月份。船舶固定费用按船舶类型或者单船汇总,按各船营运天数分配计入各航次成本。其计算公式如下:

$$某船每营运天船舶固定费用 = \frac{某船的船舶固定费用}{某船的营运天数}$$

某航次应负担船舶固定费用 = 某船每营运天船舶固定费用 × 某航次营运天数

集装箱固定费用按船舶类型或者单船汇总,按箱天数(箱天数=使用箱数×使用天数)比例分配,计入各单船或各航次的成本。

(7) 营运间接费用

运输企业下属的运输业务单位、装卸业务单位等发生的费用,属于运输企业的间接费用,如船队管理人员的工资、福利费,房屋、办公设备折旧费、供应业务费用、通信业务费用、船舶检验费、图书文化费等费用。营运间接费用按部门汇集,按直接成本、在册船舶实际艘天或者营运吨天等分配。

(8) 计算营运成本

费用汇集分配后,可以确定各成本核算对象的总成本。各类船舶或者单船、航次的总成本除以其运输周转量,可以计算出单位成本。

某内河企业运输成本明细账及运输成本计算表参见表 13-11 和表 13-12。

表 13-11 运输成本明细账

类别:货运　　　　　　　　　　　　　　　　　　　　　　　　　　　　金额单位:元

2015年		摘要	船舶航行费用				船舶维护费	营运间接费	合计
月	日		燃料	工资福利	折旧费	其他直接费			
8	31	发生	120 000	45 600	64 000	26 000			255 600
	31	分配					4 800		4 800
	31	分配						24 000	24 000
	31	合计	120 000	45 600	64 000	26 000	4 800	24 000	284 400

表 13-12 运输成本计算表

2015 年 8 月　　　　　　　　　　　　　　　　　　　　　　　　　金额单位:元

项目	货运	客运	合计
一、船舶航行费用	225 600	(略)	(略)
1. 燃料	120 000		
2. 工资福利	45 600		
3. 折旧	64 000		
4. 港口			
5. 其他费用	26 000		
二、船舶维护费用	4 800		
三、营运间接费用	24 000		
四、运输总成本	284 400		
五、周转量	23 700		
六、单位成本	12		
七、成本单位	元/千吨公里		

第三节 建筑安装企业成本核算

建筑安装企业是从事建筑安装工程施工的企业。建筑工程主要包括房屋、建筑物、设备基础等的建筑工程,管道、输电线路、通信导线等敷设工程,上下水道工程,道路工程,铁路工程,桥梁工程,隧道工程,水利工程,矿井开凿、钻井工程,各种特殊炉的砌筑工程等。安装工程,是指生产、动力、起重、运输、传动、医疗、实验等各种需要安装设备的装配、装置工程。建筑安装企业承建的项目一般建设工期较长、造价高,项目建造地点固定,与客户签订的合同一般为不可撤销合同,整个建造过程要求按合同施工。

一、建筑安装企业成本核算对象

正确确定各项建筑安装工程的成本核算对象,是正确核算建筑安装项目成本和损益的关键。一般情况下,企业应以所订立的单项合同为对象,分别计量和确认各单项合同的成本。如果一项合同包括建造多项工程,或为建造一项或者数项工程而签订一组合同,企业应按照建造合同准则规定的合同分立与合并的原则,对合同进行分立或者合并,以便正确确定建筑安装企业成本核算对象。

二、建筑安装企业的合同成本

建筑安装企业的合同成本,是指从合同签订开始至合同完成止所发生的与执行合同有关的直接费用和间接费用。直接费用,是指为完成合同所发生的可以直接计入合同成本核算对象的各项费用。间接费用,是指为完成合同所发生的不易直接归属于合同成本核算对象而应分配计入有关合同成本核算对象的各项费用。因订立合同而发生的差旅费、投标费等有关费用,因商谈的结果具有不确定性,为了简化核算,在发生时直接确认为当期管理费用。

建筑企业一般设置直接人工、直接材料、机械使用费、其他直接费用和间接费用等成本项目。建筑企业将部分工程分包的,还可以设置分包成本项目。

(1)直接人工,是指按照国家规定支付给施工过程中直接从事建筑安装工程施工的工人以及在施工现场直接为工程制作构件和运料、配料等工人的职工薪酬。

(2)直接材料,是指在施工过程中所耗用的、构成工程实体的材料、结构件、机械配件和有助于工程形成的其他材料以及周转材料的租赁费和摊销等。

(3)机械使用费,是指施工过程中使用自有施工机械所发生的机械使用费,使用外单位施工机械的租赁费,以及按照规定支付的施工机械进出场费等。

(4)其他直接费用,是指施工过程中发生的材料搬运费、材料装卸保管费、燃料动力费、临时设施摊销、生产工具用具使用费、检验试验费、工程定位复测费、工程点交费、场地清理费,以及能够单独区分和可靠计量的为订立建造承包合同而发生的差旅费、投标费等费用。

(5)间接费用,是指企业各施工单位为组织和管理工程施工所发生的费用。

(6)分包成本,是指按照国家规定开展分包,支付给分包单位的工程价款。

三、建筑安装企业的成本核算

（一）建筑安装企业应当设置以下账户进行成本核算

1."工程施工"账户

"工程施工"账户用来核算实际发生的合同成本和合同毛利。实际发生的合同成本和确认的合同毛利计入本账户的借方,确认的合同亏损计入本账户的贷方,合同完成后,本账户与"工程结算"账户对冲后结平。

2."工程结算"账户

"工程结算"账户用来核算根据合同完工进度已向客户开出工程价款结算账单办理结算的价款。本账户是"工程施工"账户的备抵账户,已向客户开出工程价款结算账单办理结算的款项计入本账户的贷方,合同完成后,本账户与"工程施工"账户对冲后结平。

3."主营业务成本"账户

"主营业务成本"账户用来核算当期确认的合同费用。当期确认的合同费用计入本账户的借方;期末,将本账户的余额全部转入"本年利润"账户;结转后,本账户应无余额。

4.其他

建筑安装企业还应根据建筑安装组织方式和内部核算要求,设置"辅助生产成本"和"机械作业"等账户,核算建筑安装企业的内部施工单位成本费用。

（二）建筑安装企业成本核算

1.直接材料的核算

直接材料,是指在施工过程中所耗用的,构成工程实体的材料、结构件、机械配件和有助于工程形成的其他材料以及周转材料的租赁费和摊销等。

工程建筑安装中耗用的材料、结构件等直接材料,凡是领用时能点清数量并分清用料对象(工程成本核算对象)的,应直接计入各项工程成本;凡是在领料时能点清数量,但因统一配料或者下料而不能直接分清各用料对象的,可以按定额耗用量比例法分配计入各受益工程成本;对于零用时难以点清数量,又无法直接确定各用料对象的大堆材料,可以通过月末实地盘点,倒挤当月实际耗用量,再根据各项工程的定额耗用量或者完成实物工程量的比例,分配计入各项工程成本。

月末,根据领料单、限额领料单、大堆材料耗用单等凭证,计算出各成本核算对象耗用的材料费,编制材料耗用汇总表入账,其会计分录举例为:

借:工程施工—101厂房　　　　　　　　　　　　　×××
　　　　—102仓库等　　　　　　　　　　　　　　×××
　贷:原材料　　　　　　　　　　　　　　　　　　×××

建筑安装过程中能够多次使用,并基本保持有形态而逐渐转移其价值的周转物资(如钢模板、木模板、脚手架和其他周转材料等),应当根据具体情况采用一次转销、分期摊销、五五摊销等方法来摊销其成本。

采用一次摊销的,适应于脚手架、跳板、塔吊轻轨、枕木等周转材料。领用时,将其全部价值计入有关的工程成本,其会计分录为:

借:工程施工　　　　　　　　　　　　　　　　　×××
　贷:周转材料　　　　　　　　　　　　　　　　　×××

采用分期摊销和五五摊销的,适合于使用次数较多、价值较大的周转材料,如各种定型模板等。

【例 13-10】 企业 2015 年 6 月领用模板 6 000 元,该企业采用五五摊销法进行核算,会计处理为:

(1) 领用模板时

借:周转材料——在用周转材料　　　　　　　　　　　　　　　　6 000
　　贷:周转材料——在库周转材料　　　　　　　　　　　　　　　　　　6 000

同时,摊销 50%

借:工程施工　　　　　　　　　　　　　　　　　　　　　　　　3 000
　　贷:周转材料——周转材料摊销　　　　　　　　　　　　　　　　　　3 000

(2) 该工程完工,模板收回退库时,按其全部价值入账

借:周转材料——在库周转材料　　　　　　　　　　　　　　　　6 000
　　贷:周转材料——在用周转材料　　　　　　　　　　　　　　　　　　6 000

(3) 模板二次领用

借:周转材料——在用周转材料　　　　　　　　　　　　　　　　6 000
　　贷:周转材料——在库周转材料　　　　　　　　　　　　　　　　　　6 000

(4) 报废时,收回残料价值 200 元

借:原材料　　　　　　　　　　　　　　　　　　　　　　　　　 200
　　贷:周转材料——在用周转材料　　　　　　　　　　　　　　　　　　 200

同时摊销剩余的 50%

借:工程施工　　　　　　　　　　　　　　　　　　　　　　　　2 800
　　贷:周转材料——周转材料摊销　　　　　　　　　　　　　　　　　　2 800

同时,将已提摊销额转账

借:周转材料——周转材料摊销　　　　　　　　　　　　　　　　5 800
　　贷:周转材料——在用周转材料　　　　　　　　　　　　　　　　　　5 800

2. 直接人工的核算

直接人工,是指按照国家规定支付给施工过程中直接从事建筑安装工程施工的工人以及在施工现场直接为工程制作构件和运料、配料等工人的职工薪酬。

直接人工中的计时工资,可以根据工时汇总表中各项工程耗用的作业工时总数和各该建筑安装单位的平均工资率计算。其计算公式如下:

$$某建筑安装单位平均工资率(元/时)=\frac{该建筑安装单位本期建筑安装工人工资和福利费总额}{该建筑安装单位本期建筑安装工人作业工时总和}$$

某单项工程应分配的人工费=该项工程耗用工时×建筑安装单位平均工资率

企业根据人工费用分配表,其会计分录举例为:

借:工程施工——101 厂房　　　　　　　　　　　　　　　　　　×××
　　　　　　——102 仓库等　　　　　　　　　　　　　　　　　　×××
　　贷:应付职工薪酬　　　　　　　　　　　　　　　　　　　　　　×××

3. 机械使用费的核算

机械使用费主要包括建筑安装过程中使用自有建筑安装机械所发生的机械使用费、租

用外单位建筑安装机械支付的租赁费和建筑安装机械的安装、拆卸和进出场费等。

建筑安装企业及其内部独立核算的建筑安装单位,从外单位或者本企业其他内部独立核算的机械站等租用的建筑安装机械,按照规定的台班费定额支付的机械租赁费,直接计入各项工程成本。

建筑安装企业及其内部独立核算的建筑安装单位、机械站和运输队使用自有建筑安装机械和运输设备进行机械作业(包括机械化建筑安装和运输作业等)所发生的各项费用,需要通过"机械作业"账户进行汇总,期末按一定的方法分配计入各成本核算对象中。

建筑安装企业内部独立核算的机械施工、运输单位使用自有建筑安装机械或者运输设备进行机械作业所发生的各项费用,应按成本核算对象和成本项目进行归集。

建筑安装企业发生的各项机械使用费,根据有关凭证汇总入账,其会计分录为:

借:机械作业 ×××
 贷:原材料/周转材料/银行存款/
   应付职工薪酬/累计折旧等 ×××

为了做好机械使用费的分配,企业日常要加强各种建筑安装机械的使用情况记录,定期编制机械使用台时(班)汇总表。自有施工机械使用费的分配方法主要有以下两种。

(1) 工作台时(班)分配法

这种方法以各项工程使用机械的台时(班)为基础分配机械使用费,适合于按单机或者机组归集机械作业费用的施工机械。其计算公式为:

$$某种机械台时(班)成本 = \frac{某种机械使用费合计}{某种机械作业总台时(班)数}$$

某工程应分配的机械使用费 = 该工程使用的机械台时(班)数 × 某种机械台时(班)成本

(2) 完成工程量分配法

这种方法以各种机械所完成的工作量为基础分配机械使用费,适合于可计量其完成的实物工程量的施工机械。其计算公式为:

$$某机械完成单位工作量成本 = \frac{某机械使用费合计}{某机械完成的工程量}$$

某工程应分配的机械使用费 = 该机械为该工程完成的工作量 × 某机械完成单位工作量成本

企业及其内部独立核算的建筑安装单位、机械站和运输队为本单位承包的工程进行机械化建筑安装和运输作业的成本,根据机械作业明细账的记录和机械使用情况等有关资料,编制机械使用费分配表,根据机械使用费分配表入账,其会计分录举例为:

借:工程施工——101 厂房 ×××
   ——102 仓库等 ×××
 贷:机械作业 ×××

对外单位、本企业其他内部独立核算单位以及专项工程等提供机械作业(包括运输设备)的成本,应转入其他业务成本中,其会计分录为:

借:其他业务成本 ×××
 贷:机械作业 ×××

4. 其他直接费用的核算

其他直接费用,是指施工过程中发生的材料搬运费、材料装卸保管费、燃料动力费、临时设施摊销、生产工具用具使用费、检验试验费、工程定位复测费、工程点交费、场地清理费,以及能够单独区分和可靠计量的为订立建造承包合同而发生的差旅费、投标费等费用。

其他直接费用发生时,凡是能直接计入各个成本核算对象的,应直接计入;不能直接计入各个成本核算对象的,应根据受益程度,分配计入。直接费用根据有关凭证编制会计分录:

借:工程施工　　　　　　　　　　　　　　　　　　　　　×××
　　贷:银行存款/周转材料等　　　　　　　　　　　　　　×××

5. 间接费用的核算

间接费用是企业各施工单位为组织和管理建筑安装工程施工所发生的费用。间接费用主要包括临时设施摊销费用、建筑安装单位管理人员工资费用、劳动保护费、固定资产折旧费及修理费、办公费、工具用具使用费、其他间接费用等。

(1) 建筑安装企业购置的各种临时设施发生的各项支出,借记"临时设施"账户,贷记"银行存款"等账户。需要通过建筑安装才能完成的临时设施,发生的各有关费用,先通过"在建工程"账户核算,工程达到预定可使用状态时,再从"在建工程"账户转入"临时设施"账户。

建筑安装企业的各种临时设施应当在工程建设期间内按月进行摊销,摊销方法可以采用工作量法,也可以采用工期法。

(2) 建筑安装企业发生的间接人工费、折旧费、办公费等,根据有关凭证入账,其会计分录为:

借:工程施工　　　　　　　　　　　　　　　　　　　　　×××
　　贷:应付职工薪酬/累计折旧/银行存款等　　　　　　　×××

如果建筑安装生产单位同时组织实施几个工程项目,汇集的间接费用不能直接计入有关成本核算对象时,应先将发生的间接费用进行归集,再选择采用系统、合理的方法进行分摊,分配计入各成本核算对象。间接费用的分配方法主要有直接人工比例法和直接费用比例法等。

① 直接人工比例法

直接人工比例法是以各工程实际发生的直接人工费为基数分配间接费用的一种方法。其计算公式如下:

$$间接费用分配率 = \frac{当期发生的全部间接费用}{当期各工程发生的直接人工之和}$$

某工程应负担的间接费用 = 该工程实际发生的直接人工 × 间接费用分配率

② 直接费用比例法

直接费用比例法是以各成本核算对象发生的直接费用为基数分配间接费用的一种方法。其计算公式如下:

$$间接费用分配率 = \frac{当期实际发生的全部间接费用}{当期各合同发生的直接费用之和}$$

某工程当期应负担的间接费用 = 该工程当期实际发生的直接费用 × 间接费用分配率

平时,汇集间接费用的会计分录为:

借:工程施工——间接费用　　　　　　　　　　　　　　　×××
　　贷:银行存款/累计折旧等　　　　　　　　　　　　　　×××

期末将间接费用分配计入各工程成本:

借：工程施工—甲工程 ×××
　　　　—乙工程 ×××
　　　　—丙工程 ×××
　　贷：工程施工—间接费用 ×××

四、建筑安装企业工程结算

建筑安装工程项目工期较长，通常要跨越一个会计年度。为了及时反映各年度的经营成果和财务状况，一般情况下，应按照权责发生制的要求，遵循配比原则，在合同实施的过程中，按照一定的方法，合理确认各年的收入和费用。

（一）建筑安装工程收入和费用确认的原则

在一个会计年度内完成的建造合同，应在完成时确认合同收入和合同费用。

如果建造合同跨年度完成且建造合同的结果能够可靠地估计，则应在资产负债表日根据完工百分比法确认当期的合同收入和费用；如果建造合同的结果不能可靠地估计，则不能根据完工百分比法确认合同收入和费用，而应区别以下两种情况进行处理：(1) 合同成本能够收回的，合同收入根据能够收回的实际合同成本加以确认，合同成本在发生的当期确认为费用；(2) 合同成本不能收回的，应在发生时立即确认为费用，不确认收入。对一项建造合同而言，如果合同预计总成本大于合同总收入，应将预计损失立即确认为当期费用。

（二）建筑安装工程收入和费用成本的核算

当建造合同跨年度完成时，需要采用完工百分比法计算各年度的收入和费用。完工百分比法，是指根据合同完工进度确认收入和费用的方法。确定合同完工进度一般有以下三种方法。

(1) 根据累计实际发生的合同成本占合同预计总成本的比例确定。这种方法是确定合同完工进度较常用的方法，其计算公式为：

$$合同完工进度 = \frac{累计实际发生的合同成本}{合同预计总成本} \times 100\%$$

(2) 根据已经完成的合同工作量占合同预计总工作量的比例确定。这种方法适用于合同工作量容易确定的建造合同，如道路工程、土石方挖掘、砌筑工程等。其计算公式为：

$$合同完工进度 = \frac{已经完成的合同工作量}{合同预计总工作量} \times 100\%$$

(3) 已完合同工作的测量。这种方法是在无法根据上述两种方法确定合同完工进度时所采用的一种特殊的技术测量方法。

根据完工百分比法计量和确认当期的合同收入和费用，可以用下列公式计算：

当期确认的合同收入 =（合同总收入×完工进度）- 以前会计年度累计已确认的收入

当期确认的合同毛利 =（合同总收入 - 合同预计总成本）×完工进度 - 以前会计年度累计已确认毛利

当期确认的合同费用 = 当期确认的合同收入 - 当期确认的合同毛利 - 以前会计年度预计损失准备

【例 13-11】 某建筑公司与客户签订了一项总金额为 5 000 000 元的房屋承建合同，工期从 2015 年 6 月至 2016 年 6 月。预计合同总成本为 4 000 000 元，当年实际发生工程成本

3 000 000 元,已办理工程结算价款 2 600 000 元;第二年实际发生成本 800 000 元,已办理工程结算价款 2 000 000 元,由于客户当年出现财务危机,其余款项可能收不回来。该建筑公司用实际发生的合同成本占合同预计总成本的比例确定完工进度。

(1) 2015 年会计处理

① 登记实际发生的工程成本

借:工程施工　　　　　　　　　　　　　　　　　　　　　3 000 000
　　贷:原材料、应付职工薪酬等　　　　　　　　　　　　　　3 000 000

② 登记已办理结算的工程价款

借:应收账款　　　　　　　　　　　　　　　　　　　　　2 600 000
　　贷:工程结算　　　　　　　　　　　　　　　　　　　　2 600 000

③ 登记实际收到的工程价款

借:银行存款　　　　　　　　　　　　　　　　　　　　　2 600 000
　　贷:应收账款　　　　　　　　　　　　　　　　　　　　2 600 000

④ 确认当年的收入和费用

当期完工进度 = 3 000 000 ÷ (3 000 000 + 1 000 000) × 100% = 75%

当期确认的合同收入 = 5 000 000 × 75% = 3 750 000(元)

当期确认的毛利 = 5 000 000 − (3 000 000 + 1 000 000) × 75% = 750 000(元)

当期确认的合同费用 = 3 750 000 − 750 000 = 3 000 000(元)

借:工程施工—毛利　　　　　　　　　　　　　　　　　　　750 000
　　主营业务成本　　　　　　　　　　　　　　　　　　　3 000 000
　　贷:主营业务收入　　　　　　　　　　　　　　　　　　3 750 000

(2) 2016 年会计处理

① 登记发生的工程成本

借:工程施工　　　　　　　　　　　　　　　　　　　　　　800 000
　　贷:原材料、应付职工薪酬等　　　　　　　　　　　　　　800 000

② 登记已办理结算的工程价款

借:应收账款　　　　　　　　　　　　　　　　　　　　　2 000 000
　　贷:工程结算　　　　　　　　　　　　　　　　　　　　2 000 000

③ 登记实际收到的工程价款

借:银行存款　　　　　　　　　　　　　　　　　　　　　2 000 000
　　贷:应收账款　　　　　　　　　　　　　　　　　　　　2 000 000

④ 确认当期的收入和费用

当期确认的合同收入 = 5 000 000 − 3 750 000 − 400 000 = 850 000(元)

当期确认的毛利 = (5 000 000 − 400 000) − (3 000 000 + 800 000) − 750 000
　　　　　　　　= 50 000(元)

当期确认的合同费用 = 850 000 − 50 000 = 800 000(元)

借:主营业务成本　　　　　　　　　　　　　　　　　　　　800 000
　　工程施工—毛利　　　　　　　　　　　　　　　　　　　　50 000
　　贷:主营业务收入　　　　　　　　　　　　　　　　　　　850 000

⑤ 工程完工将"工程施工"账户的余额与"工程结算"账户的余额对冲
借：工程结算 4 600 000
　贷：工程施工 3 800 000
　　　工程施工——毛利 800 000

第四节　房地产企业成本核算

房地产企业，是指按照国家统一规划，对一个开发区的土地利用和城市建设进行综合开发建设的企业。房地产综合开发可以将土地、房屋和公共配套设施等合在一起开发，也可以将土地、房屋和公共配套设施等分开开发。房地产企业的经营活动主要包括征地拆迁，土地、房屋和公共配套设施的开发，开发产品的销售等阶段。其开发对象是不动产，具有开发地点固定性、开发项目单一性、开发周期长期性和开发项目造价高等特点。房地产企业也是关系国计民生的重要行业。

一、房地产企业的成本核算对象

房地产的商品化经营，促进了房地产市场的发展。房地产企业的综合开发能力越来越强，除开发土地、房屋外，还要对公用配套设施进行同步开发，水、路、电、气畅通，超市、学校、邮政、储蓄、活动广场等齐全，做到开发一片、受益一片。房地产企业开发的产品可以分为以下四个成本核算对象。

（一）土地开发成本

土地开发成本，是指房地产企业开发建设用地所发生的各项费用支出。

（二）房屋开发成本

房屋开发成本，是指房地产企业开发的商品房、出租房、周转房或者代建房所发生的各项费用支出。

（三）配套设施开发成本

配套设施开发成本，是指房地产企业开发的能有偿转让的配套设施及不能有偿转让但也不能直接计入开发产品成本的公共配套设施所发生的各项费用支出。

（四）代建工程开发成本

代建工程开发成本，是指房地产企业接受委托单位的委托，代为开发除土地、房屋以外其他工程（如市政工程）等所发生的各项费用支出。

二、房地产企业的成本项目

房地产企业一般设置土地征用及拆迁补偿费、前期工程费、建筑安装工程费、基础设施建设费、公共配套设施费、开发间接费、借款费用等成本项目。

（一）土地征用及拆迁补偿费

土地征用及拆迁补偿费，是指为取得土地开发使用权（或开发权）而发生的各项费用，包括土地买价或出让金、大市政配套费、契税、耕地占用税、土地使用费、土地闲置费、农作物补偿费、危房补偿费、土地变更用途和超面积补交的地价及相关税费、拆迁补偿费用、安置及动迁费用、回迁房建造费用等。

（二）前期工程费

前期工程费，是指项目开发前期发生的政府许可规费、招标代理费、临时设施费以及水文地质勘查、测绘、规划、设计、可行性研究、咨询论证费、筹建、场地通平等前期费用。

（三）建筑安装工程费

建筑安装工程费，是指开发项目开发过程中发生的各项主体建筑的建筑工程费、安装工程费及精装修费等。

（四）基础设施建设费

基础设施建设费，是指开发项目在开发过程中发生的道路、供水、供电、供气、供暖、排污、排洪、消防、通信、照明、有线电视、宽带网络、智能化等社区管网工程费和环境卫生、园林绿化等园林、景观环境工程费用等。

（五）公共配套设施费

公共配套设施费，是指开发项目内发生的、独立的、非营利性的且产权属于全体业主的，或无偿赠予地方政府、政府公共事业单位的公共配套设施费用等。

（六）开发间接费

开发间接费，是指企业为直接组织和管理开发项目所发生的，且不能将其直接归属于成本核算对象的工程监理费、造价审核费、结算审核费、工程保险费等。为业主代扣代缴的公共维修基金等不得计入产品成本。

（七）借款费用

借款费用，是指符合资本化条件的借款费用。

房地产企业自行进行基础设施、建筑安装等工程建设的，可以比照建筑企业设置有关成本项目。

三、房地产企业开发产品成本的核算

（一）房地产企业核算成本应设置的主要账户

房地产企业应设置"开发成本"账户，并按开发产品的种类设置"房屋开发成本""商用土地开发""自用土地开发""配套设施开发""代建工程开发"等明细账户，进行明细核算。

房地产企业应设置"开发产品"账户，并相应地设置"商用土地""自用土地""房屋""配套设施"等明细账户，核算已开发完成、待售或者待租的开发产品；设置"开发间接费用"账户，核算由各成本核算对象分摊的间接费用。

此外，房地产企业还应设置"主营业务收入"和"主营业务成本"账户，核算开发产品的销售收入和销售成本情况。

（二）土地开发成本的核算

房地产企业开发的土地，按其用途可以分为商用土地和自用土地两类。商用土地，是指为出售、出租而开发的土地，其费用支出单独构成土地的开发成本，开发后的土地是最终产品，土地出售或者出租单独构成土地经营收益。自用土地，是指为开发商品房、周转房、出租房等房屋而开发的土地，开发的土地是中间产品，其费用支出应计入商品房等有关房屋的开发成本中。

1. 商用土地的开发成本

商用土地需要单独核算土地开发成本,可以按单块土地或者某一区域的土地作为成本核算对象。其成本项目可以设置"土地征用及拆迁补偿费""前期工程费""基础设施费"和"开发间接费"等。土地开发项目如要负担不能有偿转让的配套设施费,还应设置"配套设施费"成本项目,用以核算应计入土地开发成本的配套设施费,其会计处理如下:

(1) 为开发商用土地发生各种费用时

借:开发成本—商用土地开发(土地征用及拆迁补偿费/
　　前期工程费/基础设施费/开发间接费用等)　　　　　×××
　　贷:银行存款　　　　　　　　　　　　　　　　　×××
　　　　开发间接费用　　　　　　　　　　　　　　　×××

(2) 开发商用土地经验收后,转账成本时

借:开发产品—商用土地　　　　　　　　　　　　　×××
　　贷:开发成本—商用土地开发　　　　　　　　　　×××

2. 自用土地的开发成本

自用土地开发发生的费用,凡是能分清负担对象的,应直接计入有关房屋开发成本中的相关成本项目,其会计分录为:

借:开发成本—房屋开发成本(土地征用及拆迁补偿费)　×××
　　贷:银行存款等　　　　　　　　　　　　　　　　×××

如果企业开发的自用土地,是由两个或者两个以上成本核算对象负担的,则其费用可以先通过"开发成本—自用土地开发"账户核算,待土地开发完投入使用时,再按一定的标准(如房屋占地面积或者房屋建筑面积等)将其分配计入有关房屋开发成本,其会计处理如下:

(1) 将发生的土地开发费用进行归集时

借:开发成本—自用土地开发　　　　　　　　　　　×××
　　贷:银行存款等　　　　　　　　　　　　　　　　×××

(2) 分配计入有关房屋开发成本时

借:开发成本—房屋开发成本　　　　　　　　　　　×××
　　贷:开发成本—自用土地开发　　　　　　　　　　×××

【例 13-12】 某房地产企业 2015 年 6 月为开发商用土地和自用土地发生的费用参见表 13-13。

表 13-13　土地开发费用

2015 年 6 月　　　　　　　　　　　　　　　　　　　金额单位:元

项　目	商用土地	自用土地
支付拆迁补偿费	320 000	220 000
支付勘察设计费	100 000	80 000
应付前期工程款	160 000	120 000
分配开发间接费	60 000	40 000
合计	640 000	460 000

企业应当做以下会计处理：

（1）以银行存款支付拆迁补偿费时

借：开发成本——商用土地开发　　　　　　　　　　　　　　　　320 000
　　　　　　——自用土地开发　　　　　　　　　　　　　　　　220 000
　　贷：银行存款　　　　　　　　　　　　　　　　　　　　　　　　　　540 000

（2）以银行存款支付勘察设计费时

借：开发成本——商用土地开发　　　　　　　　　　　　　　　　100 000
　　　　　　——自用土地开发　　　　　　　　　　　　　　　　 80 000
　　贷：银行存款　　　　　　　　　　　　　　　　　　　　　　　　　　180 000

（3）应付前期工程款入账时

借：开发成本——商用土地开发　　　　　　　　　　　　　　　　160 000
　　　　　　——自用土地开发　　　　　　　　　　　　　　　　120 000
　　贷：应付账款　　　　　　　　　　　　　　　　　　　　　　　　　　280 000

（4）分配开发间接费时

借：开发成本——商用土地开发　　　　　　　　　　　　　　　　 60 000
　　　　　　——自用土地开发　　　　　　　　　　　　　　　　 40 000
　　贷：开发间接费用　　　　　　　　　　　　　　　　　　　　　　　　100 000

将上述费用分别登记到商用土地开发成本明细账和自用土地开发成本明细账中。商用土地开发成本明细账参见表13-14，自用土地开发成本明细账略。

表13-14　商用土地开发成本明细账

项目名称：××商用土地　　　　　2015年6月　　　　　　金额单位：元

摘　要	拆迁补偿费	勘察设计费	前期工程款	开发间接费	合　计
月初余额	100 000	20 000	120 000	30 000	270 000
支付拆迁补偿费	320 000				320 000
支付勘察设计费		100 000			100 000
应付前期工程款			160 000		160 000
分配开发间接费				60 000	60 000
本月合计	320 000	100 000	160 000	60 000	640 000
累计	420 000	120 000	280 000	90 000	910 000
结转竣工成本	420 000	120 000	280 000	90 000	910 000

（5）结转竣工土地成本的会计分录为：

借：开发产品——商用土地　　　　　　　　　　　　　　　　　　910 000
　　贷：开发成本——商用土地开发　　　　　　　　　　　　　　　　　910 000

（三）房屋开发成本的核算

房屋的开发是房地产企业的主要经济业务，企业开发的房屋主要是商品房以及出租房、周转房和代建房等。房屋的成本核算对象应结合开发地点、用途、结构、装修、层高、施工队伍等因素综合加以确定。一般的房屋开发项目，应以独立编制的施工图预算所列的单项工程为成本核算对象；在同一地点开发，结构类型相同的一组楼宇，可以合并为一个成本项目，于开发完成后,再按单个工程预算数比例进行分配,确定每幢房屋的开发成本;对于规模较大、工期较长,在设计、技术、功能和最终用途等方面密切相关的数项房屋,可以根据施工单位等具体情况,按房屋开发项目的部位作为成本核算对象。房屋开发成本一般应设置的成本项目包括:(1) 土地征用及拆迁补偿费;(2) 前期工程费;(3) 基础设施费;(4) 建筑安装工程费;(5) 配套设施费;(6) 间接开发费用。房屋开发成本的核算方法如下。

1. 土地征用及拆迁补偿费

土地征用及拆迁补偿费是房屋开发成本的一部分,最终要计入房屋成本中。但是,在具体核算时可以采用不同的方式。

(1) 为某一特定房屋支付的土地征用及拆迁补偿费或者地价款,可以直接计入房屋开发成本对象的"土地征用及拆迁补偿费"成本项目。其会计分录为:

借:开发成本——房屋开发成本(土地征用及拆迁补偿费)　　×××
　　贷:银行存款等　　×××

(2) 为不同用途的房屋支付的自用土地征用及拆迁补偿费或者地价款,如果涉及多个成本核算对象,一时又难以分清的,可以先在"开发成本——自用土地开发"账户汇总,待土地开发完成后,再按一定标准分配计入各有关房屋开发成本核算对象。分配时的会计分录如下:

① 将发生的土地征用及拆迁补偿费或者地价款入账时

借:开发成本——自用土地开发(土地征用及拆迁补偿费)　　×××
　　贷:银行存款等　　×××

② 按一定标准分配计入各有关房屋开发成本时

借:开发成本——房屋开发成本(土地征用及拆迁补偿费)　　×××
　　贷:开发成本——自用土地开发　　×××

2. 前期工程费

房屋开发过程中发生的前期费用,如果能分清成本核算对象的,应直接计入有关房屋开发成本核算对象的"前期工程费"成本项目;如果不能直接计入各房屋开发成本核算对象的,可以采用开发项目设计预算(或其他适当的分配标准)进行分配。其会计处理为:

借:开发成本——房屋开发成本(前期工程费)　　×××
　　贷:银行存款　　×××

3. 建筑安装工程费

房地产企业的建筑安装工程可以采用自营方式,也可以采用委托方式。

房地产企业如果有内部独立核算的施工队伍,采用自营方式进行建筑安装工程施工,其费用的归集与分配方法与建筑安装企业相同,一般可以另设"工程施工"账户归集建筑安装工程费,月末按实际成本转入"开发成本——房屋开发成本"账户的"建筑安装工程费"成本项目。施工过程中发生的材料费、人工费、机械使用费、其他直接费和分配的间接费用,根据有关凭证或者各种费用分配表入账,其会计处理如下。

(1) 归集发生的工程费用时,其会计分录为:

借:工程施工——××建筑安装工程(建筑安装工程费)　　×××
　　贷:原材料/周转材料/应付职工薪酬/
　　　　累计折旧/机械使用费等　　×××

(2) 建筑安装工程完工,转入房屋开发成本时,其会计分录为:

借:开发成本—房屋开发成本(建筑安装工程费) ×××
  贷:工程施工—××建筑安装工程 ×××

企业开发项目的建筑安装工程如果委托施工企业进行施工,可以根据承包企业提出的工程价款结算账单确定的应付工程价款,直接计入各有关房屋开发成本中,其会计分录为:

借:开发成本—房屋开发成本(建筑安装工程费) ×××
  贷:应付账款—应付工程款 ×××

4. 基础设施建设费

房屋开发项目区域内发生的基础设施建设费,一般应直接计入房屋开发成本中。如果不能直接计入各开发房屋成本,可以采用按房屋预算造价(或者其他适当分配标准)的比例分配计入房屋开发成本中,其会计分录为:

借:开发成本—房屋开发成本(基础设施费) ×××
  贷:银行存款/应付账款等 ×××

如果开发完成的土地已转入"开发产品—自用土地"账户,则在用于建造房屋时,应将其负担的基础设施费,计入有关房屋开发成本核算对象,借记"开发成本—房屋开发成本"账户,贷记"开发产品—自用土地"账户。

5. 公共配套设施费

房屋开发成本中应负担的公共配套设施费,是指开发小区内不能有偿转让的公共配套设施支出。只有小区内开发的不能有偿转让的非营业性公共配套设施所发生的费用,才能作为公共配套设施费计入商品房等开发产品成本中。

至于可以有偿转让的营业性公共配套设施,本身是一种可供销售的开发产品,它所发生的费用形成本身的开发成本,而不能转嫁到商品房开发成本中。

公共配套设施与房屋同步开发,发生的公共配套设施支出能够直接计入有关房屋开发成本的,应直接计入"开发产品—房屋开发成本"账户的"配套设施费"成本项目,其会计分录为:

借:开发成本—房屋开发成本(配套设施费) ×××
  贷:银行存款/应付账款等 ×××

如果发生的公共配套设施支出,应由多个成本核算对象负担,核算时应先在"开发成本—配套设施开发"账户汇总,待配套设施完工时,再按一定标准(如工程预算成本等)分配计入房屋开发成本,分配时的会计分录为:

借:开发成本—房屋开发成本(配套设施费) ×××
  贷:开发成本—配套设施开发 ×××

6. 开发间接费用

房地产企业内部独立核算单位为了组织和管理开发项目所发生的各项间接费用,通过"开发间接费用"账户归集后,月末按一定的标准,通常以各项开发产品的直接费用为基础分配转入"开发成本"账户的各项开发产品成本中,其会计分录为:

借:开发成本—房屋开发成本(开发间接费用) ×××
  贷:开发间接费用 ×××

7. 借款费用

计入房屋开发成本中的借款费用,是指符合资本化条件的,应当计入房屋成本的借款利息等费用。进行核算时可以单设成本项目,也可以将其并入开发间接费用,通过"开发间接费用"账户归集后分配转入各项开发产品成本中。

8. 已完成开发房屋成本的结转

房地产企业对已完成开发过程的房屋,应按开发的实际成本自"开发成本"账户转入"开发产品"账户,并按房屋的类别和项目设置明细账户,进行明细核算,其会计分录为:

借:开发产品—房屋 ×××
  贷:开发成本—房屋开发成本 ×××

【例 13-13】 某房地产企业 2015 年开发商品房和出租房各一栋。其中,开发的商品房于 10 月末完工。10 月份发生的费用如下:

(1) 支付征地拆迁补偿费 315 000 元,其中商品房 210 000 元,出租房 105 000 元。
(2) 支付前期工程款 75 000 元,其中商品房 40 000 元,出租房 35 000 元。
(3) 应付基础设施工程款 515 000 元,其中商品房 360 000 元,出租房 155 000 元。
(4) 应付建筑安装工程款 815 000 元,其中商品房 510 000 元,出租房 305 000 元。
(5) 支付配套设施费 1 250 000 元,其中商品房 800 000 元,出租房 450 000 元。
(6) 分配开发间接费用 115 000 元,其中商品房 65 000 元,出租房 50 000 元。

根据上述资料,该房地产企业应做以下会计处理。

(1) 支付征地拆迁补偿费时

借:开发成本—房屋开发成本(商品房) 210 000
   —房屋开发成本(出租房) 105 000
 贷:银行存款 315 000

(2) 支付前期工程款时

借:开发成本—房屋开发成本(商品房) 40 000
   —房屋开发成本(出租房) 35 000
 贷:银行存款 75 000

(3) 应付基础设施工程款入账时

借:开发成本—房屋开发成本(商品房) 360 000
   —房屋开发成本(出租房) 155 000
 贷:应付账款—应付工程款 515 000

(4) 应付建筑安装工程款入账时

借:开发成本—房屋开发成本(商品房) 510 000
   —房屋开发成本(出租房) 305 000
 贷:应付账款—应付工程款 815 000

(5) 支付配套设施费时

借:开发成本—房屋开发成本(商品房) 800 000
   —房屋开发成本(出租房) 450 000
 贷:银行存款 1 250 000

(6) 分配开发间接费用时

借:开发成本—房屋开发成本(商品房) 65 000
   —房屋开发成本(出租房) 50 000
 贷:银行存款 115 000

将上述费用分别登记到商品房开发成本明细账和出租房开发成本明细账中。商品房开发成本明细账参见表13-15。出租房开发成本明细账的登记。

表13-15 商品房开发成本明细账

项目名称：××商品房　　　　　　　　2015年10月　　　　　　　　金额单位：元

内容摘要	土地开发成本	征地拆迁补偿	前期工程费	基础设施费	建筑安装费	配套设施费	开发间接费	合　计
月初余额	500 000	300 000	100 000	200 000			40 000	1 140 000
支付征地拆迁费		210 000						210 000
支付前期工程款			40 000					40 000
支付基础工程款				360 000				360 000
支付建安工程款					510 000			510 000
支付配套设施费						800 000		800 000
支付开发间接费							65 000	65 000
本月合计		210 000	40 000	360 000	510 000	800 000	65 000	1 985 000
本月累计	500 000	510 000	140 000	560 000	510 000	800 000	105 000	3 125 000
结转完工成本	500 000	510 000	140 000	560 000	510 000	800 000	105 000	3 125 000

（7）结转竣工商品房成本的会计分录

借：开发产品——房屋（商品房）　　　　　　　　　　　　　　　3 125 000
　　贷：开发成本——房屋开发成本（商品房）　　　　　　　　　　3 125 000

四、配套设施开发成本的核算

（一）配套设施的类型

房地产企业开发的配套设施，按其开发性质和用途可以分为以下三类。

1. 市政配套设施

市政配套设施，是指开发小区以外的为居民服务的各种市政配套设施，如城市给水、排水工程，供电、供压的增容增压设施，交通道路的修建、照明等设施的建设。

2. 大配套设施

大配套设施，是指开发小区内的能有偿转让的配套设施项目，包括营利性的超市、银行、邮局等以及非营利性的小学、幼儿园等。

3. 公共配套设施

公共配套设施，是指开发小区内不能有偿转让的配套设施，如水塔、锅炉房、居委会、派出所、消防、车库等，属于小区公共配套设施。

配套设施开发成本核算，是指第一类和第二类配套设施的开发成本，第三类公共配套设施因不能有偿转让，其开发成本属于房屋开发成本的一部分，计入房屋开发成本中，在此不再赘述。

（二）配套设施开发成本的核算

对市政配套设施和开发小区内能有偿转让的大配套设施的开发，一般应以各配套设施项目为成本核算对象。

企业发生的土地征用及拆迁补偿费或者竞价地价、前期工程费、基础设施费和建筑安装

工程费等支出,可以直接计入各配套设施开发成本明细账的相应成本项目中,其会计分录为:

借:开发成本—配套设施开发成本(土地征用及拆迁补偿费等)
　　贷:银行存款(或者应付账款等)

配套设施开发完成后,应结转其成本,其会计分录为:

借:开发产品—超市等
　　贷:开发成本—配套设施开发成本

对小区内不能有偿转让的配套设施,若开发时不能直接计入有关房屋开发成本的,也可以在"开发成本—配套设施开发成本"账户核算,在配套设施完工后,再分配转入有关房屋开发成本中。

五、代建工程开发成本的核算

代建工程,是指房地产企业接受委托单位的委托,代为开发的各种工程,包括房屋、土地和市政工程等。这些工程项目应根据组织施工的特点和结算要求以及工程项目实际情况确定。有的可以按建造合同核算,如市政工程、房屋等;有的可以按以上介绍的房地产开发产品核算,如建设用地等。其成本核算方法和成本项目可以参照本章有关章节。

本章基本训练

一、单项选择题

1. 商品流通企业国内购进的商品进价是指(　　)。
   A. 进货原价及运货费用　　　　　B. 进货原价及各项采购费用
   C. 进货原价及进货手续费　　　　D. 进货原价

2. 施工企业一般将(　　)作为工程成本核算的对象。
   A. 单位工程　　B. 建设项目　　C. 机械作业　　D. 建筑材料

3. 数量进价金额核算法适用于(　　)。
   A. 批发企业　　　　　　　　　　B. 经营鲜活产品的零售企业
   C. 零售企业　　　　　　　　　　D. 经营日用工艺品的零售企业

4. 借记"商品进销差价"账户,贷记"商品销售成本"账户,这笔经济业务表示(　　)。
   A. 结转入库商品进销差价　　　　B. 结转已销商品进销差价
   C. 注销进销差价　　　　　　　　D. 注销库存商品

5. 下列不属于商品流通费用的是(　　)。
   A. 商品销售成本　　B. 销售费用　　C. 管理费用　　D. 财务费用

6. 下列不属于房地产企业成本核算的特点是(　　)。
   A. 以单项开发工程为成本核算对象
   B. 按月定期计算成本
   C. 开发成本需在已完工程和未完工程之间进行分配
   D. 各种产品的成本核算期不完全一致

7. 零售企业对鲜活商品一般采用的核算方法是（　　）。
   A. 进价金额核算法　　　　　　　　B. 售价金额核算法
   C. 数量进价金额核算法　　　　　　D. 数量售价金额核算法
8. 不计入房地产企业管理费用的税金有（　　）。
   A. 房产税　　　B. 增值税　　　C. 印花税　　　D. 土地使用税

二、多项选择题

1. 商品流通进口企业的商品，应冲减商品进价的项目包括（　　）。
   A. 进货商品的索赔收入　　　　　　B. 能直接认定的进口佣金
   C. 进货折扣　　　　　　　　　　　D. 进货折让
   E. 进口退回
2. 商品的销售成本包括（　　）。
   A. 已销商品税金　　　　　　　　　B. 已销商品负担的经营费用
   C. 已销商品的进价成本　　　　　　D. 商品销价准备
   E. 商品销售费用
3. 批发企业在采用数量进价金额核算法时，计算商品销售成本的方法有（　　）。
   A. 进销差价率法　　　　　　　　　B. 先进先出法
   C. 个别计价法　　　　　　　　　　D. 实地盘存差价法
   E. 毛利率法
4. 零售企业采用售价金额核算法时，确定已销商品进销差价的计算方法有（　　）。
   A. 加权平均法　　　　　　　　　　B. 综合进销差价率
   C. 毛利率法　　　　　　　　　　　D. 分类进销差价率
   E. 实地盘存差价率
5. 施工企业成本核算的特点是（　　）。
   A. 以单位工程为成本核算对象
   B. 按月定期计算工程成本
   C. 按施工周期计算工程成本
   D. 需在已完工程和未完施工之间分配工程成本
   E. 无须在已完工程和未完施工之间分配工程成本
6. 运输企业成本核算的特点是（　　）。
   A. 成本核算对象的单一性　　　　　B. 采用制造成本法计算运输成本
   C. 成本计算的多样性　　　　　　　D. 营运成本与计入本期营运费用一致
   E. 采用复合计量单位

三、名词解释

1. 商品流通费用
2. 进销差价率
3. 机械使用费
4. 运营间接费

四、简答题

1. 在售价金额核算法下,如何结转商品的销售成本?
2. 建筑安装企业合同成本的主要项目有哪些?
3. 建筑安装企业分配机械使用费的方法有哪些?
4. 房地产企业成本项目及其包括的内容是什么?

五、实务题

(一)练习毛利率法的核算

某批发企业第一季度甲类商品销售收入为 1 800 000 元,其已销商品的进价成本为 1 476 000 元;4 月份该类商品的销售收入为 345 000 元,货款已收讫。

要求:(1)用毛利率法计算 4 月份该类商品的进价成本;(2)编制商品销售和结转商品销售成本的会计分录。

(二)练习库存商品成本的核算

某商品批发企业采用毛利率法计算已销商品的进价成本。1 月初库存商品余额为 28 000 元。1 月份购入商品的成本为 68 000 元,商品销售收入为 105 000 元;2 月份购入商品的成本为 90 000 元,商品销售收入为 120 000 元;3 月份购入商品的成本为 80 800 元,商品销售收入为 112 000 元;以上收入均已收讫存入银行。3 月末对商品进行盘存,库存商品 3 月末的实际余额为 10 800 元。该企业第一季度的毛利率为 20%(增值税略)。

要求:(1)用毛利率法计算 1 月份、2 月份、3 月份商品销售成本;(2)编制 1 月份、2 月份、3 月份结转入库商品成本、商品销售和结转商品销售成本的会计分录。

(三)练习售价金额核算

(1)甲零售企业 5 月 1 日,库存商品余额为 15 000 元,进销差价余额为 8 000 元,增值税税率为 17%。

(2)5 月 3 日,甲企业从乙企业购入商品一批,进价成本为 15 000 元,已用转账支票支付。该批商品售价为 20 000 元。

(3)5 月 20 日,甲企业对外销售商品 30 000 元(不含税)。

要求:(1)编制相关的会计分录;(2)计算 5 月末商品进销差价的余额。

(四)练习批发商品销售成本的计算

某市百货批发公司 2015 年第三季度各大类商品的销售收入和上季度实际毛利率如下表所示(单位:元):

时间\类别	家电类	服装类	食品类	玩具类
7 月份销售收入	2 210 000	1 676 600	5 201 600	1 793 160
8 月份销售收入	3 274 000	1 933 800	7 133 500	2 477 100
9 月份销售收入	5 127 100	1 717 200	8 200 760	2 267 540
第二季度毛利率	30%	38%	27%	33%

要求：采用毛利率法按商品大类计算第三季度各月份的商品销售成本。

（五）练习零售商品销售成本的计算

成辉商场 2015 年 8 月有关的账户资料如下表所示（单位：元）：

营业柜组	月末"库存商品"账户余额	月末"受托代销商品"账户余额	月末"商品进销差价"账户余额	本月"商品销售收入"贷方发生额
服装柜	673 600		181 530	536 600
食品柜	1 277 000	221 000	394 420	1 536 000
工艺品柜	1 179 800	721 400	527 976	1 032 000

要求：(1) 计算各柜组的进销差价率和已销商品应分摊的进销差价；(2) 计算各柜组的商品销售成本。

第十四章 制造企业成本报表的编制与分析

【本章学习目标】

1. 了解成本报表的概念、作用和种类。
2. 掌握成本报表的一般分析方法。
3. 掌握商品产品成本表的编制和分析方法。
4. 掌握主要产品单位成本表的编制和分析方法。
5. 掌握制造费用明细表的编制和分析方法。
6. 掌握各种期间费用明细表的编制和分析方法。

第一节 成本报表的作用和种类

一、成本报表的概念与特点

成本报表是根据企业日常核算资料及其他有关资料编制的,用来综合反映企业一定时期产品成本及期间费用的构成及其增减变动情况,以分析和考核成本费用计划执行结果的会计报表。编制和分析成本报表是成本会计工作的一项重要内容。

成本报表是企业的内部报表,由企业自行设计和填制,其种类、格式、项目、指标、编报日期等,由企业自行决定,旨在为企业各有关部门和人员提供必要的成本信息。成本报表具有以下特点。

(一) 成本报表是以服务于企业内部经营管理为目的的报表

成本报表在企业特定的生产环境下产生,其反映的内容取决于企业的生产工艺特点、生产组织形式和成本管理要求,并随企业生产的变化和管理的需要及时进行修正和补充。

(二) 成本报表是会计核算资料和其他经济资料相结合的结果

成本报表信息具有全面和综合的特点:不仅反映本期实际成本水平,而且反映上期实际成本、历史先进水平、本期计划成本等;不仅可以用金额表示,而且还可以用实物数量表示,如材料消耗量、工时消耗量等,以满足企业各有关部门对成本管理的需要。

二、成本报表的作用

正确、及时地编制成本报表,对企业加强成本管理和节约费用支出具有重要作用。

企业和企业的主管部门利用成本报表,可以检查企业成本计划或者费用预算的执行情况,以及各成本项目的变动趋势,考核企业成本工作绩效,对企业成本管理工作进行评价。

通过成本报表分析,可以揭示影响产品成本指标和费用项目变动的原因,从生产技术、生产组织和经营管理等各个方面挖掘和动员节约费用支出和降低产品成本的潜力,提高企业生产耗费的经济效益。

成本报表提供的产品实际成本和费用支出资料,不仅可以满足企业加强日常成本费用管理的需要,而且是企业进行成本、利润的预测、决策,编制以后期间的成本计划或者费用预算,制定产品价格的重要依据。

三、成本报表的种类

成本报表主要是为了满足企业内部经营管理的需要而编制的,其种类和内容一般由企业根据生产经营特点和管理的具体要求自行确定。成本报表可以从不同的角度进行分类。

（一）成本报表按其所反映的经济内容分类

1. 反映产品成本情况的报表

此类成本报表主要反映企业为生产一定种类和数量的产品所发生的生产费用水平和构成情况,以及变动趋势。此类成本报表有全部商品产品成本表、主要产品单位成本表等。

2. 反映各种费用支出的报表

此类成本报表主要反映企业在一定时期内各种费用总额和构成情况及其变动趋势。此类成本报表有制造费用明细表、销售费用明细表、管理费用明细表和财务费用明细表等。

3. 其他成本报表

除上述各种成本报表外,为了加强成本的日常管理,更详细、更全面地提供有关成本费用信息,企业还可能编制其他报表,如生产情况表、主要材料成本表、人工成本表等。

（二）成本报表按编制的范围分类

成本报表按照编制的范围可以分为全厂成本报表、车间成本报表、班组成本表。

（三）成本报表按编制的时间分类

成本报表按照编制的时间可以分为定期成本报表和不定期成本报表。企业一般应当按月编制产品成本报表,以便全面反映企业产品成本、成本计划执行情况、产品成本及其变动情况等。但是,为了满足临时的、特殊的成本管理需要,企业可以随时编制不定期成本报表。

第二节　商品产品成本报表的编制

一、商品产品成本表的编制

商品产品成本表是反映企业在报告期内生产的全部商品产品的总成本和各种主要商品产品的总成本和单位成本的会计报表。编制商品产品成本表的目的是为了考核产品成本计划的执行情况,分析可比产品成本降低计划的完成情况,分析产品成本增减变化的原因,找出控制成本的途径。

商品产品成本表一般分为两种:一种是按产品品种反映的商品产品成本表;另一种是按产品成本项目反映的商品产品成本表。

（一）按产品品种反映的商品产品成本表

按产品品种反映的商品产品成本表,汇总反映企业在报告期内所产生的全部产品的总成本和各种主要产品(含可比产品和不可比产品)单位成本和总成本。利用此表可以定期、总括地考核和分析企业全部产品成本计划的完成情况和可比产品成本降低计划的完成情况,对企业产品成本工作从整体上进行评价,并为进一步分析指出方向。按产品品种反映的商品产品成本表由基本报表和补充资料两个部分组成,其格式举例参见表14-1。

第十四章 制造企业成本报表的编制与分析

编制单位：××工厂

表 14-1 商品产品成本表（按产品品种反映）

2015 年 12 月

金额单位：元

产品名称	实际产量/件			单位成本				本月总成本			本年累计总成本		
	本月	本年累计	上年实际平均	本年计划	本月实际	本年累计实际平均	按上年实际平均单位成本计算	按本年计划单位成本计算	本月实际	按上年实际平均单位成本计算	按本年计划单位成本计算	本年实际
	①	②	③	④	⑤=⑨÷①	⑥=⑫÷②	⑦=①×③	⑧=①×④	⑨	⑩=②×③	⑪=②×④	⑫
可比产品合计							38 800	38 200	37 700	540 000	532 000	538 800
其中：甲	100	1 000	84	82	83	81	8 400	8 200	8 300	84 000	82 000	81 000
乙	40	600	760	750	735	763	30 400	30 000	29 400	456 000	450 000	457 800
不可比产品合计								4 220	4 238		47 100	47 560
其中：丙	16	140		125	128	126		2 000	2 048		17 500	17 640
丁	6	80		370	365	374		2 220	2 190		29 600	29 920
全部产品								42 420	41 938		579 100	586 360

补充资料：

① 可比产品成本降低额为 1 200 元（本年计划降低额为 5 600 元）。

② 可比产品成本降低率为 0.222 2%（本年计划降低率为 1.508 6%）。

表 14-1 应按可比产品和不可比产品分别填列。其中,可比产品是指企业过去曾经正式生产过,有完整的成本资料可以进行比较的产品;不可比产品是指企业以前上年度未正式生产过、缺乏可比资料的产品。在成本计划中,对不可比产品只规定本年的计划成本,而对可比产品不仅要规定计划成本指标,而且还要规定成本降低计划指标,即本年度可比产品计划成本比上年度(或者以前年度)实际成本的降低额和降低率。

此表根据各种可比产品和不可比产品的实际产量、实际单位成本和计划单位成本计算填列。对于可比产品,还需要上年单位成本资料。

为了反映企业当年全部产品成本计划完成情况,基本报表部分应反映各种可比产品和不可比产品本月和本年累计产量按计划单位成本计算的总成本。

为了计算可比产品降低额和降低率,基本报表部分还应反映可比产品本月和本年产量按上年实际平均单位成本计算的总成本。

补充资料中的可比产品成本降低额和降低率,按下列公式计算填列:

$$可比产品成本降低率 = \frac{可比产品成本降低额}{按上年实际平均单位成本计算的可比产品总成本} \times 100\%$$

$$可比产品成本降低额 = 按上年实际平均单位成本计算的可比产品总成本 - 本年可比产品实际总成本$$

根据表 14-1 中的数据可计算指标如下:

可比产品成本降低额 = 540 000 - 538 800 = 1 200(元)

可比产品成本降低率 = 1 200 ÷ 540 000 × 100% = 0.222 2%

(二) 按产品成本项目反映的商品产品成本表

按产品成本项目反映的商品产品成本表,汇总反映企业在报告期发生的全部生产费用(按成本项目反映)和全部产品总成本。利用此表可以定期、概括地考核和分析企业全部生产费用与全部产品总成本计划的完成情况,对企业成本工作从总体上进行评价,并为进一步分析指出方向。此表由生产费用和产品成本两个部分组成,其格式举例参见表 14-2。

表 14-2 商品产品成本表(按成本项目反映)

编制单位:××工厂　　　　　　　　　　2015 年 12 月　　　　　　　　　　金额单位:元

项目	本年计划数	本月实际数	本年累计实际数
直接材料	132 061	9 490	136 770
直接人工	63 158	4 036	61 110
燃料动力	36 748	2 649	37 248
制造费用	55 123	3 974	55 872
生产费用合计	287 090	20 149	291 000
加:在产品、自制半成品期初余额	14 610	2 980	19 340
减:在产品、自制半成品期末余额	12 150	2 160	171 600
产品成本合计	289 550	20 969	138 740

表 14-2 内各项目的填列方法:本年计划数一栏,应根据成本计划有关资料填列;本月实际数一栏,按成本项目反映的各种生产费用数,应根据各种产品生产成本明细账所记本月生产费用合计数,按成本项目分别汇总填列;本年累计实际数一栏,应根据本月实际数,加上上月份此表的本年度累计实际数计算填列。期初、期末在产品和自制半成品余额,应根据各种

产品生产成本明细账的期初、期末在产品成本和各种自制半成品明细账的期初、期末余额，分别汇总填列。由生产费用合计数加、减在产品、自制半成品期初、期末余额，即可计算出产品成本合计数。

二、主要产品单位成本表的编制

主要产品单位成本表是反映企业在报告期内生产的各种主要产品单位成本水平和构成情况，以及每种产品的技术经济指标的报表。该表按每种主要产品分别编制，是对商品产品成本表所列各种主要产品成本的补充说明。该表由产量、单位成本和主要技术经济指标组成，其格式举例参见表14-3。

利用主要产品单位成本表，可以按照成本项目分析和考核主要产品单位成本计划的执行情况；可以按照成本项目将本月实际和本年累计实际平均单位成本，与上年实际平均单位成本和历史先进水平进行对比，了解单位成本的变动情况；可以分析和考核各种主要产品的主要技术经济指标的执行情况，进而查明主要产品单位成本升降的具体原因；可以在同类企业之间进行成本对比，找出差距，挖掘控制成本的潜力。

表14-3　主要产品单位成本表
2015年12月

企业名称：华新公司　　　　　　　　　　　　　　　　本月计划产量：18件
产品名称：乙产品　　　　　　　　　　　　　　　　　本月实际产量：20件
产品规格：××规格　　　　　　　　　　　　　　　　本年累计计划产量：200件
金额单位：元　　　　　　　　　　　　　　　　　　　本年累计实际产量：300件

成本项目		历史先进水平 20××年	上年实际平均单位成本	本年计划单位成本	本月实际单位成本	本年累计实际平均单位成本
直接材料		470	480	480	475	482
燃料动力		37	52	48	40	53
直接人工		81	86	82	75	78
制造费用		140	142	140	145	150
产品单位成本		728	760	750	735	763
主要技术指标	计量单位	耗用量	耗用量	耗用量	耗用量	耗用量
A材料	千克	38	42	40	36	36
B材料	千克	64	66	64	60	68

表14-3中各项数字填列方法如下。

（一）产量

本月及本年累计计划产量应根据生产计划填列，本月及本年累计实际产量应根据产品生产成本明细账或者产成品成本汇总表填列。

（二）单位成本

表14-3中的历史先进水平，应根据该种产品成本最低年度该产品的实际平均单位成本填列；上年实际平均单位成本，应根据上年度该产品累计实际平均单位成本填列；本年计划单位成本，应根据本年度成本计划填列；本月实际单位成本，应根据产品生产成本明细账或者产成品成本汇总表填列；本年累计实际平均单位成本，应根据该种产品生产成本明细账所

记的自年初至报告期末完工产品实际总成本除以累计实际产量计算填列。

该表有关数据,应当与按产品品种反映的商品产品成本表中该种产品的有关数据相符。

(三)主要技术经济指标

主要技术经济指标应根据业务技术核算资料填列。

第三节 产品成本分析方法概述

成本分析,是指为了满足企业经营管理的需要,以成本报表为分析对象,根据成本核算资料和其他有关资料,运用一系列方法,揭示成本变动的影响因素,进而挖掘降低成本潜力的活动。常用的成本分析方法有比较分析法、比率分析法、趋势分析法、因素分析法等。

一、比较分析法

比较分析法是通过实际数与基数的比较,确定指标数量差异的一种分析方法。它是最基本的成本分析方法,主要作用在于揭示客观上存在的差异,为进一步分析指出方向。对比分析的基数由于分析目的的不同而有所不同,在实际工作中通常有以下三种形式。

(1)以成本的实际指标与成本的计划或者定额指标比较,分析成本计划或者定额的完成情况。

(2)以本期实际指标与前期(上期、上年同期或历史最好水平)的实际指标比较,分析指标的变动情况和变动趋势,了解企业生产经营工作的改进情况。

(3)以本企业实际成本指标(或者某项技术经济指标)与国内外同行业先进水平比较,可以在更大范围内找差距,推动企业改善经营管理。

在应用比较分析法时,要注意相比指标的可比性。进行比较的各项指标,必须是同质数量指标,如产品实际成本与产品计划成本比较,实际材料费用与定额材料费用比较等。进行比较的各项指标,在经济内容、计算口径、计算期以及影响指标的客观条件等方面应有可比的共同基础,否则,应当先按可比的口径进行调整后再进行比较,如按不变价格换算或者按物价指数调整等。

二、比率分析法

比率分析法,是指通过计算指标之间的比率进行数量分析的一种方法。采用这一方法,先要把对比的数值变成相对数,求出比率,然后再进行比较分析。常用的比率分析方法是相关比率分析和构成比率分析。

(一)相关比率分析

相关比率分析,是指通过计算两个性质不同而又相关的指标的比率进行数量分析的方法。如将产品成本指标与商品产值、销售收入、利润总额等指标对比求出的产值成本率、销售成本率和成本利润率指标,可以反映企业经济效益的好坏。这些指标的计算方法如下:

$$产值成本率 = \frac{产品成本}{商品产值} \times 100\%$$

$$销售成本率 = \frac{产品成本}{产品销售收入} \times 100\%$$

$$成本利润率 = \frac{利润总额}{产品成本} \times 100\%$$

不同企业或者一个企业的不同时期,由于生产规模不同,有些指标不具有可比性,如利润指标。采用相关比率分析方法,如将利润指标与同期企业的产品销售收入或者产品成本指标对比求出比率,就可以把企业规模不同的影响剔除,把某些不可比指标变为可比的。

(二)构成比率分析

构成比率分析或称结构比例分析,是通过计算某项经济指标的各个组成部分占总体的比重进行数量分析的方法。如将构成产品成本的各个成本项目分别与产品成本总额相比,计算产品成本构成比率,然后将不同时期的产品成本构成比率相比较,通过观察产品成本构成的变动,找出企业控制产品成本的具体措施。这些指标的计算方法如下:

$$直接材料比率 = \frac{直接材料}{产品成本} \times 100\%$$

$$直接人工比率 = \frac{直接人工}{产品成本} \times 100\%$$

$$燃料动力比率 = \frac{燃料动力}{产品成本} \times 100\%$$

$$制造费用比率 = \frac{制造费用}{产品成本} \times 100\%$$

三、趋势分析法

趋势分析法或称动态分析法,是根据企业连续若干时期的同一指标的数值通过列表或者绘制统计图的方式反映来进行动态比较,借以观察该项指标的增减变动趋势及幅度的一种分析方法。进行动态比较的指标数值既可以是绝对数,又可以是相对数。

例如,某企业 2011—2015 年连续 5 年生产的甲产品单位成本参见表 14-4。

表 14-4 甲产品单位成本表

年 度	2011	2012	2013	2014	2015
单位成本/元	1 000	995	980	970	900

从表 14-4 中可以看出,甲产品的单位成本总趋势是逐年降低的。为了进一步说明单位成本降低的幅度,可以计算两种趋势百分比。

(一)定基比率趋势百分比

定基比率趋势百分比的基本方法是:选定某一期为基期(如以 2011 年为基期),然后分别以各期的指标数值与基期的指标数值相比,计算出一系列的比率。以表 14-4 的资料为例,计算结果参见表 14-5。

表 14-5 定基比率趋势百分比

年 度	2011	2012	2013	2014	2015
单位成本变动趋势	100%	99.5%	98%	97%	90%

从表 14-5 中可以看出,甲产品的单位成本是逐年降低的。其中,2012 年比基期降低 0.5%,2013 年比基期降低 2%,2014 年比基期降低 3%,2015 年比基期降低 10%。

（二）环比比率趋势百分比

为了确定连续若干期内每期成本（或者费用）与上期成本（或者费用）相比的变动方向及变动幅度，需要计算环比比率趋势百分比。以表 14-4 的资料为例，计算结果参见表 14-6。

表 14-6　环比比率趋势百分比

年　　度	2011	2012	2013	2014	2015
单位成本变动趋势	100%	99.50%	98.50%	98.98%	92.78%

从表 14-6 可以看出，甲产品的单位成本是逐年降低的。其中，2012 年比 2011 年降低 0.50%，2013 年比 2012 年降低 1%，2014 年比 2013 年降低 0.48%，2015 年比 2014 年降低 6.20%。

四、因素分析法

因素分析法或称连环替代法，是把综合性指标分解为若干个因素，研究各因素变动对综合性指标变动的影响程度的一种数量分析方法。因素分析按综合指标中各构成因素之间的关系分为简单因素分析和复杂因素分析。

简单因素分析，是指综合指标的各个构成因素之间没有直接的关系，在分析某一因素变动对综合指标的影响时，排除其他因素不至于导致错误的分析结果。

复杂因素分析，是指综合指标的各个构成因素之间存在一定的连带关系，在分析某一因素变动对综合指标的影响时，若排除其他任何一个因素，都会导致错误的分析结果。在此情况下，通常用连环替代法进行分析。

连环替代法是用来计算几个相互联系的因素对综合指标变动影响程度的一种分析方法。其具体步骤是：(1) 将综合指标分解为几个相互联系的因素；(2) 确定各个因素的替代顺序；(3) 按确定的替代顺序逐个计算各因素变动对综合指标的影响程度。在研究某一因素变动对综合指标变动的影响时，假定其他因素不变。

需要强调的是：(1) 连环替代法的替代顺序有一定的假定性，通常遵循的原则是先替代数量指标，再替代质量指标，先替代实物量指标，再替代价值量指标；(2) 按确定的替代顺序每次只替换一个因素，而且除第一次替换外，每个因素的替换都是在前面因素替换的基础上进行的。

下面用产品的材料费用变动为例，说明连环替代法的特点。

【例 14-1】 某企业生产甲产品，2015 年 8 月，计划耗用材料费用 36 000 元，实际耗用材料费用 42 840 元，材料费用差异为增加 6 840 元。影响材料费用的因素按其相互关系可以分解为产品产量、单位产品材料消耗量和材料单价。详细资料参见表 14-7。

表 14-7　甲产品材料费用资料

2015 年 8 月

项　　目	产品产量/件	单位消耗量/千克	材料单价/元	材料费用总额/元
计划数	200	18	10	36 000
实际数	210	17	12	42 840
差异额	+10	-1	+2	+6 840

按连环替代法计算分析如下：
(1) 以计划数为基数　　　　　　200×18×10＝36 000(元)
(2) 第一次替换　　　　　　　　210×18×10＝37 800(元)
(2)－(1)产量变动影响　　　　　　　　　　　＋1 800(元)
(3) 第二次替换　　　　　　　　210×17×10＝35 700(元)
(3)－(2)单位产品材料消耗量　　　　　　　　－2 100(元)
变动影响：
(4) 第三次替换　　　　　　　　210×17×12＝42 840(元)
(4)－(3)材料单价变动影响　　　　　　　　　＋7 140(元)
合计：　　　　　　　　　　　　　　　　　　＋6 840(元)

通过计算可以看出，造成甲产品材料费用增加 6 840 元的原因是：产量增加使材料费用增加 1 800 元；单位产品材料消耗量降低使材料费用节约 2 100 元；材料单价提高使材料费用增加 7 140 元。

上面的连环替代法也可以采用另一种形式——差额计算法。

差额计算法是连环替代法的一种简化形式。运用这一方法时，先要确定各因素变动的差异，然后按照各因素的排列顺序，依次求出各因素变动对综合指标变动的影响程度。其原理与连环替代法一样。

【例 14-2】 仍沿用例 14-1，以差额计算法计算各因素变动对甲产品材料费用变动程度的影响程度。

(1) 分析对象＝42 840－36 000＝＋6 840(元)
(2) 各因素影响程度
① 产量变动影响＝(＋10)×18×10＝＋1 800(元)
② 单位产品材料
消耗量变动影响＝210×(－1)×10＝－2 100(元)
③ 材料单价变动影响＝210×17×(＋2)＝＋7 140(元)
合计：　　　　　　　　　　　　　＋6 480(元)

差额计算法由于计算简便，所以应用广泛，特别是在影响因素只有两个时更为适用。

第四节　商品产品成本表分析

一、全部商品产品成本计划完成情况的分析

在商品产品成本表中，将全部商品产品的实际总成本与计划总成本进行比较，可以了解全部商品产品成本计划完成情况，并分别考察可比产品成本和不可比产品成本的计划完成情况。

【例 14-3】 根据商品产品成本表编制有关资料编制的商品产品成本分析(参见表 14-8)。

从表 14-8 中可以看出：2015 年全部商品产品实际成本比计划成本降低额为 45 607 500－45 107 250＝500 250 元，降低率为 500 250÷45 607 500×100%≈1.10%。其中，可比产品中 A 产品和 C 产品成本计划完成得较好；不可比产品中 E 产品没有完成计划。

表 14-8 商品产品成本分析表

2015 年 12 月

金额单位：元

产品名称	产量/件 ① 计划	产量/件 ② 实际	单位成本 ③ 上年实际平均单位成本	单位成本 ④ 本年计划单位成本	单位成本 ⑤ 本年实际单位成本	本年累计总成本 ⑥=②×③ 按上年实际平均单位成本	本年累计总成本 ⑦=②×④ 按本年计划单位成本	本年累计总成本 ⑧=②×⑤ 本年实际	本年实际与本年计划比 ⑨=⑦-⑧ 降低额	本年实际与本年计划比 ⑩=⑨÷⑦ 降低率	本年实际与上年实际比 ⑪=⑥-⑧ 降低额	本年实际与上年实际比 ⑫=⑪÷⑥ 降低率
可比产品						22 825 000	21 687 500	21 227 250	460 250	2.12%	1 597 750	7%
A	45 000	50 000	240	225	220	12 000 000	11 250 000	11 000 000	250 000	2.22%	1 000 000	8.33%
B	20 000	20 000	260	250	247.5	5 200 000	5 000 000	4 950 000	50 000	1.00%	250 000	4.81%
C	20 000	25 000	225	217.5	211.09	5 625 000	5 437 500	5 277 250	160 250	2.95%	347 750	6.18%
不可比产品							23 920 000	23 880 000	40 000	0.17%		
D	15 000	16 000		1 120	1 130		17 920 000	18 080 000	−160 000	−0.89%		
E	10 000	10 000		600	580		6 000 000	5 800 000	200 000	3.33%		
合计							45 607 500	45 107 250	500 250	1.10%		

二、可比产品成本分析

可比产品成本的分析一般从两个方面进行：一是对可比产品成本降低任务完成情况的分析；二是对影响可比产品成本降低任务完成情况的因素分析。

（一）可比产品成本降低任务完成情况的分析

可比产品成本降低任务完成情况的分析，就是将可比产品成本实际降低额和实际降低率分别与其计划降低额和计划降低率进行比较，以判断其是否完成了成本降低计划。

计划降低额和计划降低率的计算公式：

$$可比产品成本计划降低额 = \sum(产品计划产量 \times 上年实际单位成本) - \sum(产品计划产量 \times 本年计划单位成本)$$

$$可比产品成本计划降低率 = \frac{可比产品计划降低额}{\sum(产品计划产量 \times 上年实际单位成本)} \times 100\%$$

实际降低额和实际降低率的计算公式：

$$可比产品成本实际降低额 = \sum(产品实际产量 \times 上年实际单位成本) - \sum(产品实际产量 \times 本年实际单位成本)$$

$$可比产品成本实际降低率 = \frac{可比产品实际降低额}{\sum(产品实际产量 \times 上年实际单位成本)} \times 100\%$$

【例14-4】 仍沿用表14-8的资料，分析2015年可比产品成本降低任务完成情况。

(1) 可比产品成本计划降低额＝(45 000×240＋20 000×260＋20 000×225)－
　　　　　　　　　　　　　(45 000×225＋20 000×250＋20 000×217.5)
　　　　　　　　　　　　＝1 025 000(元)

(2) 可比产品成本计划降低率＝1 025 000÷20 500 000×100％＝5％

从表14-8中可以看出，可比产品实际降低额为1 597 750元，降低率为7％，计算如下：

(3) 可比产品成本实际降低额＝22 825 000－21 227 250＝1 597 750(元)

(4) 可比产品成本实际降低率＝1 597 750÷22 825 000×100％＝7％

可比产品实际降低指标和计划降低指标的比较参见表14-9。

表14-9 可比产品成本降低指标比较

2015年

指 标	计 划	实 际	差异(实际－计划)
降低额/元	1 025 000	1 597 750	572 750
降低率	5％	7％	2％

从表14-9可以看出，可比产品成本降低额和降低率都完成了计划，超降额572 750元，超降率2％。

企业可以将超降额572 750元和超降率2％作为分析对象，对影响成本降低的因素作进一步的分析。

（二）影响可比产品成本降低任务完成情况的因素分析

影响可比产品成本降低任务完成情况的因素包括产品产量的变动、产品品种构成的变动、产品单位成本的变动。

1. 产品产量的变动对成本降低指标的影响

产量变动即实际产量比计划产量增加或者减少。产量的增减,必然会影响可比产品成本降低计划的完成情况。在产品品种构成和产品单位成本不变的情况下,单纯产量变动只影响成本降低额,不影响成本降低率。其对成本降低额的影响计算如下:

$$\frac{\text{可比产品产量变动}}{\text{对成本降低额的影响}} = \frac{\text{可比产品按上年实际平均}}{\text{单位成本计算的总成本}} \times \text{计划降低率} - \text{计划降低额}$$

可比产品产量变动对成本降低率的影响 = 0(无影响)

2. 产品品种构成的变动对成本降低指标的影响

由于各种可比产品的成本变动方向及幅度不同,有的节约,有的超支,有的降幅大,有的降幅小。因此,当产品的品种构成发生变动时,不仅影响产品成本降低额,而且影响产品成本降低率。如果成本降低幅度大的产品在产量中的比重上升,则可比产品成本的降低额和降低率就会增大;反之,则会减小。产品品种构成变动对成本降低指标的影响计算如下:

$$\frac{\text{可比产品品种构成变动}}{\text{对成本降低率的影响}} = \frac{\dfrac{\text{按上年实际平均单位}}{\text{成本计算的总成本}} - \dfrac{\text{按计划单位成本}}{\text{计算的总成本}}}{\text{按上年实际平均单位}} \times 100\% - \text{计划降低率}$$
$$\text{成本计算的总成本}$$

可比产品品种构成变动对成本降低率的影响 = 按上年实际平均单位成本计算的总成本 — 可比产品品种构成变动对成本降低率的影响

可比产品品种构成变动对成本降低率的影响 = 按上年实际平均单位成本计算的总成本 — 可比产品品种构成变动对成本降低率

3. 产品单位成本的变动对成本降低指标的影响

当可比产品实际单位成本比计划单位成本降低或者升高时,必然会引起成本降低额和降低率同方向的变动。产品单位成本变动对可比产品成本降低的影响计算如下:

$$\frac{\text{可比产品单位成本变动}}{\text{对成本降低额的影响}} = \text{实际产量按计划单位成本计算的总成本} - \text{实际总成本}$$

$$\frac{\text{可比产品单位成本}}{\text{变动对成本降低率的影响}} = \frac{\text{可比产品单位成本变动对成本降低额的影响}}{\text{实际产量按上年实际平均单位成本计算的总成本}} \times 100\%$$

【例14-5】 仍沿用例14-3和例14-4,分析计算产品产量、品种构成、单位成本等因素对可比产品成本降低额和降低率的影响。

分析对象:超降额572 750元,超降率2%。

(1) 可比产品产量变动

对成本降低额的影响 = 22 825 000×5% — 1 025 000 = 116 250(元)

(2) 可比产品产量变动

对成本降低率的影响 = 0(无影响)

(3) 可比产品品种构成变动对成本降低率的影响 = (22 825 000 — 21 687 500)÷22 825 000×100% — 5% = —0.0164%

(4) 可比产品品种构成变动对成本降低额的影响 = 22 825 000×(—0.0164%)
　　　　　　　　　　　　　　　　　　= —3743.3(元)

(5) 可比产品单位成本变动对成本降低额的影响 = 21 687 500 — 21 227 250
　　　　　　　　　　　　　　　　　　= 460 250(元)

(6) 可比产品单位成本变动对成本降低率的影响 = 460 250 ÷ 22 825 000 × 100%
= 2.016 4%

将上述各因素变动对可比产品成本降低指标的影响汇总(参见表 14-10)。

表 14-10 可比产品成本指标变动因素分析

2015 年

影响成本的因素	对超降额的影响/元	对超降率的影响
产品产量的变动	116	0
产品品种构成的变动	−3	−0.016 4%
产品单位成本的变动	460 250	2.016 4%
各因素影响合计	572 756.7	2%

由表 14-10 可以看出各个因素对可比产品成本降低额和降低率的影响程度。

第五节 主要产品单位成本分析

在对企业全部商品产品成本和可比产品成本进行分析的基础上,还应进行主要产品单位成本的分析。分析主要产品单位成本的意义在于揭示各产品成本项目的变动对各种产品单位成本的影响程度,以及有关技术经济指标变动对产品单位成本的影响,查明产品单位成本升降的具体原因,寻找控制成本的途径。

主要产品单位成本分析的内容通常包括:(1)将产品的实际单位成本与计划单位成本对比,进行主要产品单位成本计划完成情况的分析;(2)产品的本期实际单位成本与上期单位成本对比,进行主要产品单位成本变动情况的分析;(3)进行产品成本项目分析时,还可以将本企业主要产品与其他企业同类产品成本对比,进行产品单位成本的厂际分析。

一、产品单位成本计划完成情况的分析

进行产品单位成本分析,根据需要可以将实际单位成本与计划单位成本进行比较分析,或将实际单位成本与上年实际单位成本进行比较分析,确定单位成本的变动方向及变动幅度。

【例 14-6】 某家具制造厂 2015 年丙产品单位产品各项消耗指标参见表 14-11。

表 14-11 丙产品单位产品各项消耗指标一览表

2015 年度 金额单位:元

成本项目	消耗量及单价	本年计划	本年累计实际平均
直接材料	A 材料用量/m²	10	9.50
	A 材料单价/(元/m²)	135	140
	B 材料用量/m²	6	6.80
	B 材料单价/(元/m²)	95	90
直接人工	生产工时/小时	50	48
	小时工资率/(元/小时)	15	20

续表

成本项目	消耗量及单价	本年计划	本年累计实际平均
燃料动力	动力消耗/度	148	140
	动力单价/(元/度)	0.50	0.50
制造费用	工时消耗/小时	50	50
	小时费用率/(元/小时)	25.40	26

根据表 14-11 提供的消耗指标编制丙产品单位成本分析表(参见表 14-12)。

表 14-12　丙产品单位成本分析表

2015 年　　　　　　　　　　　　　　　　　　　金额单位：元

成本项目	本年计划单位成本	本年实际单位成本	降低额	降低率
直接材料	1 920	1 942	+22	+1.15%
直接人工	750	960	+210	+28%
燃料动力	74	70	−4	−5.41%
制造费用	1 270	1 300	+30	+2.36%
合计	4 014	4 272	+258	+6.43%

由表 14-12 可以看出：丙产品单位成本比上年上涨+258 元，上涨率为+6.43%。各成本项目中，除燃料动力有所降低外，直接材料、直接人工和制造费用等项目均有不同程度的上涨，其中直接人工增加最多，涨幅为+28%，应作为进一步分析的重点项目。

二、产品成本项目分析

对于直接材料、直接人工、燃料动力和制造费用等成本项目的分析，通常将产品成本各项目的实际金额与计划金额进行比较分析，或者将产品成本各项目的本期实际金额与上期实际金额进行比较分析。

下面就产品成本各项目的实际金额与计划金额进行比较分析。

（一）直接材料项目的分析

单位产品直接材料的变动主要受单位产品材料消耗量和材料价格两个因素变动的影响。各因素变动的影响可以采用连锁替代法计算如下：

材料消耗量变动的影响=(材料实际用量－材料计划用量)×材料计划单价

材料价格变动的影响=(材料实际单价－材料计划单价)×材料实际用量

【例 14-7】　仍沿用例 14-6，根据表 14-11 丙产品直接材料消耗指标，编制丙产品单位产品直接材料分析表(参见表 14-13)。

表 14-13　丙产品单位产品直接材料分析表

2015 年 10 月　　　　　　　　　　　　　　　　　金额单位：元

材料名称	耗用量/m²		单价		材料费用		材料费用差异
	计划	实际	计划	实际	计划	实际	
A 材料	10	9.50	135	140	1 350	1 330	−20
B 材料	6	6.80	95	90	570	612	+42
合计					1 920	1 942	+22

丙产品材料费用实际比计划增加 22 元,其中:
(1) 材料用量变动的影响:
A 材料(9.50－10)×135＝－67.50（元）
B 材料(6.80－6)×95＝　＋76　　（元）
合计　　　　　　　　　　＋8.50（元）
(2) 材料价格变动的影响:
A 材料(140－135)×9.50＝＋47.50（元）
B 材料(90－95)×6.80　＝　－34　　（元）
合计　　　　　　　　＋13.50（元）
(3) 两因素变动的影响合计：＋22　（元）
即因材料用量和材料价格两个因素的影响使丙产品单位成本增加 22 元。

（二）直接人工项目的分析

分析产品单位成本中的工资费用,必须按照不同的工资制度和工资费用计入成本的方法来进行。

在计时工资制度下,如果企业生产多种产品,产品成本中的工资费用一般是按生产工时比例分配计入产品成本,这时产品单位成本中工资费用的多少取决于单位产品的工时消耗和每小时工资率两个因素。分析单位成本中的工资费用,应结合生产技术、工艺和劳动组织等方面的情况,重点查明单位产品生产工时和每小时工资率变动的原因。各因素变动的影响计算如下:

工时消耗量变动的影响＝（单位产品实际工时－单位产品计划工时）×计划小时工资率

小时工资率变动的影响＝（实际小时工资率－计划小时工资率）×单位产品实际工时

计件工资制度是按照生产的合格品的数量（或作业量）和预先规定的计件工资单价来计算劳动报酬。在此制度下,单位产品成本中的工资额是固定不变的。

【例 14-8】 仍沿用例 14-6,根据表 14-11 丙产品所耗用工时和小时工资率指标,编制丙产品单位产品直接人工分析表（参见表 14-14）。

表 14-14　丙产品单位产品直接人工分析表

2015 年　　　　　　　　　　　　　　　　　　　　　　　　　　金额单位：元

项　目	单位产品工时/小时	小时工资率	单位产品直接人工
本年计划	50	15	750
本月实际	48	20	960
差异	－2	＋5	＋210

采用差额法分析各因素影响程度如下:
单位产品工时变动影响＝（－2）×15＝－30(元)
每小时工资变动影响　＝（＋5）×48＝＋240(元)
单位产品工时和小时工资率两因素影响合计：＋210(元)

（三）燃料动力项目的分析

单位产品燃料动力主要受燃料动力消耗量和燃料动力价格两个因素变动的影响。单位产品燃料动力的分析与直接材料项目的分析方法相同,可以采用连锁替代法或者差额法,分析计算各因素变动的影响。

(四)制造费用项目的分析

制造费用是产品生产中发生的间接计入费用,可以根据生产工时、机器工时、直接人工等分配标准,分配计入产品成本。

在采用生产工时为标准分配制造费用的情况下,其分析方法与计时工资制度下直接人工的分析相类似。在此情况下,影响制造费用的因素包括单位产品工时消耗量和小时制造费用率两个因素。各因素变动的影响的计算如下:

工时消耗量变动的影响=(单位产品实际工时-单位产品计划工时)×计划小时费用率

小时费用率变动的影响=(实际小时费用率-计划小时费用率)×单位产品实际工时

三、产品单位成本变动情况分析和厂际单位成本分析

产品单位成本变动情况的分析,通常是将本年实际单位成本与上年实际单位成本进行比较分析,确定单位成本的变动方向及变动幅度。

厂际单位成本分析,是在行业生产相同产品的不同企业间,以平均成本和先进成本水平对本企业成本进行检查、分析、监督和控制,找出成本高低的原因,通过采取措施,达到不降低成本,提高经济效益的目的。同行业虽然生产的是相同产品,但是各企业的自然环境、生产条件、技术装备、原材料供应渠道、工艺路线、生产环节的划分等都不尽相同,相同产品的单位产品往往存在较大差异。

产品单位成本变动情况分析和厂际单位成本分析的方法,与上述产品单位成本计划完成情况的分析方法相似,在此不赘述。

第六节 各种费用报表的编制与分析

企业在生产经营过程中,各个车间、部门为了进行产品生产、组织和管理生产经营活动会发生大量的制造费用、销售费用、管理费用和财务费用。其中,制造费用计入产品成本,其他三类属于期间费用。编制费用报表的作用在于反映各该费用计划的执行情况,分析各种费用变动的原因,以及对产品成本和当期损益的影响。

一、各种费用明细表的结构和编制方法

(一)制造费用明细表的结构和编制方法

制造费用明细表的格式举例参见表14-15。

此表按制造费用项目分别反映各该费用的本年计划数、上年同期实际数、本月实际数和本年累计实际数。其中,本年计划数应根据制造费用计划或者预算填列,上年同期实际数应根据上年同期制造费用明细表的累计实际数填列,本月实际数应根据各生产车间制造费用明细账的本期发生额计算填列。

表 14-15　制造费用明细表

2015 年 12 月　　　　　　　　　　　　　　　　　　　　　金额单位：元

项　目	本年计划	上年同期实际	本月实际	本年累计实际
工资	（略）	（略）	（略）	12 000
职工福利费				2 500
折旧费				6 000
修理费				2 825
办公费				4 337
水电费				12 000
机物料消耗				680
劳动保护费				1 240
租赁费				823
运输费				1 495
保险费				925
在产品盘亏、毁损				465
其他				210
合计				45 500

（二）其他费用明细表的结构和编制方法

销售费用明细表、管理费用明细表和财务费用明细表的编制方法举例参见表 14-16、表 14-17 和表 14-18。

表 14-16　销售费用明细表

2015 年 12 月　　　　　　　　　　　　　　　　　　　　　金额单位：元

项　目	本年计划	上年同期实际	本月实际	本年累计实际
工资	（略）	（略）	（略）	5 616
职工福利费				786
业务费				2 000
运输费				7 800
装卸费				4 188
包装费				7 332
保险费				1 780
展览费				0
差旅费				2 562
租赁费				0
低值易耗品摊销				990
销售部门办公费				1 702
委托代销手续费				0
销售服务费				0
折旧费				1 810
其他				0
合计				36 566

表 14-17　管理费用明细表

2015 年 12 月　　　　　　　　　　　　　　　　　　　　金额单位：元

项　目	本年计划	上年同期实际	本月实际	本年累计实际
工资	（略）	（略）	（略）	29 400
职工福利费				4 116
折旧费				10 280
办公费				4 524
差旅费				7 385
运输费				9 763
保险费				7 920
租赁费				8 670
修理费				
咨询费				540
诉讼费				7 120
排污费				3 245
绿化费				4 180
物料消耗				2 875
低值易耗品摊销				2 400
无形资产摊销				1 880
递延费用摊销				1 600
研究开发费				7 890
技术转让费				6 940
业务招待费				8 200
工会经费				3 508
职工教育经费				8 912
劳动保险费				1 290
税金支出				
存货盘亏（减盘盈）				
其他支出				
合计				142 638

表 14-18　财务费用明细表

2015 年 12 月　　　　　　　　　　　　　　　　　　　　金额单位：元

项　目	本年计划	上年同期实际	本月实际	本年累计实际
利息支出（减利息收入）	（略）	（略）	（略）	16 500
汇兑损失（减汇兑损益）				7 745
调剂外汇手续费				3 120
金融机构手续费				0
其他筹资费用				0
合计				27 365

二、各种费用明细表的分析

制造费用作为生产费用,计入产品成本;销售费用、管理费用和财务费用作为期间费用,直接计入当期损益。它们是由许多具有不同经济内容的费用要素组成的。分析并控制这些费用支出是促进节约、杜绝浪费、不断降低成本和增加盈利的重要途径,也是推动企业改进生产经营管理工作、提高工作效率的重要措施。

对上述各种费用进行分析,首先以本年实际数和本年计划数相比较,确定实际脱离计划的差异,然后分析差异的原因。由于各种费用所包括的费用项目具有不同的经济性质,各种费用变动又受不同因素的影响,因此,在确定费用实际支出脱离计划差异时,应按各种费用要素分别进行,而不能只检查各种费用总额计划的执行情况。同时,要注意不同费用项目的特点,不能简单地把超过计划的费用支出都看作是不合理的;同样,对某些费用要素的减少也应作具体分析;它可能反映了企业工作的成绩,也可能隐含企业工作中的问题。如制造费用中的劳动保护费、修理费、试验检验费的减少,并不意味着工作的改进。总之,不能孤立地看费用是超支还是节约,而应结合各项技术组织措施效果来进行分析,结合各项费用支出的经济效益进行评价。

在进行分析时,由于费用项目多,因此应当抓住重点,着重对费用支出比重较大的或者偏离计划较大的项目进行分析,特别应注意那些非生产性的损失项目,如材料、在产品和产成品等盘亏和毁损。

各种费用的分析方法,通常也采用比较分析法、比率分析法、趋势分析法等,在此不赘述。

本章基本训练

一、单项选择题

1. 按照企业会计准则的规定,成本报表属于(　　)。
   A. 内部报表(或称为对内报表)　　B. 外部报表(或称为对外报表)
   C. 既是内部报表,又是对外报表　　D. 由企业自行确定对内或对外报告

2. 成本报表的种类、格式、报表项目,以及指标的设计、编报方法、报送对象、编报日期,应当由(　　)。
   A. 国家统一规定　　B. 行业主管部门规定
   C. 企业自行决定　　D. 会计准则规定

3. 比较分析法,是指通过相同指标的对比,从(　　)上确定差异的一种分析方法。
   A. 劳动量　　B. 价值量
   C. 数量　　D. 质量

4. 将两个性质不同但又相关的指标相对比计算的比率指标,称为(　　)指标。
   A. 定基比率　　B. 环比比率
   C. 相关比率　　D. 结构比率

5. 反映某项指标各个组成部分占其总体比重的分析方法,属于(　　)。
   A. 趋势分析法　　　　　　　　　　B. 结构分析法
   C. 比率分析法　　　　　　　　　　D. 连环替代法
6. 连环替代法是用来计算几个相互联系的因素对综合经济指标变动(　　)的一种分析方法。
   A. 影响数量　　　　　　　　　　　B. 影响金额
   C. 影响程度　　　　　　　　　　　D. 影响原因

二、多项选择题

1. 企业编制成本费用报表的资料来源有(　　)。
   A. 当期成本费用会计核算资料　　　B. 以前年度成本费用资料
   C. 本期成本计划和费用预算　　　　D. 有关统计核算资料
2. 进行成本分析应当遵循的原则有(　　)。
   A. 全面分析与重点分析相结合　　　B. 定量分析与定性分析相结合
   C. 横向分析与纵向分析相结合　　　D. 专业分析与群众分析相结合
3. 采用连环替代法确定各因素先后顺序的一般原则是(　　)。
   A. 先计算数量因素后计算质量因素
   B. 先计算质量因素后计算数量因素
   C. 先计算实物因素后计算价值因素
   D. 先计算主要因素后计算次要因素
4. 主要产品单位成本表中反映的单位成本包括(　　)单位成本。
   A. 本年计划　　　　　　　　　　　B. 同行业实际平均
   C. 本月实际　　　　　　　　　　　D. 上年实际平均
5. 商品产品成本表提供的指标有(　　)。
   A. 按产品成本项目反映的本月实际单位成本
   B. 按产品种类反映的上年实际平均单位成本
   C. 按产品种类反映的本年累计实际成本
   D. 按产品种类反映的本月产量和本年累计产量
6. 销售成本率变动的影响因素包括(　　)。
   A. 产品单位成本的变动　　　　　　B. 产品销售价格的变动
   C. 销售产品品种构成的变动　　　　D. 产品产量的变动
7. 影响可比产品成本降低任务完成情况的主要因素有(　　)。
   A. 产品产量的变动　　　　　　　　B. 产品销售价格的变动
   C. 产品品种构成的变动　　　　　　D. 产品单位成本的变动

三、实务题

目的:练习用差额分析法进行因素变动的分析。

资料:甲公司生产 A 产品所消耗的某种材料的计划耗用和实际耗用情况如下表所示。

A 产品产量及耗用材料计划成本和实际成本

项 目	计划耗用	实际耗用
产品产量/件	110	120
材料单耗/千克	30	28
材料单价/元	60	65
材料成本/元	198 000	218 400

要求：(1) 计算实际材料成本与计划材料成本的差异；(2) 采用差额分析法计算各因素变动的影响。

附 录

财政部关于印发《企业产品成本核算制度(试行)》的通知
财会〔2013〕17号

国务院有关部委、有关直属机构,各省、自治区、直辖市、计划单列市财政厅(局),新疆生产建设兵团财务局,有关中央管理企业:

为加强企业产品成本核算,保证产品成本信息真实、完整,促进企业和经济社会的可持续发展,根据《中华人民共和国会计法》、企业会计准则等国家有关规定,我部制定了《企业产品成本核算制度(试行)》,现予印发,自2014年1月1日起在除金融保险业以外的大中型企业范围内施行,鼓励其他企业执行。执行本制度的企业不再执行《国营工业企业成本核算办法》。

执行中有何问题,请及时反馈我部。

附件:企业产品成本核算制度(试行)

财政部
2013年8月16日

企业产品成本核算制度(试行)

第一章 总 则

第一条 为了加强企业产品成本核算工作,保证产品成本信息真实、完整,促进企业和经济社会的可持续发展,根据《中华人民共和国会计法》、企业会计准则等国家有关规定制定本制度。

第二条 本制度适用于大中型企业,包括制造业、农业、批发零售业、建筑业、房地产业、采矿业、交通运输业、信息传输业、软件及信息技术服务业、文化业以及其他行业的企业。其他未明确规定的行业比照以上类似行业的规定执行。

本制度不适用于金融保险业的企业。

第三条 本制度所称的产品,是指企业日常生产经营活动中持有以备出售的产成品、商品、提供的劳务或服务。

本制度所称的产品成本,是指企业在生产产品过程中所发生的材料费用、职工薪酬等,以及不能直接计入而按一定标准分配计入的各种间接费用。

第四条 企业应当充分利用现代信息技术,编制、执行企业产品成本预算,对执行情况进行分析、考核,落实成本管理责任制,加强对产品生产事前、事中、事后的全过程控制,加强产品成本核算与管理各项基础工作。

　　第五条　企业应当根据所发生的有关费用能否归属于使产品达到目前场所和状态的原则,正确区分产品成本和期间费用。

　　第六条　企业应当根据产品生产过程的特点、生产经营组织的类型、产品种类的繁简和成本管理的要求,确定产品成本核算的对象、项目、范围,及时对有关费用进行归集、分配和结转。企业产品成本核算采用的会计政策和估计一经确定,不得随意变更。

　　第七条　企业一般应当按月编制产品成本报表,全面反映企业生产成本、成本计划执行情况、产品成本及其变动情况等。

第二章　产品成本核算对象

　　第八条　企业应当根据生产经营特点和管理要求,确定成本核算对象,归集成本费用,计算产品的生产成本。

　　第九条　制造企业一般按照产品品种、批次订单或生产步骤等确定产品成本核算对象。

　　(一)大量大批单步骤生产产品或管理上不要求提供有关生产步骤成本信息的,一般按照产品品种确定成本核算对象。

　　(二)小批单件生产产品的,一般按照每批或每件产品确定成本核算对象。

　　(三)多步骤连续加工产品且管理上要求提供有关生产步骤成本信息的,一般按照每种(批)产品及各生产步骤确定成本核算对象。

　　产品规格繁多的,可以将产品结构、耗用原材料和工艺过程基本相同的产品,适当合并作为成本核算对象。

　　第十条　农业企业一般按照生物资产的品种、成长期、批别(群别、批次)、与农业生产相关的劳务作业等确定成本核算对象。

　　第十一条　批发零售企业一般按照商品的品种、批次、订单、类别等确定成本核算对象。

　　第十二条　建筑企业一般按照订立的单项合同确定成本核算对象。单项合同包括建造多项资产的,企业应当按照企业会计准则规定的合同分立原则,确定建造合同的成本核算对象。为建造一项或数项资产而签订一组合同的,按合同合并的原则,确定建造合同的成本核算对象。

　　第十三条　房地产企业一般按照开发项目、综合开发期数并兼顾产品类型等确定成本核算对象。

　　第十四条　采矿企业一般按照所采掘的产品确定成本核算对象。

　　第十五条　交通运输企业以运输工具从事货物、旅客运输的,一般按照航线、航次、单船(机)、基层站段等确定成本核算对象;从事货物等装卸业务的,可以按照货物、成本责任部门、作业场所等确定成本核算对象;从事仓储、堆存、港务管理业务的,一般按照码头、仓库、堆场、油罐、筒仓、货棚或主要货物的种类、成本责任部门等确定成本核算对象。

　　第十六条　信息传输企业一般按照基础电信业务、电信增值业务和其他信息传输业务等确定成本核算对象。

　　第十七条　软件及信息技术服务企业的科研设计与软件开发等人工成本比重较高的,一般按照科研课题、承接的单项合同项目、开发项目、技术服务客户等确定成本核算对象。合同项目规模较大、开发期较长的,可以分段确定成本核算对象。

第十八条　文化企业一般按照制作产品的种类、批次、印次、刊次等确定成本核算对象。

第十九条　除本制度已明确规定的以外,其他行业企业应当比照以上类似行业的企业确定产品成本核算对象。

第二十条　企业应当按照第八条至第十九条规定确定产品成本核算对象,进行产品成本核算。企业内部管理有相关要求的,还可以按照现代企业多维度、多层次的管理需要,确定多元化的产品成本核算对象。

多维度,是指以产品的最小生产步骤或作业为基础,按照企业有关部门的生产流程及其相应的成本管理要求,利用现代信息技术,组合出产品维度、工序维度、车间班组维度、生产设备维度、客户订单维度、变动成本维度和固定成本维度等不同的成本核算对象。

多层次,是指根据企业成本管理需要,划分为企业管理部门、工厂、车间和班组等成本管控层次。

第三章　产品成本核算项目和范围

第二十一条　企业应当根据生产经营特点和管理要求,按照成本的经济用途和生产要素内容相结合的原则或者成本性态等设置成本项目。

第二十二条　制造企业一般设置直接材料、燃料和动力、直接人工和制造费用等成本项目。

直接材料,是指构成产品实体的原材料以及有助于产品形成的主要材料和辅助材料。

燃料和动力,是指直接用于产品生产的燃料和动力。

直接人工,是指直接从事产品生产的工人的职工薪酬。

制造费用,是指企业为生产产品和提供劳务而发生的各项间接费用,包括企业生产部门(如生产车间)发生的水电费、固定资产折旧、无形资产摊销、管理人员的职工薪酬、劳动保护费、国家规定的有关环保费用、季节性和修理期间的停工损失等。

第二十三条　农业企业一般设置直接材料、直接人工、机械作业费、其他直接费用、间接费用等成本项目。

直接材料,是指种植业生产中耗用的自产或外购的种子、种苗、饲料、肥料、农药、燃料和动力、修理用材料和零件、原材料以及其他材料等;养殖业生产中直接用于养殖生产的苗种、饲料、肥料、燃料、动力、畜禽医药费等。

直接人工,是指直接从事农业生产人员的职工薪酬。

机械作业费,是指种植业生产过程中农用机械进行耕耙、播种、施肥、除草、喷药、收割、脱粒等机械作业所发生的费用。

其他直接费用,是指除直接材料、直接人工和机械作业费以外的畜力作业费等直接费用。

间接费用,是指应摊销、分配计入成本核算对象的运输费、灌溉费、固定资产折旧、租赁费、保养费等费用。

第二十四条　批发零售企业一般设置进货成本、相关税费、采购费等成本项目。

进货成本,是指商品的采购价款。

相关税费,是指购买商品发生的进口关税、资源税和不能抵扣的增值税等。

采购费,是指运杂费、装卸费、保险费、仓储费、整理费、合理损耗以及其他可归属于商品采购成本的费用。采购费金额较小的,可以在发生时直接计入当期销售费用。

第二十五条 建筑企业一般设置直接人工、直接材料、机械使用费、其他直接费用和间接费用等成本项目。建筑企业将部分工程分包的,还可以设置分包成本项目。

直接人工,是指按照国家规定支付给施工过程中直接从事建筑安装工程施工的工人以及在施工现场直接为工程制作构件和运料、配料等工人的职工薪酬。

直接材料,是指在施工过程中所耗用的、构成工程实体的材料、结构件、机械配件和有助于工程形成的其他材料以及周转材料的租赁费和摊销等。

机械使用费,是指施工过程中使用自有施工机械所发生的机械使用费,使用外单位施工机械的租赁费,以及按照规定支付的施工机械进出场费等。

其他直接费用,是指施工过程中发生的材料搬运费、材料装卸保管费、燃料动力费、临时设施摊销、生产工具用具使用费、检验试验费、工程定位复测费、工程点交费、场地清理费,以及能够单独区分和可靠计量的为订立建造承包合同而发生的差旅费、投标费等费用。

间接费用,是指企业各施工单位为组织和管理工程施工所发生的费用。

分包成本,是指按照国家规定开展分包,支付给分包单位的工程价款。

第二十六条 房地产企业一般设置土地征用及拆迁补偿费、前期工程费、建筑安装工程费、基础设施建设费、公共配套设施费、开发间接费、借款费用等成本项目。

土地征用及拆迁补偿费,是指为取得土地开发使用权(或开发权)而发生的各项费用,包括土地买价或出让金、大市政配套费、契税、耕地占用税、土地使用费、土地闲置费、农作物补偿费、危房补偿费、土地变更用途和超面积补交的地价及相关税费、拆迁补偿费用、安置及动迁费用、回迁房建造费用等。

前期工程费,是指项目开发前期发生的政府许可规费、招标代理费、临时设施费以及水文地质勘察、测绘、规划、设计、可行性研究、咨询论证费、筹建、场地通平等前期费用。

建筑安装工程费,是指开发项目开发过程中发生的各项主体建筑的建筑工程费、安装工程费及精装修费等。

基础设施建设费,是指开发项目在开发过程中发生的道路、供水、供电、供气、供暖、排污、排洪、消防、通信、照明、有线电视、宽带网络、智能化等社区管网工程费和环境卫生、园林绿化等园林、景观环境工程费用等。

公共配套设施费,是指开发项目内发生的、独立的、非营利性的且产权属于全体业主的,或无偿赠予地方政府、政府公共事业单位的公共配套设施费用等。

开发间接费,指企业为直接组织和管理开发项目所发生的,且不能将其直接归属于成本核算对象的工程监理费、造价审核费、结算审核费、工程保险费等。为业主代扣代缴的公共维修基金等不得计入产品成本。

借款费用,是指符合资本化条件的借款费用。

房地产企业自行进行基础设施、建筑安装等工程建设的,可以比照建筑企业设置有关成本项目。

第二十七条 采矿企业一般设置直接材料、燃料和动力、直接人工、间接费用等成本项目。

直接材料,是指采掘生产过程中直接耗用的添加剂、催化剂、引发剂、助剂、触媒以及净化材料、包装物等。

燃料和动力,是指采掘生产过程中直接耗用的各种固体、液体、气体燃料,以及水、电、汽、风、氮气、氧气等动力。

直接人工,是指直接从事采矿生产人员的职工薪酬。

间接费用,是指为组织和管理厂(矿)采掘生产所发生的职工薪酬、劳动保护费、固定资产折旧、无形资产摊销、保险费、办公费、环保费用、化(检)验计量费、设计制图费、停工损失、洗车费、转输费、科研试验费、信息系统维护费等。

第二十八条　交通运输企业一般设置营运费用、运输工具固定费用与非营运期间的费用等成本项目。

营运费用,是指企业在货物或旅客运输、装卸、堆存过程中发生的营运费用,包括货物费、港口费、起降及停机费、中转费、过桥过路费、燃料和动力、航次租船费、安全救生费、护航费、装卸整理费、堆存费等。铁路运输企业的营运费用还包括线路等相关设施的维护费等。

运输工具固定费用,是指运输工具的固定费用和共同费用等,包括检验检疫费、车船使用税、劳动保护费、固定资产折旧、租赁费、备件配件、保险费、驾驶及相关操作人员薪酬及其伙食费等。

非营运期间费用,是指受不可抗力制约或行业惯例等原因暂停营运期间发生的有关费用等。

第二十九条　信息传输企业一般设置直接人工、固定资产折旧、无形资产摊销、低值易耗品摊销、业务费、电路及网元租赁费等成本项目。

直接人工,是指直接从事信息传输服务的人员的职工薪酬。

业务费,是指支付通信生产的各种业务费用,包括频率占用费、卫星测控费、安全保卫费、码号资源费、设备耗用的外购电力费、自有电源设备耗用的燃料和润料费等。

电路及网元租赁费,是指支付给其他信息传输企业的电路及网元等传输系统及设备的租赁费等。

第三十条　软件及信息技术服务企业一般设置直接人工、外购软件与服务费、场地租赁费、固定资产折旧、无形资产摊销、差旅费、培训费、转包成本、水电费、办公费等成本项目。

直接人工,是指直接从事软件及信息技术服务的人员的职工薪酬。

外购软件与服务费,是指企业为开发特定项目而必须从外部购进的辅助软件或服务所发生的费用。

场地租赁费,是指企业为开发软件或提供信息技术服务租赁场地支付的费用等。

转包成本,是指企业将有关项目部分分包给其他单位支付的费用。

第三十一条　文化企业一般设置开发成本和制作成本等成本项目。

开发成本,是指从选题策划开始到正式生产制作所经历的一系列过程,包括信息收集、策划、市场调研、选题论证、立项等阶段所发生的信息收集费、调研交通费、通信费、组稿费、专题会议费、参与开发的职工薪酬等。

制作成本,是指产品内容制作成本和物质形态的制作成本,包括稿费、审稿费、校对费、录入费、编辑加工费、直接材料费、印刷费、固定资产折旧、参与制作的职工薪酬等。电影企业的制作成本,是指企业在影片制片、译制、洗印等生产过程所发生的各项费用,包括剧本费、演职员的薪酬、胶片及磁片磁带费、化妆费、道具费、布景费、场租费、剪接费、洗印费等。

第三十二条　除本制度已明确规定的以外,其他行业企业应当比照以上类似行业的企业确定成本项目。

第三十三条　企业应当按照第二十一条至第三十二条规定确定产品成本核算项目,进行产品成本核算。企业内部管理有相关要求的,还可以按照现代企业多维度、多层次的成本管理要求,利用现代信息技术对有关成本项目进行组合,输出有关成本信息。

第四章　产品成本归集、分配和结转

第三十四条　企业所发生的费用,能确定由某一成本核算对象负担的,应当按照所对应的产品成本项目类别,直接计入产品成本核算对象的生产成本;由几个成本核算对象共同负担的,应当选择合理的分配标准分配计入。

企业应当根据生产经营特点,以正常生产能力水平为基础,按照资源耗费方式确定合理的分配标准。

企业应当按照权责发生制的原则,根据产品的生产特点和管理要求结转成本。

第三十五条　制造企业发生的直接材料和直接人工,能够直接计入成本核算对象的,应当直接计入成本核算对象的生产成本,否则应当按照合理的分配标准分配计入。

制造企业外购燃料和动力的,应当根据实际耗用数量或者合理的分配标准对燃料和动力费用进行归集分配。生产部门直接用于生产的燃料和动力,直接计入生产成本;生产部门间接用于生产(如照明、取暖)的燃料和动力,计入制造费用。制造企业内部自行提供燃料和动力的,参照本条第三款进行处理。

制造企业辅助生产部门为生产部门提供劳务和产品而发生的费用,应当参照生产成本项目归集,并按照合理的分配标准分配计入各成本核算对象的生产成本。辅助生产部门之间互相提供的劳务、作业成本,应当采用合理的方法,进行交互分配。互相提供劳务、作业不多的,可以不进行交互分配,直接分配给辅助生产部门以外的受益单位。

第三十六条　制造企业发生的制造费用,应当按照合理的分配标准按月分配计入各成本核算对象的生产成本。企业可以采取的分配标准包括机器工时、人工工时、计划分配率等。

季节性生产企业在停工期间发生的制造费用,应当在开工期间进行合理分摊,连同开工期间发生的制造费用,一并计入产品的生产成本。

制造企业可以根据自身经营管理特点和条件,利用现代信息技术,采用作业成本法对不能直接归属于成本核算对象的成本进行归集和分配。

第三十七条　制造企业应当根据生产经营特点和联产品、副产品的工艺要求,选择系数分配法、实物量分配法、相对销售价格分配法等合理的方法分配联合生产成本。

第三十八条　制造企业发出的材料成本,可以根据实物流转方式、管理要求、实物性质等实际情况,采用先进先出法、加权平均法、个别计价法等方法计算。

第三十九条　制造企业应当根据产品的生产特点和管理要求,按成本计算期结转成本。制造企业可以选择原材料消耗量、约当产量法、定额比例法、原材料扣除法、完工百分比法等方法,恰当地确定完工产品和在产品的实际成本,并将完工入库产品的产品成本结转至库存产品科目;在产品数量、金额不重要或在产品期初期末数量变动不大的,可以不计算在产品成本。

制造企业产成品和在产品的成本核算,除季节性生产企业等以外,应当以月为成本计算期。

第四十条　农业企业应当比照制造企业对产品成本进行归集、分配和结转。

第四十一条　批发零售企业发生的进货成本、相关税金直接计入成本核算对象成本;发生的采购费,可以结合经营管理特点,按照合理的方法分配计入成本核算对象成本。采购费金额较小的,可以在发生时直接计入当期销售费用。

批发零售企业可以根据实物流转方式、管理要求、实物性质等实际情况,采用先进先出法、加权平均法、个别计价法、毛利率法等方法结转产品成本。

第四十二条　建筑企业发生的有关费用,由某一成本核算对象负担的,应当直接计入成本核算对象成本;由几个成本核算对象共同负担的,应当选择直接费用比例、定额比例和职工薪酬比例等合理的分配标准,分配计入成本核算对象成本。

建筑企业应当按照《企业会计准则第 15 号——建造合同》的规定结转产品成本。合同结果能够可靠估计的,应当采用完工百分比法确定和结转当期提供服务的成本;合同结果不能可靠估计的,应当直接结转已经发生的成本。

第四十三条　房地产企业发生的有关费用,由某一成本核算对象负担的,应当直接计入成本核算对象成本;由几个成本核算对象共同负担的,应当选择占地面积比例、预算造价比例、建筑面积比例等合理的分配标准,分配计入成本核算对象成本。

第四十四条　采矿企业应当比照制造企业对产品成本进行归集、分配和结转。

第四十五条　交通运输企业发生的营运费用,应当按照成本核算对象归集。

交通运输企业发生的运输工具固定费用,能确定由某一成本核算对象负担的,应当直接计入成本核算对象的成本;由多个成本核算对象共同负担的,应当选择营运时间等符合经营特点的、科学合理的分配标准,分配计入各成本核算对象的成本。

交通运输企业发生的非营运期间费用,比照制造业季节性生产企业处理。

第四十六条　信息传输、软件及信息技术服务等企业,可以根据经营特点和条件,利用现代信息技术,采用作业成本法等对产品成本进行归集和分配。

第四十七条　文化企业发生的有关成本项目费用,由某一成本核算对象负担的,应当直接计入成本核算对象成本;由几个成本核算对象共同负担的,应当选择人员比例、工时比例、材料耗用比例等合理的分配标准,分配计入成本核算对象成本。

第四十八条　企业不得以计划成本、标准成本、定额成本等代替实际成本。企业采用计划成本、标准成本、定额成本等类似成本进行直接材料日常核算的,期末应当将耗用直接材料的计划成本或定额成本等类似成本调整为实际成本。

第四十九条　除本制度已明确规定的以外,其他行业企业应当比照以上类似行业的企业对产品成本进行归集、分配和结转。

第五十条　企业应当按照第三十四条至第四十九条规定对产品成本进行归集、分配和结转。企业内部管理有相关要求的,还可以利用现代信息技术,在确定多维度、多层次成本核算对象的基础上,对有关费用进行归集、分配和结转。

第五章　附　　则

第五十一条　小企业参照执行本制度。

第五十二条　本制度自 2014 年 1 月 1 日起施行。

第五十三条　执行本制度的企业不再执行《国营工业企业成本核算办法》。

参 考 文 献

[1] 许毅,杨纪琬,王振之.成本管理大词典[M].北京:经济管理出版社,1986.
[2] 〔日〕番场嘉一郎.会计学大词典[M].司徒淳,译.北京:中国展望出版社,1986.
[3] 谢承基.管理会计的理论和方法[M].济南:山东人民出版社,1998.
[4] 约翰逊,金屈莱.斐内-米勒会计学原理[M].上海:上海人民出版社,1989.
[5] 刘相礼,王苹香.成本会计实务与案例[M].北京:北京大学出版社,2012.
[6] 王苹香,王兴国.管理会计学[M].济南:山东大学出版社,2009.
[7] 中国内部审计协会.经营管理技术[M].北京:中国财政经济出版社,2004.
[8] 张世体.成本会计[M].上海:立信会计出版社,2005.
[9] 欧阳清,万寿义.成本会计[M].大连:东北财经大学出版社,2003.
[10] 于富生,王俊生,黎文珠.成本会计学[M].北京:中国人民大学出版社,2006.
[11] 罗焰,陈国民.成本会计[M].上海:立信会计出版社,2006.
[12] 王玉红.房地产开发企业会计[M].大连:东北财经大学出版社,2003.
[13] 俞文清.施工企业会计[M].上海:立信会计出版社,1999.
[14] 罗飞.成本会计[M].北京:高等教育出版社,2000.
[15] 刘新国.房地产开发企业会计与财务管理[M].北京:经济科学出版社,2006.
[16] 刘学华.成本会计[M].上海:立信会计出版社,2005.
[17] 胡元木,杨广珍,刘芳.成本会计[M].上海:格致出版社,2008.
[18] 田昆儒.成本会计[M].天津:天津大学出版社,2006.
[19] 中国注册会计师协会.会计[M].北京:中国财政经济出版社,2012.
[20] 财政部.财会〔2013〕17号《企业产品成本核算制度(试行)》.2013.